Norbert Claßen

Carlos Castaneda und das Vermächtnis des Don Juan

Norbert Claßen

Carlos Castaneda und das Vermächtnis des Don Juan

Das Wissen der Tolteken in einer neuen Epoche

HANS-NIETSCH-VERLAG

Originalausgabe

Cover und Umschlaggestaltung: Titusz Pan
Satz: Plejaden Publishing Service, Boltersen
Druck und Bindung: Westermann, Zwickau
Printed in Germany

Hans-Nietsch-Verlag, Poststr. 3, 79098 Freiburg

ISBN 3-929475-40-5

*Das Auge sieht nur Masken. Wenn etwas geschieht,
regt sich hinter der Maske das, was wir nicht kennen.
Wenn Du es treffen willst, mußt Du die Maske
wie eine Wand durchstoßen.*

Herman Melville: *Moby Dick*

Für all jene, die rückhaltlos hinterfragen
und doch vorbehaltlos handeln.

An dieser Stelle möchte ich all jenen danken, die meinen Weg in den letzten Jahren gekreuzt und beeinflußt haben.

Mein Dank gilt vor allem Hawky für die Entdeckung der Zuneigung; Jessica für die Wiedererweckung der Ehrfurcht; Jorge für den Humor; Grät für ein Gefühl gemeinsamer Wirklichkeit; Martin für tiefe Gespräche und freundliche Nackenschläge; meinen Gefährten Madeline, Kira und Mey, Rabito, Titusz und Sly für die ständige Herausforderung; sowie Graciela Corvalán für einen ganz wunderbaren Nachmittag.

Mein besonderer Dank gilt der *Absicht* und der Erde; den toltekischen Zauberern und Hexen, vor allem Carlos Castaneda, Florinda Donner-Grau, Taisha Abelar, Carol Tiggs, den Energy Trackers, den Elements sowie dem blauen und dem orangefarbenen Scout. Er gilt auch all den Notizenmachern auf Seminaren und Vorträgen, den zahlreichen Interviewern und Kommentatoren. Nicht zuletzt sei all jenen gedankt, die bei der Entstehung dieses Buches geholfen haben.

Inhalt

Prolog ... 9
Einführung ... 13

Teil I Das Aktionstheater der Zauberei

1 Eine kurze Geschichte der Zauberei ... 23
2 Vom Ende einer Linie ... 39
3 Der Beginn einer neuen Ära ... 53
4 Genossen, Geier, Trittbrettfahrer ... 71

Teil II Das Affentheater der Alltagswelt

5 Von Energie, Zeugung, Sex und Tod ... 89
6 Große Affen, arme Babys ... 101
7 Frau, Mann und die Natur des Universums ... 115
8 *Los Voladores:* Leben im Hühnerhaus ... 127

Teil III Die Transformation der Alltagswelt

9 Der Weg des Kriegers ... 141
10 Die magischen Bewegungen der Zauberer ... 159
11 Rekapitulation und der innere Seher ... 175
12 Nicht-tun, Gaffen, die Welt anhalten ... 189

Teil IV Jenseits von Alcatraz

13 *Que ni te jodan:* der Doppelgänger 205
14 Vorstoß in die Häute der Zwiebel 215
15 Der Blankoscheck der Zuneigung 227
16 Affen-Intersubjektivität und Kritische Masse . . 233

Anhang

Anmerkungen und Quellennachweis 242
Adressen und Bezugsquellen 255
Literaturliste 257

Prolog

Santa Monica, Kalifornien, November 1993. Unbemerkt von der breiten Öffentlichkeit bahnt sich Außergewöhnliches an. Eine Menschenmenge wartet in einer überfüllten Buchhandlung auf einen Referenten nicht-alltäglicher Art. Ein sportlich gekleideter Mann um die Sechzig, klein und drahtig, betritt unerkannt die Bühne und ergreift das Wort:

> *„Mein Name ist Carlos Castaneda. Ich möchte euch heute um etwas bitten. Ich bitte euch, euch eures Urteils zu enthalten. Ich bitte euch, euch – nur für eine Stunde – der Möglichkeit zu öffnen, die ich euch präsentieren werde.*
>
> *Dreißig Jahre lang bin ich nicht verfügbar gewesen. Ich gehe nicht auf die Leute zu und rede mit ihnen. Aber jetzt, für einen Moment, bin ich hier. Es ist unsere Pflicht, jenen etwas zurückzuzahlen, die all die Mühen auf sich genommen hatten, uns bestimmte Dinge zu zeigen. Wir haben dieses Wissen geerbt. Don Juan sagte uns, daß wir es nicht verteidigen sollen. Wir wollen, daß ihr erkennt, daß es seltsame pragmatische Möglichkeiten gibt, die nicht außerhalb eurer Reichweite liegen."*[1]

Carlos Castaneda, Meisterschüler des mexikanischen Zauberers Don Juan Matus, ist an die Öffentlichkeit getreten. Zuvor hatten bereits zwei seiner Mitschülerinnen, Taisha Abelar und Florinda Donner-Grau, das jahrzehntelange Schweigen gebrochen und waren mit Büchern und Seminaren auf der Bühne der Alltagswelt aufgetreten. Virtuos faszinieren die Erben des Don Juan ihr Publikum und versuchen einer breiten Masse den Einstieg in die Welt der Zauberer zu ermöglichen, sie an eine *Absicht* anzukoppeln, die mexikanische Schamanen der Vorzeit in einer unzähligen Folge von Generationen geschmiedet haben.

Diese Entwicklung hält an und hat inzwischen auch Deutschland erreicht. Auf Seminaren – wie im Juni 1997 in Berlin – geben Castaneda und die „Hexen“ (Taisha Abelar, Florinda Donner-Grau und Carol Tiggs), unterstützt von neuen Kriegerformationen mit so klangvollen Namen wie die *Energy Trackers* oder die *Elements*, praktische Übungen ihrer Tradition weiter, die es den Teilnehmern ermöglichen, einen direkten Zugang zur Welt der Zauberer zu öffnen.

Zu diesen Übungen, *Tensegrity* genannt, existiert inzwischen sogar eine Videoreihe,[2] die es auch jenen gestattet, die nicht unmittelbar an den Seminaren teilnehmen können, vom Vermächtnis des Don Juan zu profitieren. Etwa zeitgleich mit diesem Buch wird auch ein reich bebildertes Übungsbuch von Castaneda erscheinen, welches den Titel *Tensegrity – Die magischen Bewegungen der Zauberer* trägt.[3]

Castaneda zieht alle Register: Neben diesen Publikationen gibt er ein Journal heraus, *Readers of Infinity*,[4] das nicht nur über die aktuelle Entwicklung informiert, sondern auch grundlegendes Wissen über die Welt der Zauberer und den Weg des Kriegers vermittelt und in einer speziellen Kolumne Fragen der Leser beantwortet. Der Schamane scheut auch die neuen Medien nicht. Im Internet findet sich eine Website, in der Castaneda Mitteilungen an die Teilnehmer seiner Seminare und die Leser seiner Bücher und Schriften veröffentlicht.[5]

Ich hatte das Glück, diese Entwicklung von ihren ersten Regungen an beobachten und verfolgen zu können. Nach der Veröffentlichung meines ersten Buches über Castaneda und die Lehren des Don Juan, *Das Wissen der Tolteken*, kam ich unverhofft in Kontakt mit dem Kreis um Carlos Castaneda und wurde so zum Zeugen einer Bewegung, die immer noch anhält und weitere Kreise zieht.

Um Mißverständnissen an ihrer Wurzel vorzubeugen: Ich bin kein „Schüler“ Castanedas oder seiner Gefährtinnen. Sie sind die letzten Glieder einer Kette, einer langen Linie von Zauberern, die mit ihnen endet. In einer unvergleichlichen Geste an den Menschengeist geben sie jetzt ihre Erbschaft, das Vermächtnis des Don Juan, an die Öffentlichkeit weiter. Als Teil dieser Öffentlichkeit, als eine Art Multiplikator unter vielen, möchte ich es nun hiermit einer wachsenden Zahl von Menschen im deutschsprachigen Raum erleichtern, sich an diese Bewegung, an die *Absicht* der Zauberer anzukoppeln, um mit eigenen Augen zu sehen, was es mit all dem auf sich hat.

Dies bedeutet jedoch nicht, sich an einen Club oder Verein anzuschließen. Ein fundamentales Prinzip der Zauberei ist, die Verantwortung für das eigene Leben und die eigenen Handlungen zu übernehmen. Castaneda betont immer wieder: „Es gibt keine Gurus. Ihr braucht keinen Führer. Alles, was ihr braucht, ist Energie. Und Energie bekommt man, indem man sich selbst und alles andere vorurteilsfrei betrachtet und untersucht."[6]

Castaneda kann die Verantwortung für seine Leser und ihre Taten unmöglich übernehmen, auch wenn sie durch die Lektüre seiner Bücher oder den Besuch eines seiner Seminare inspiriert sein mögen. Dasselbe gilt für dieses Buch. Wer immer die hierin beschriebenen Manöver praktiziert, sollte sich der Verantwortung für sich selbst voll und ganz bewußt sein. Und – es gibt keine Erfolgsgarantie. Ich kann zwar auf eine Möglichkeit, einen Weg hinweisen, gehen muß ihn jedoch letztlich jeder mit eigener Kraft und auf seinen eigenen Füßen.

In einer Welt der organisierten Verantwortungslosigkeit klingen solche Forderungen vielleicht ungewöhnlich – in der Welt der Zauberer sind sie indes absolut grundlegend. Ähnlich ist es um andere Ansichten und Absichten der Zauberer bestellt, die dem modernen Menschen fremd, ungeheuerlich oder gar lächerlich vorkommen mögen. Unsere innere Abwehr ist nur allzu schnell bereit, Geschütze unterschiedlichen Kalibers aufzufahren, wenn sie liebgewonnene und bequeme Überzeugungen und Vorurteile bedroht sieht.

Daher möchte ich meine Leser bei der Lektüre dieses Buches mit Castaneda bitten, ihr Urteil aufzuschieben, sich den Möglichkeiten zu öffnen, die darin präsentiert werden. Ich möchte Sie bitten, sich selbst und alles andere vorurteilsfrei zu betrachten und zu untersuchen – und so vielleicht genügend Energie zu sammeln, um selbst in die wundersame Welt der Zauberer einzutreten.

Januar 1998
Norbert Claßen

Einführung

Carlos Castaneda, Zauberlehrling und Reisender in andere Welten, ist trotz seiner außerordentlichen Popularität als Bestsellerautor bis vor kurzem selbst stets im Hintergrund geblieben. Die spärlichen Interviews, die er im Laufe der letzten drei Jahrzehnte gestattete, zeichneten nur ein vages Bild des Zauberers, der getreu den Lehren seines Mentors Don Juan Matus für die Welt unerreichbar blieb.

Zwar lieferten die Interviewbücher von Graciela Corvalán, *Der Weg der Tolteken*, und Carmina Fort, *Gespräche mit Carlos Castaneda*, unter anderem detaillierte Informationen über Castanedas Leben, doch leider waren diese zum Zeitpunkt der Veröffentlichung in Deutschland bereits veraltet. Corvalán sprach im Jahre 1979 mit Castaneda – das Buch erschien erst 1987. Die *Gespräche* Forts wurden im Sommer 1988 geführt – deutsche Leser kamen erst 1996 in den Genuß der Lektüre.

Bei den Büchern der Zauberer selbst ist dies eher die Ausnahme. Castanedas Werke – bislang zehn an der Zahl – erschienen hier meist ein Jahr nach der Originalveröffentlichung. Im Fall seiner jüngsten Arbeit, *Tensegrity – Die magischen Bewegungen der Zauberer*, wird das Buch hier sogar nur wenige Monate später als in den USA erhältlich sein.

Auch Taisha Abelars Erstling, *Die Zauberin*, war bereits zwei Jahre nach Erscheinen in den Vereinigten Staaten in deutscher Sprache erhältlich. Nur mit Florinda Donner-Graus Werken scheint man sich schwerzutun. Ihr jüngstes Buch, *Traumwache*, erschien im Original bereits 1991, während man hier ganze fünf Jahre warten mußte, bis sich ein Verlag bequemte, den hervorragend geschriebenen Erfahrungsbericht zu drucken. *Shabono*, Donner-Graus Erstling, ist glücklicherweise nach Jahren endlich neu aufgelegt worden, genau wie ihr zweites Buch, *Die Lehren der Hexe*, das in einer völlig überarbeiteten Version ein neues Zuhause im gleichen Verlag gefunden hat, in dem dieses Buch erscheint.

Doch auch all diese Werke liefern kaum aktuelle Daten, was in der Natur der Bücher selbst begründet liegt. Castanedas Schriften berichten mit Ausnahme von *Tensegrity – Die magischen Bewegungen der Zauberer* alle von seiner Lehrzeit bei Don Juan, also von einem Zeitraum zwischen 1960 und 1973, in dem jener die uns bekannte Welt verließ und am „Feuer von innen" verbrannte.[1] Donner-Graus Werke *Die Lehren der Hexe* und *Traumwache* erzählen wie Abelars *Die Zauberin* von ihren Begegnungen in den späten sechziger und frühen siebziger Jahren. Somit liegen die Ereignisse der Bücher meist mehr als zwanzig Jahre zurück und liefern keinerlei Erklärung für jenen überraschenden Schritt der Zauberer an die Öffentlichkeit, der seit Mitte der neunziger Jahre immer weitere Kreise zieht und zu einer regelrechten Bewegung geworden ist.

In der *Kunst des Träumens* schreibt Castaneda zwar, daß er eine Studie über die aktuelle Arbeit der Erben des Don Juan Matus plant,[2] doch wenn es sich dabei um das Übungsbuch *Tensegrity – Die magischen Bewegungen der Zauberer* handeln sollte, erfahren wir auch dort nicht, was zu jener erstaunlichen Öffnung geführt hat, die scheinbar allem widerspricht, was man über Carlos Castaneda und die Lehren des Don Juan weiß oder zu wissen glaubt. Eines der Ziele des vorliegenden Buches ist, diese Lücke zu schließen und gleichzeitig zu zeigen, daß in Wirklichkeit gar kein Widerspruch vorliegt.

Castaneda wird in seinem neuesten Projekt *Memorable Events* („Denkwürdige Ereignisse") wohl näher auf die Vorfälle eingehen, die zur heutigen Entwicklung geführt haben, doch schon jetzt weiß man, daß auch dieses Werk keine Chronik sein wird, die diese Entwicklung in ihren einzelnen Schritten rekapituliert und kommentiert. Vielmehr wird es sich um einen weiteren Band im Don-Juan-Zyklus handeln, den er bereits vor einiger Zeit fertiggestellt haben soll. Offenbar wartet Castaneda nur noch auf den richtigen Zeitpunkt für die Publikation seines bislang wohl persönlichsten Werkes.

Verwunderlich wäre das nicht, da auch *Die Kunst des Träumens* bereits Jahre vor der Veröffentlichung zu Papier gebracht wurde. Den Grund für diese Verzögerung hat Castaneda im Klappentext zur lateinamerikanischen Ausgabe des Buches erläutert:

„In der Welt des Don Juan Matus folgen gewisse Ereignisse manchmal nicht den linearen Regeln des Common sense *– sie verzerren sich, dehnen sich aus, verwandeln sich in etwas, das geschieht, aber weder Ursache noch rational ergründbare Wirkung hat. Ein Beispiel hierfür ist, was mit diesem Buch geschah, das Florinda Donner-Grau und Taisha Abelar vor Jahren in der zweiten Aufmerksamkeit hinterlegt hatten, einer unbeschreiblichen Umgebung, die weder real noch irreal ist, die aber dennoch fern der Parameter des* Common sense *existiert.*

Als ich dieses Buch fertiggestellt hatte, wollten wir es aus sehr persönlichen Gründen nicht veröffentlichen. Aber statt es in den Reißwolf zu stecken, wie ich es vorhatte, nahmen Florinda und Taisha es an sich und brachten es in die zweite Aufmerksamkeit. Als wir es dann Jahre später suchten, mußten wir uns gewaltig anstrengen, es wiederzufinden. Nachdem uns dies schließlich doch gelungen war, bemerkten wir, daß der Text eine seltsame und ominöse Kraft erhalten hatte, die er zuvor nicht besaß."[3]

Castaneda weiß nur zu gut, wie schwer es für seine Leser sein muß, die selbst schließlich keine Zauberer sind, eine solche Aussage hinzunehmen, geschweige denn zu verstehen: „Wir sind uns bewußt, daß die einfache Tatsache, von diesem Ereignis zu berichten, etwas Absurdes ist", schreibt er weiter. Es ist schwer genug zu akzeptieren, daß es eine andere Welt parallel zu unserer geben mag, daß man dort eintreten und Bücher deponieren kann, die sich dann auch noch von selbst verändern. Letzteres erstaunt sogar den Zauberer: „Rationale Bemerkungen oder Erklärungen hierzu wären allerdings mehr als nur absurd: sie sind unmöglich."[4]

Dies gilt nicht nur für die Entstehung des Werkes, sondern auch für dessen Inhalt. Wer *Die Kunst des Träumens* gelesen hat, sah sich unvermittelt mit unglaublichen Geschichten konfrontiert, die dem Verstand trotzen und die Vorstellungskraft bis an ihre Grenzen strapazieren. Castaneda begegnet hier durch die Kraft des *Träumens* Wesen aus einer anderen Welt, die parallel zu unserer existiert und in die man durch die Techniken der Zauberer eintreten kann. Er befreit ein dort gefangenes Wesen, den *blauen Scout*, und bringt es mit in unsere Alltagswelt, wo es als junges Mädchen erscheint. Don Juan macht ihn darüber hinaus mit einem Zauberer der Vorzeit bekannt, von dem gesagt wird, daß er bereits über 7.000 Jahre alt sei. Nicht zuletzt deshalb nennen die Zauberer ihn den *Todestrotzer.*

Für den, der die Werke Castanedas nicht kennt, muß dies wie eine Mischung aus Fiction und Fantasy klingen, und selbst für eingefleischte Castaneda-Fans ist es starker Tobak. Zumal der Autor weiterhin beteuert, daß er Tatsachenberichte schreibe. „Mit meinen Büchern habe ich versucht", betont er, „eine Möglichkeit zu präsentieren: daß Bewußtheit und Wahrnehmung als *Medium* für Bewegung und physischen Transport genutzt werden können. Leider war ich nicht besonders überzeugend: die meisten denken immer noch, ich schreibe *Romane.*"[5]

Wer enger mit Castaneda und seinem Umfeld in Kontakt kommt, wird jedoch unmittelbar mit der Wirklichkeit seiner Erzählungen konfrontiert. So sind bereits viele Seminarbesucher dem blauen Scout von Angesicht zu Angesicht begegnet. Aus dem Mädchen aus der *Kunst des Träumens* ist inzwischen eine junge Dame geworden, die ihr Soziologiestudium an der UCLA, der Universität von Los Angeles, an der einst auch Castaneda studierte, erfolgreich abgeschlossen hat. Sie strahlt eine fremdartige, ätherische Wirkung aus, eine Faszination, die nicht von dieser Welt zu sein scheint.

Den Skeptiker vermag dies kaum zu überzeugen. Wir leben in einer Welt, in der Lug und Betrug tägliche Geschäftspraxis sind, und es sind Fälle bekannt, in denen sich Leute tatsächlich für Napoleon oder Captain Kirk vom Raumschiff Enterprise gehalten haben. Doch unsere Akteure sind weder geldgeile Verführer noch gefährliche Verrückte. Sie spenden große Teile ihrer Einnahmen für karitative Zwecke wie Waisenhäuser oder Kliniken der Drogenhilfe. Alle sind sie promovierte Wissenschaftler unterschiedlicher Fachrichtungen: Anthropologen, Historiker, Linguisten und Soziologen. Und sie betonen immer wieder die absolute Notwendigkeit eines klaren Verstandes, um mit dem Wissen, das sie lehren, nüchtern und sachlich operieren zu können.

Dieses Wissen, welches sie inzwischen nicht nur über Publikationen, sondern auch via Videos, Veranstaltungen und Workshops weitergeben, ist allerdings nicht ihre Erfindung, nicht ihr Verdienst. Es ist das Vermächtnis des Don Juan, das Erbe einer ununterbrochenen Tradition mittelamerikanischer Zauberei, die über viele Jahrtausende zurückreicht. Florinda Donner-Grau betont in dieser Hinsicht, daß die Zauberer ihrer Gruppe ihre Linie über 27 Generationen zurückverfolgen können.[6]

Castaneda und seine Gefährtinnen sind das letzte Glied jener Kette, die in dieser Generation ihren Abschluß findet. Die Zauberer sind in den vergangenen Jahren mit ihrem Wissen an die Öffentlichkeit getreten, um die Schuld an ihren Lehrern – Don Juan und seinen Gefährten – zu begleichen und das Wissen ihrer Tradition für die Menschheit zu retten. Die Tradition endet mit Castaneda, das Wissen lebt fort.

„Die Dinge, die in den Büchern stehen, sind praktische Leitlinien",[7] betont Taisha Abelar. Das Wissen, das hier zur Diskussion steht, ist kein Datensatz, keine lexikalische Anhäufung von Worten und Konzepten, sondern ein pragmatisches Wissen *par excellence* – ein Wissen im Sinne direkter Wahrnehmung und Bewußtheit. Nur die pragmatische Erfahrung führt zu Wissen aus erster Hand, und so wird auch nur der die Schriften Castanedas und seiner Gefährtinnen ganz erfassen, der diesen Leitlinien wirklich folgt, Erzählungen in Erfahrungen und Erfahrungen in unmittelbares Wissen verwandelt. Jede andere Herangehensweise stellt ein bloßes Kokettieren mit dem Wissen dar und ist letztlich Selbstbetrug.

Die Zauberer in der Tradition des Don Juan bezeichnen solche Leitlinien als „Erzählungen der Kraft". In meinem Buch *Das Wissen der Tolteken* schrieb ich hierzu:

„Für den Laien oder den Lehrling der Zauberei klingen diese Erzählungen zunächst wie Märchen oder Mythen, die einen sinnbildlichen Inhalt verdeutlichen sollen. Sie erscheinen also als Symbol. So wird der durchschnittliche Castaneda-Leser auch nicht über die Stufe des symbolischen Verständnisses der Erzählungen hinausgehen. Vielen ist jedoch nicht klar, daß man über diese Stufe hinausgehen kann. Man kann die Inhalte der Erzählungen selbst nachvollziehen und zum Protagonisten der jeweiligen Geschichte werden.

Erzählungen der Kraft sind mehr als nur Märchen und Geschichten; sie sind die Vorläufer zu tatsächlichen Aktionen der Zauberer und quasi Drehbücher von Schauspielen, die auf einer magischen Bühne zur Wirklichkeit werden."[8]

Nachdem ich im *Wissen der Tolteken* unter anderem davon berichtet habe, wie manche Erzählung der Kraft für mich zur Wirklichkeit, zu Wissen aus erster Hand geworden ist, möchte ich in vorliegendem Buch auf die Erzählungen eingehen, die Carlos Castaneda und seine Mitstreiter heute bewegen. Um diese für den Leser überhaupt zugänglich zu machen, muß jedoch zunächst der Boden für deren Verständnis bereitet werden.

So führt Teil I nicht nur in die zentralen Punkte der Lehren des Don Juan ein, sondern skizziert auch in groben Umrissen die Geschichte der Zauberer seiner Linie, die mit Castaneda endet. Weiter wird davon berichtet, welche Veränderungen sich in Castanedas Umfeld ergaben, nachdem Don Juan die Welt verlassen hatte: so auch vom Tod der aus den Büchern bekannten la Gorda und der Rückkehr der Nagual-Frau Carol Tiggs, die nach Don Juans Fortgang zehn Jahre lang verschwunden blieb.

Castaneda und seine Gruppe wurden mit einer in der Geschichte der Zauberei vollständig neuen Situation konfrontiert, auf die es neue Antworten zu suchen galt. So setzt sich die Chronik fort, indem sie von dem beispiellosen Schritt der Zauberer an die Öffentlichkeit erzählt, von einer Geste an den Menschengeist, die sich in eine Bewegung verwandelt hat, die heute immer noch anhält und es immer mehr Menschen ermöglicht, sich an die *Absicht* der Zauberer anzukoppeln und ihre Erzählungen in lebendige Wirklichkeit zu verwandeln.

Zusammen mit einem Blick auf das weitere Umfeld der neuen Zauberer, auf Mitstreiter, Anhänger, Heuchler und profitgierige Opportunisten, die das Wissen auf ihre Art ausbeuten wollen, ergibt sich ein gänzlich neues Bild von Carlos Castaneda, seiner Gruppe und dem Vermächtnis des Don Juan. Wir erleben die Faszination von magischen Akteuren auf der Bühne der Alltagswelt und erhaschen einen Eindruck von dem, was Taisha Abelar das „Aktionstheater der Zauberei" nennt.

Während dieser erste Akt die Welt der Zauberer aus Sicht der Alltagswelt zeigt, dreht Teil II den Spieß um und eröffnet uns eine neue Perspektive: den Blick auf die Alltagswelt aus Sicht der Zauberer. Durch ihre erweiterte Wahrnehmung und ihr Wissen über die energetischen Zusammenhänge in dieser Welt erhalten wir neue Einsichten in die wesentlichen Aspekte von Leben, Zeugung, Sex und Tod.

Castaneda und seine Mitstreiter zeigen auf eindrucksvolle und humorvolle Weise, wie es um unsere Entwicklung bestellt ist: daß wir immer noch große, schwerfällige Affen sind, die ihre wahre Natur nicht kennen und ihre Möglichkeiten nicht nutzen. Die „Hexen" – Florinda Donner-Grau, Taisha Abelar und Carol Tiggs – weisen hier vor allem auf die besondere Rolle der Frau hin, die dem Mann keineswegs unterlegen ist. Im Gegenteil, die Zauberer behaupten, daß das Universum selber weiblich sei.

Was jedoch nicht heißt, daß das Universum ein friedlicher Ort ist. Auch hier werden wir mit erschreckenden Perspektiven konfrontiert, so nicht nur mit dem Konzept eines räuberischen Universums, sondern auch mit Wesen in unserer Welt, die wir gemeinhin nicht bemerken, die uns jedoch dumm und abhängig halten, um sich weiter von unserer Bewußtheit zu nähren.

Schlimmer ist, was wir uns in Folge selber antun. Durch unsere eingeschränkte und einschränkende Sozialisation schließen wir uns in einen Käfig ein, der uns Welt und Schicksal nur mit Scheuklappen wahrnehmen läßt. Taisha Abelar vergleicht unsere Alltagswelt treffend mit der berüchtigten Gefängnisinsel Alcatraz.[9] Wir sind so stark von unserer eigentlichen Natur entfremdet, so weit weg von den Wurzeln unserer Wahrnehmung, daß wir das „Affentheater der Alltagswelt" als gegebene Realität hinnehmen, aus der es bis zum Tode kein Entrinnen gibt.

Wirklich nicht? Im Sinne einer Antwort auf diese Frage betont Castaneda immer wieder Don Juans revolutionären Standpunkt: „Ich beteilige mich nicht an Übereinkünften, die nicht von mir getroffen wurden. Ich habe diesen Vertrag nicht unterschrieben."[10] Wenn man dies wirklich begriffen hat, wenn man weiß, daß man ein Wesen ist, das sterben wird und folglich nichts zu verlieren hat, öffnen sich alle Tore. Nur ist uns dies meist nicht so klar.

Teil III bietet die Möglichkeit, diesen Punkt von Grund auf zu klären, und zeigt den Weg von der Welt des Alltags in die der Zauberer. Die „Transformation der Alltagswelt" vollzieht sich in mehreren Schritten. Diese werden so eingehend erläutert, daß sie von allen Interessierten praktisch und effektiv nachvollzogen werden können. Sie stellen in sich die pragmatische Essenz vom Vermächtnis des Don Juan dar, den *Weg des Kriegers*, der aus dem Gefängnis der Alltagswelt hinausführt.

„Jenseits von Alcatraz" erwartet uns – laut Taisha Abelar – erst einmal die offene See, in der es von Haien nur so wimmelt. Wir haben keine Garantie, daß wir irgendwann wieder festes Land erreichen werden.[11] Doch wir haben einen Verbündeten, eine Art Zwilling, den wir auf dem Weg des Kriegers wiederfinden: den *Energiekörper*, der von den Zauberern auch als *Doppelgänger* oder *Traumkörper* bezeichnet wird. Mit seiner Hilfe gelingt es, neue Ufer zu erreichen und unvorstellbare Erfahrungen zu machen.

Damit sind wir in Teil IV endgültig in die Welt der Zauberer eingetreten und begegnen der Wirklichkeit auf neue Art und Weise. Dies gilt nicht nur für andere Welten, sondern auch für das Leben in dieser Welt. Die Lebensweise des Kriegers konfrontiert uns mit gangbaren Alternativen im Umgang mit unserer Wirklichkeit, ganz gleich, ob es sich bei ihr um unsere Mitmenschen, andere Wesen oder andere Welten handeln mag. So manchen Leser wird verblüffen, welch große Rolle die *unbeugsame Liebe* des Kriegers in diesem Zusammenhang spielt, ein Konzept, das viele bislang in den Schriften Castanedas vermißt haben.

Dies führt uns zur Frage nach der Bedeutung all dieser Offenbarungen der Zauberer für unsere heutige Zeit und den zivilisierten Menschen. Wie sehen die Chancen für unser postmodernes Affenkollektiv aus ihrer Perspektive aus? Welche Möglichkeiten ergeben sich? Welche Rolle spielt dabei die aktuelle Bewegung, die sich um Castaneda und seine Gefährtinnen entwickelt hat? Mit dieser Reflexion über Aussichten und Einsichten schließt der Textteil ab.

Im Anhang findet sich neben einer umfangreichen Literaturliste, die auch Angaben über Interviews, Seminarmitschriften und Reportagen umfaßt, ein Verzeichnis von *Adressen und Bezugsquellen*. Der Leser erfährt dort, wo er sich über anstehende Seminare und Veranstaltungen von Carlos Castaneda, Carol Tiggs, Florinda Donner-Grau und Taisha Abelar informieren und wo er die unterschiedlichsten Medien zum Thema beziehen kann. So eröffnet sich für jeden die Möglichkeit, selbst in unmittelbaren Kontakt mit der Welt der Zauberer zu treten und sich an ihre *Absicht* anzukoppeln.

Teil I

Das Aktionstheater der Zauberei

1. Eine kurze Geschichte der Zauberei

Geschichte ist ein Engel, der rückwärts in die Zukunft geweht wird. Geschichte ist ein Haufen Scherben. Der Engel will zurück und die Dinge kitten, reparieren, was zerbrochen wurde. Doch vom Paradies her weht ein Sturm und bläst den Engel stets weiter rückwärts in die Zukunft. Dieser Sturm heißt: Fortschritt.

Laurie Anderson: *The Dream Before*[1]

Zehntausende alter und junger Leser wissen über das erste Treffen von Castaneda und Juan Matus im Jahre 1960 in einem staubigen Bushof in Arizona nahe der mexikanischen Grenze mehr als über die Begegnung von Dante und Beatrice an den Ufern des Arno. Das liegt wohl daran, daß Don Juans Lehren zu einer Zeit gedruckt wurden, in der mehr Menschen als je zuvor geneigt waren, auch nichtrationale Dinge zur Wirklichkeit zu zählen",[2] klagte das amerikanische Time Magazine im Frühjahr 1973. Es sah in Castanedas Schriften und ihrer Popularität untrügliche Zeichen für den Zerfall zivilisatorischer Werte, für den Untergang des aufgeklärten Abendlandes.

Ähnliche Befürchtungen hegte noch im Jahr 1994 der FAZ-Kritiker Hannes Stein in seiner Rezension zur *Kunst des Träumens*, in der er „Castanedas Absage an Gesellschaft, Moral und Vernunft" polemisiert. Stein stellt Castanedas Werke in eine Reihe mit Mays *Winnetou* und Hesses *Demian*: „Wer in den siebziger Jahren noch immer nicht genug hatte, las Castaneda. Dort wurde dieselbe Erfolgsstory noch einmal erzählt." Man könnte das auch als Kompliment auffassen. Doch für Stein ist Castaneda ein Verführer der Jugend, „ein halbgebildeter Scharlatan", sein indianischer Lehrer Don Juan „eine typische zivilisationskritische Projektion" und seine Lehren „verdeckte Plagiate: ein Mischmasch aus Wittgenstein, Husserl, orientalischen Weisheits- und psychologischen Erlösungslehren".[3]

Die universelle Abwehr gegen unliebsame Gedanken scheint immer dieselbe zu sein: Man spricht dem, der sie auszusprechen wagt, einfach die geistige Integrität, die Authentizität oder die historische Wirklichkeit ab, und der Fall ist erledigt. Oder doch nicht? „Was ist, wenn Castaneda gar nichts erfunden hat?“[4] fragt der Beklagte im Sinne einer Antwort.

Dies war wohl auch die heimliche Furcht des Physikers, Autors und Castaneda-Kritikers Hans Peter Duerr, als er 1982 von Castaneda zu einer Aussprache eingeladen wurde. Bei diesem Treffen lernte Duerr auch Florinda Donner-Grau, eine weitere Schülerin des Don Juan kennen, was seine Zweifel an der Authentizität von Castanedas Berichten beseitigte. Er war nun doch „geneigt zu glauben, daß es sowohl Don Juan gibt (oder gab) als auch die Gruppe von Zauberlehrlingen“.[5]

Inzwischen haben zwei weitere Mitglieder jener Gruppe – Florinda Donner-Grau und Taisha Abelar – Berichte über ihre Lehrzeit veröffentlicht, was Castanedas Glaubwürdigkeit stützt und die Polemik von Stein und anderen Unzeitgemäßen besonders schal erscheinen läßt. Man mag es drehen und wenden, wie man will: Castaneda und Don Juan sind historische Wirklichkeit, ja, sie haben selbst Geschichte geschrieben. Für die Leser, die mit Castanedas Büchern nicht vertraut sind oder deren Lektüre der „Lehren des Don Juan“ bereits Jahre zurückliegt, sollen hier noch einmal die wichtigsten Ereignisse rekapituliert werden.

Im Sommer 1960 besucht der Anthropologiestudent Carlos Castaneda die Grenzregion zwischen Arizona (USA) und Sonora (Mexiko), um dort bei den einheimischen Indianern Feldforschung über medizinische und psychotrope Pflanzen zu betreiben. Ein Freund macht ihn in einer Busstation auf einen alten Yaqui aufmerksam, der sich selbst als Juan Matus vorstellt.

Das Zusammentreffen dieser denkbar verschiedenen Männer ist die Kollision zweier Welten. Der verkopfte Wissenschaftler, der einen willigen Informanten sucht, und der traditionelle Schamane, der in dem Gegenüber seinen erwählten Schüler erkennt, den die Kräfte des Universums zu ihm geführt haben. Die Mißverständnisse, die sich aus diesem Kulturschock ergeben, sind vorprogrammiert.

Castaneda akzeptiert die Rolle des Zauberlehrlings zunächst nur zum Schein, um an die gewünschte Information zu gelangen.

Und Don Juan gibt sein Bestes, um die beschränkte Wahrnehmung seines Schülers aufzubrechen und ihn in eine Position zu versetzen, in der er die Welt so *sehen* kann, wie sie wirklich ist. Castaneda resümiert:

> *„Seine Lehren waren wie ein Knüppel, der so lange auf meinen Dummkopf einschlug, bis ich endlich kapierte, daß meine kostbare Weltsicht in Wirklichkeit ein Konstrukt war, gewoben aus allen möglichen fixen Interpretationen, die ich dazu benutzte, mich selbst gegen die reine, staunende Wahrnehmung zu verteidigen.“*[6]

Don Juan bediente sich unter anderem psychotroper Pflanzen (Kraftpflanzen), um die starre Weltsicht seines Schülers zu brechen. Diese Phase der Lehrzeit hat Castaneda in seinen Büchern *Die Lehren des Don Juan* und *Eine andere Wirklichkeit* festgehalten, in denen die Erlebnisse mit jenen Drogen eine zentrale Rolle einnehmen. Er war überzeugt, daß er sein Ziel erreicht hatte und Informationen aus erster Hand für seine ethnobotanische Forschung erhielt. Es dauerte eine Weile, bis er begriff, daß er in etwas hineingeraten war, das nichts mit seinen akademischen Ambitionen zu tun hatte, und daß es nur seine eigene Begriffsstutzigkeit war, die Don Juan mit Hilfe der Drogen überwinden wollte.

So handeln die Folgebücher *Reise nach Ixtlan* und *Der Ring der Kraft* von fundamentaleren Aspekten der Lehren des Don Juan. Castaneda beschreitet den „Weg des Kriegers“ und lernt, wie er auch ohne Drogen einen Weg aus den Fängen der Alltagswelt findet:

> *„Don Juan brachte mir bei, daß es mit der Welt viel mehr auf sich hat, als wir gewöhnlich zugeben, daß unsere normalen Erwartungen an die Wirklichkeit durch unseren sozialen Konsens hergestellt werden, der selber ein Trick ist. Uns wird beigebracht, die Welt durch einen Sozialisationsprozeß zu betrachten und zu verstehen, der uns, wenn er richtig funktioniert, davon überzeugt, daß die Interpretationen, in die wir einwilligen, die Grenzen der realen Welt festlegen. Don Juan unterbrach diesen Prozeß in mir, indem er mir zeigte, daß wir die Fähigkeit*

haben, in andere Welten überzuwechseln, die konstant und unabhängig von unserer im hohen Maße konditionierten Bewußtheit sind. Die Zauberei bringt eine Neuprogrammierung unserer Fähigkeit mit sich, Sphären wahrzunehmen, die genauso wirklich, einzigartig, absolut und einnehmend sind wie unsere alltägliche, profane Welt.«[7]

Diese Neuprogrammierung findet ihren Höhepunkt am Ende von Castanedas Lehrzeit, das durch ein geradezu haarsträubendes Manöver gekennzeichnet ist. Nach gründlicher Vorbereitung durch Don Juan und seinen Gefährten Genaro springen Carlos und sein Mitschüler Pablito in einen – nicht nur symbolischen – Abgrund. Mit dieser packenden Szene schließt der vierte Band des Don-Juan-Zyklus ab.

Castaneda wacht in seinem Büro in Los Angeles auf – völlig verdutzt. Um zu prüfen, was wirklich geschah, reist er nach Mexiko, um Don Juan zu befragen. Doch sein Lehrer ist und bleibt verschwunden. Er findet lediglich eine Gruppe von Lehrlingen, darunter auch Pablito, der durch den Sprung in den Abgrund genauso verwirrt ist wie Castaneda selbst.

Die Bücher *Der zweite Ring der Kraft* und *Die Kunst des Pirschens* spiegeln die Verwirrung wider, die Castaneda in jener Zeit durchlebt. Stück für Stück tauchen verschollene Erinnerungen auf, die zunächst keinen Sinn ergeben. Doch dann fügt sich alles zusammen, und er erinnert sich. Don Juan hatte ihn immer wieder in einen Zustand versetzt, den er *gesteigerte Bewußtheit* nannte. Eine Eigenschaft dieses ungewöhnlichen Bewußtseinszustands ist, daß man sich an Ereignisse, die dort geschehen sind, nicht erinnern kann, wenn man in das normale Wachbewußtsein zurückgekehrt ist.

Zugegeben, das klingt unglaublich. Doch wenn man an vergleichbare Zustände denkt, wie etwa an das Schlafwandeln, an das man auch keine bewußte Erinnerung zurückbehält, bekommt man eine Vorstellung davon, was es mit dieser *gesteigerten Bewußtheit* auf sich hat. Vergleichbar ist auch die Tatsache, daß wir keinerlei Erinnerung an die meisten unserer Träume haben. Ein guter Hypnotherapeut könnte gleichwohl all diese Ereignisse hervorholen, die offenbar nur an anderer Stelle gespeichert sind.

Dies kommt übrigens der Erklärung recht nahe, welche die Zauberer selbst für diese Zustände haben. Castaneda konfrontiert uns in den Büchern *Das Feuer von innen*, *Die Kraft der Stille* und *Die Kunst des Träumens* nicht nur mit wiedergewonnenen Erinnerungen an die Lehren des Don Juan, die er auf dieser merkwürdigen Ebene gespeichert hatte, sondern auch mit der hochentwickelten Weltsicht der Zauberer, die auf ihren einzigartigen Forschungen über das Wesen des Bewußtseins und die Welt an sich beruht. Diese werden jedoch wiederum nur im Rahmen der Geschichte jener Zauberer verständlich.

Don Juan zufolge lebten bereits vor mehr als 10.000 Jahren Menschen auf der mexikanischen Hochebene, die aus Hunger oder auch Neugier psychotrope Pflanzen zu sich nahmen. Unter deren Einfluß nahmen sie andere Welten und andere Aspekte der uns bekannten Welt wahr.

Diese frühen Schamanen waren keineswegs so „primitiv", wie man meinen könnte. Sie waren ausgesprochen nüchterne Denker, die ihre Erfahrungen zu systematisieren begannen. Sie führten ihre psychotropen Exkursionen nicht aufs Geratewohl durch, sondern planten sie wie wissenschaftliche Manöver im Bereich des menschlichen Bewußtseins.

Sie erkannten, daß die alltägliche Wahrnehmung nur ein Produkt einer willkürlichen Weltbeschreibung ist, die durch entsprechende Mittel durchbrochen und durch andere, ebenso faktische und objektive Wahrnehmungsformen ersetzt werden kann. So konnten sie sich zum Beispiel mit Hilfe ihrer Kraftpflanzen in Tiere und Pflanzen verwandeln oder andere unvorstellbare Taten vollbringen – und das nicht nur auf der Ebene psychologischen Wunschdenkens, sondern in Wirklichkeit. Sie waren die Begründer der eigentlichen Zauberei, der Manipulation des Bewußtseins, das weit mehr ist, als wir uns heute zu träumen wagen.

Im Laufe der Generationen durchdrangen jene frühen Zauberer nach und nach die Oberfläche konkreter Erscheinungen und gelangten schließlich zu einer Wahrnehmung, die nicht weiter reduzierbar ist: zur Wahrnehmung der Welt als Energie, zu dem, was Don Juan als *Sehen* bezeichnet. Dieser Begriff ist insofern mißverständlich, als wir ihn automatisch mit einer Tätigkeit der Augen identifizieren. Das *Sehen* ist aber – im Gegensatz zum normalen

Schauen – ein Akt des ganzen Körpers oder, wie die Zauberer sagen, ein Wahrnehmungsakt des gesamten eigenen Energiefeldes.[8]

Für die Vorfahren von Don Juans Linie, die ihre erste Blüte zwischen dem 8. und 5. Jahrtausend vor unserer Zeitrechnung erlebte,[9] wurde dieses *Sehen* zum Hauptziel, und die Erkenntnisse, die sie daraus gewannen, zur Grundlage aller folgenden Generationen von Zauberern. Castaneda faßt die zentralen Punkte zusammen:

„1. *Das Universum ist eine unendliche Ansammlung von Energiefeldern, die dünnen Lichtfasern gleichen.*
2. *Diese Energiefelder, genannt die Emanationen des Adlers, strahlen aus einer Quelle von unvorstellbaren Ausmaßen, metaphorisch der Adler genannt.*
3. *Auch die Menschen bestehen aus einer unendlichen Zahl von faserförmigen Energiefeldern. Diese Emanationen des Adlers bilden ein abgeschlossenes Agglomerat, das sich als Lichtkugel von der jeweiligen Größe der betreffenden Person mit ausgestreckten Armen darbietet und wie ein großes leuchtendes Ei wirkt.*
4. *Nur ein sehr kleines Spektrum von Energiefeldern im Innern dieser leuchtenden Kugel wird erhellt, und zwar von einem intensiv leuchtenden Punkt, der sich an der Oberfläche der Kugel befindet.*
5. *Wahrnehmung findet statt, sobald die Energiefelder dieses kleinen, unmittelbar an den leuchtenden Punkt angrenzenden Spektrums ihr Licht aussenden, um identische Energiefelder außerhalb der Kugel zu erhellen. Weil nur jene Energiefelder wahrnehmbar sind, die durch diesen leuchtenden Punkt erhellt werden, bezeichnet man ihn als ‚Punkt, an dem die Wahrnehmung montiert wird', oder kurz als ‚Montagepunkt'.*
6. *Der Montagepunkt kann aus seiner gewohnten Position an der Oberfläche der leuchtenden Kugel in eine andere Position an der Oberfläche oder im Innern der Kugel verschoben werden. Weil das Leuchten des Montagepunktes alle Energiefelder, die es berührt, erhellen kann, wird der Montagepunkt, sobald er sich in eine neue Position bewegt, sofort neue Energiefelder erhellen und mithin wahrnehmbar machen.*

7. *Sobald der Montagepunkt sich verschiebt, ermöglicht er die Wahrnehmung einer ganz anderen Welt, die ebenso faktisch und real ist wie die Welt, die wir normalerweise wahrnehmen.*“[10]

Die Zauberer der Vorzeit *sahen* auch, daß der Montagepunkt eines Neugeborenen noch nicht auf eine bestimmte Position fixiert ist, sondern hin und her schwankt. Erst der Prozeß der Sozialisation, in dem Eltern und Erzieher dem Kind beibringen, wie es die Welt wahrzunehmen hat, fixiert den Montagepunkt nach und nach auf eine Position, in der das Kind diese Wirklichkeit mit seinen „Platzanweisern“ teilt und so auf sinnvolle und kohärente Weise mit ihnen interagieren kann. Es wird Schritt für Schritt mit einer Weltbeschreibung vertraut gemacht, die es wahrzunehmen, als „die wirkliche Welt“ aufrechtzuerhalten und zu verteidigen lernt. Es lernt also, die Position des Montagepunktes selbständig einzuhalten.

Die Kraft dieser Fixierung ist jedoch so groß, die resultierende Wirklichkeit so einnehmend, daß es daraus kaum einen Ausweg gibt. Sämtliche verfügbare Energie wird für die Aufrechterhaltung unserer Welt verbraucht, so daß nicht mehr genügend überschüssige Energie vorhanden ist, um über den Tellerrand unserer Wirklichkeit hinaus zu *sehen*, geschweige denn sie zu verlassen.

Die Kraftpflanzen gaben den Zauberern der Vorzeit die nötige Energie für eine Verschiebung des Montagepunktes. Doch diese Verschiebung war unkontrollierbar und zwanghaft, die körperlichen und energetischen Auswirkungen katastrophal. So *sahen* sie sich nach Alternativen um. Sie *sahen*, daß der Montagepunkt sich auch unter Extrembedingungen wie Hunger, Fieber, Krankheit, Altersschwäche usw. verschob. Auch Schlafentzug, Fasten, sensorische Deprivation und tiefe Meditation erfüllten diesen Zweck. Die erzielten Verschiebungen waren jedoch selten stabil und der Preis dafür meist hoch.

Die entscheidende Entdeckung machten sie, als sie ihr *Sehen* auf Schlafende ausdehnten. Beim Einschlafen begann der Montagepunkt des Betreffenden zu zittern und bewegte sich in das leuchtende Ei hinein. Je weiter der Montagepunkt sich verschoben hatte, um so bizarrer waren die Träume, von denen die Schläfer später berichteten. Die Zauberer der Vorzeit hatten so nicht nur den Grund für die nächtlichen Träume, sondern auch eine weitere Bestätigung für die Richtigkeit ihrer Beobachtungen in bezug auf den Montagepunkt gefunden.

Die Notwendigkeit des Schlafes ergibt sich demnach aus der Tatsache, daß die Fixierung des Montagepunkts auf eine feste Position – die Wahrnehmung der Alltagswelt – die vorhandene Energie nach und nach aufzehrt und eine Regeneration nötig macht. Die Notwendigkeit hierzu, die nachlassende Fixierung, empfinden wir als Müdigkeit.

Beim Einschlafen löst sich die Fixierung, und der Montagepunkt gleitet in unseren leuchtenden Körper hinein. Dabei erhellt er andere Emanationen, was je nach Lokalisation zu mehr oder weniger fremdartigen Wahrnehmungen führt. Wenn er sich nur geringfügig verschiebt, erleben wir Phantomabbilder unserer Alltagswelt. Wenn er sich weit verschiebt, erleben wir phantastische Szenarien, die nur wenig mit der uns bekannten Wirklichkeit zu tun haben.

Doch diese Verschiebungen sind nicht konstant, der Montagepunkt gleitet mangels Energie über die Emanationsfelder hinweg und erhellt zuerst eine, dann eine andere Lichtfaser. Wir alle kennen das Phänomen: Es wird immer dann offenbar, wenn der kohärente Handlungsfluß eines Traumes unterbrochen wird. Personen und Orte verwandeln sich in andere, Dinge gehen nahtlos ineinander über, und die Handlung entgleitet jeglicher Logik. Diese Übergänge sind Manifestationen der ständigen Verschiebung des Montagepunktes im Traum.

In ihren Bemühungen, diese Verschiebung zu kontrollieren und den Montagepunkt auf der neuen Position zu fixieren, entwickelten die Zauberer der Vorzeit die beiden Hauptpfeiler der toltekischen[11] Zauberei: die *Kunst des Träumens* und die *Kunst des Pirschens*. Es handelt sich dabei um zwei zusammengehörige methodische Systeme, wobei die Techniken des *Träumens* darauf gerichtet sind, den Montagepunkt zu verschieben, während die Prinzipien des *Pirschens* darauf zielen, ihn an jede beliebige Position, an die er verschoben wurde, zu fixieren.

Der Beginn des *Träumens* ist denkbar einfach und dennoch schwierig. Man nimmt sich vor, sich in einem Traum bewußt zu werden, daß man träumt. Die Zauberer nutzen hierbei verschiedene Tricks, wie etwa sich des Augenblicks des Einschlafens bewußt zu werden oder sich vor dem Einschlafen den Befehl zu geben, im Traum auf die Hände zu sehen. Das Ergebnis ist ein sogenannter „luzider“ oder bewußter Traum, in dem man handeln und entscheiden kann wie in der Alltagswelt. Man ist sich dabei durchaus bewußt, daß der eigene Körper während des Geschehens im Bett liegt und schläft.

Die toltekischen Zauberer sind jedoch nicht auf der Stufe des bloßen luziden Träumens stehengeblieben, das auch in anderen Traditionen geübt[12] und heute zunehmend zu Zwecken der Lebenshilfe eingesetzt wird.[13] Zunächst entwickelten sie durch ihre Übungen eine spezielle Art von Aufmerksamkeit, die sie befähigte, die Traumbilder so lange und intensiv zu betrachten, wie sie wollten. Diese *Traumaufmerksamkeit*, die Castaneda im Gegensatz zur Aufmerksamkeit für die Alltagswelt auch als *zweite Aufmerksamkeit* bezeichnet, wurde zur Grundlage einer ihrer bedeutendsten Entdeckungen.

Es war eine der Sternstunden der Zauberer der Vorzeit, als sie ihr *Sehen* in ihre *Traumaufmerksamkeit* einbrachten. Dabei entdeckten sie, daß die meisten ihrer Träume bloße Phantomwelten waren, die keinerlei energetische Wirklichkeit besaßen und offensichtlich aus Aspekten der Erinnerung und Vorgängen in ihrem eigenen Energiefeld hervorgebracht wurden. In jenen Träumen tauchten jedoch immer wieder Wesen auf, die aus sich selbst heraus strahlten, wenn der Träumer sie durch sein *Sehen* isolierte. Offensichtlich besaßen sie ein eigenes Energiefeld, das sie von gewöhnlichen Traumphänomenen unterschied. Diese Wesen waren so wirklich wie die Träumer selbst.

Die Zauberer fanden heraus, daß diese Wesen *Scouts* aus anderen Welten sind, die über die Schiene der Träume versuchen, Kontakt zu anderen Lebensformen aufzunehmen. Sie stammen aus einer Welt, die parallel zur unseren existiert, aus einem *Zwillingsuniversum*, in dem die Wesen zwar Bewußtheit, aber keine organische, materielle Existenz besitzen. In Don Juans Tradition werden sie daher auch „anorganische Wesen“ genannt.[14]

Die anorganischen Wesen unterscheiden sich beträchtlich von den uns bekannten organischen Lebensformen. Ihre andere energetische Struktur bewirkt, daß sie im Vergleich zu uns nahezu unendlich lange leben. Sie sind sehr alt, und ihre Bewußtheit ist entsprechend hoch entwickelt. Kein Wunder, daß die alten Zauberer einen Pakt mit ihnen anstrebten.

Der Kontakt zu den anorganischen Wesen war ein Meilenstein in der Geschichte der Zauberei. Mit Hilfe deren überlegener Bewußtheit erreichte das *Träumen* der Zauberer der Vorzeit Perfektion. Es gelang ihnen, körperlich in die Welt der Anorganischen einzutreten und deren Energiestruktur nachzuahmen. In gewisser Hinsicht wurden so auch sie anorganisch und nahezu unsterblich. Doch um welchen Preis!

Sie waren in einer Welt gestrandet, die ihnen nahezu alle Wünsche erfüllte, doch selbst die Ewigkeit wird im Verlauf der Jahrtausende zur Qual. Viele jener alten Zauberer leben auch heute noch in jener anderen Welt, aus der es für sie keinen Ausweg gibt, da ihre eigene Welt längst vergangen und vergessen ist. Laut Don Juan sind sie in eine Falle gegangen, als sie den Pakt mit ihren Verbündeten eingingen und so eine Übereinkunft besiegelten, die genauso bindend und einnehmend ist wie die Übereinkunft unserer Sozialisation, welche wir als die „einzig reale Welt“ wahrzunehmen gelernt haben.

Doch nicht alle gingen in diese Falle. Einige Zauberer waren nüchtern genug, die Fakten nicht aus den Augen zu verlieren. Jene neue Welt war, genau wie die Alltagswelt, eine Position des Montagepunktes und ihre Wahrnehmung die Interpretation eines Energiestroms. So bewegten sie sich darüber hinaus und entdeckten, daß es viele weitere solcher Positionen gibt, die einen Zugang zu anderen Welten darstellen, jede davon so faktisch, wirklich und einnehmend wie die uns bekannte Welt. Dabei setzten sie durch ihr *Sehen* einen neuen Maßstab für Wirklichkeit: *Real* waren für sie nur solche Wesen und Welten, die selbständig Energie erzeugen. Alles andere sind Phantomwelten, Projektionen unserer Phantasie und Erinnerungen, die keinerlei energetischen Effekt haben.[15]

Sie erforschten jene neuen Welten und fanden, daß sie wie die Häute einer Zwiebel sind: An jede grenzt unmittelbar eine weitere. Und auch die Welt des Alltags ist eine dieser Häute. All diese Welten oder Positionen des Montagepunktes stellen sich aufgrund ihres Energie erzeugenden Charakters als besonders vereinnahmend und fest dar, so daß es aus manchen von ihnen kaum einen Ausweg gibt. Don Juan berichtet, daß ganze Scharen von Zauberern nie von ihren Reisen zurückkehrten. Andere suchten bewußt ihr Heil in den neuen Welten, und niemand weiß, was sie dort vorfanden.

Zu jener Zeit, vor etwa 3.000 Jahren, kamen gewisse Zauberer zu besonderem Einfluß, die sogenannten *Naguals*. Ein Nagual ist ein Zauberer, der von Geburt an eine besondere Energiestruktur besitzt, die ihn vor anderen auszeichnet: Sein leuchtendes Ei erscheint einem Seher doppelt, es besitzt energetisch *gesehen* mehr Masse. Der leuchtende Körper eines normalen Menschen hat zwei, der eines Nagual hingegen vier Abteilungen. Diese Struktur führt nicht nur zu außergewöhnlichen Kraftreserven, sondern auch dazu, daß ein Nagual die Montagepunkte anderer Menschen verschieben und synchronisieren kann. Dies macht einen Nagual, der sowohl ein Mann als auch eine Frau sein kann, zum geborenen Anführer einer Schar von Zauberern.

Unter der Leitung solcher Männer und Frauen erblühte im klassischen Mexiko eine Hochkultur, die von den Geschichtsschreibern nie wirklich verstanden wurde. Die Zauberer jener Zeit hatten ihre Fertigkeiten im *Träumen* so weit perfektioniert, daß sie mittels ihrer gebündelten *Traumaufmerksamkeit* Kopien von Gebäuden und Städten in andere Welten projizieren konnten, um dann selber nachzufolgen und dort zu leben. Sie *träumten* gemeinsam eine neue Welt.

Die Tempelanlage von Teotihuacan bei Mexico City ist ein Beispiel hierfür. Die Archäologen wundern sich immer noch über Zweck und Ausmaße dieser Anlage. So hat etwa die Sonnenpyramide eine weitaus größere Basisfläche als das monumentalste Bauwerk der alten Welt, die ägyptische Cheopspyramide. Ein weiteres Rätsel ist die Totenstraße, so benannt, weil man in den Mauernischen dieser über einen Kilometer langen Zitadelle deformierte menschliche Überreste vorfand. Opfer von kriegerischen Auseinandersetzungen waren es wohl kaum, denn in Teotihuacan wurden keine Hinweise hierfür, ja nicht einmal Waffen gefunden. Und wohin war die Bevölkerung verschwunden – so spurlos, daß die Historiker bis heute nicht wissen, welches Volk es war, das einst dort lebte?

Laut Castaneda war Teotihuacan eine Stadt jener alten Zauberer. Er berichtet, daß auf der ganzen Länge der Totenstraße *Träumer* in den winzigen Mauernischen postiert waren, um die Mondpyramide am Ende der Straße in ihrer *Traumaufmerksamkeit* zu verankern:

> „*Auf ein Signal hin gafften alle die Pyramide, um sie aus ihren verschiedenen Blickwinkeln für das* Träumen *zu speichern. Einige verbrannten in der Intensität des gemeinsamen Gaffens unvollständig am Feuer von innen, wobei einzelne Körperteile zurückblieben, die man aus Ehrfurcht liegenließ, weil man glaubte, sie seien von einer ungewöhnlichen Kraft durchdrungen. Andere* Träumer *nahmen sofort ihren Platz ein.*
>
> *Ihr Ziel war es, die Pyramide gemeinsam an einen anderen Ort zu* träumen *und sie dort für einige Jahrzehnte oder auch länger aufrechtzuerhalten. Die konkrete Stadt Teotihuacan und ihre Anlagen waren für sie nur eine Art Vorlage. Es war die* Traumversion *der Stadt, um die es ihnen wirklich ging. Sie verewigten das Abbild. Und die Bevölkerungen ganzer Städte verschwanden hier wie auch anderenorts – z.B. in Yukatan – zwischen 800 v.Chr. bis 800 n.Chr. oder auch noch später in andere Welten, in ihre* geträumten *Städte.*“[16]

Der Zusammenbruch jener fremdartigen Kultur kam jedoch nicht durch diese ungewöhnliche Form der Auswanderung zustande. Es waren Einwanderungswellen, die den alten Zauberern zum Verhängnis wurden. Zwischen 600 und 1200 n.Chr. herrschte in Nordamerika eine fürchterliche Dürreperiode, und kriegerische Völkerscharen drängten in den vergleichsweise fruchtbaren Süden. Die alten Zauberer mußten schmerzlich erfahren, daß all ihre Errungenschaften nicht gegen menschliche Feinde halfen und ihre anorganischen Verbündeten sie keineswegs unverwundbar machten. Sie wurden einfach überrannt.

Die Eroberer eigneten sich die kulturellen Errungenschaften der toltekischen Zauberer an, doch der Kern ihres Wissens entging ihnen. Laut Don Juan lernten sie niemals *Sehen*: „Noch heute gibt es Mengen von Zauberern überall in Mexiko, Nachfahren dieser Eroberer, die dem Weg der Tolteken folgen, aber nicht wissen, was sie tun oder wovon sie reden, weil sie keine Seher sind."[17]

Die Zauberer, die den Zusammenbruch ihrer Welt überlebt hatten, zogen sich zurück und beratschlagten, was zu tun sei. Sie waren der festen Überzeugung, daß der Grund für den Untergang ihrer Kultur in ihrer eigenen Schwäche zu suchen war, und so beschlossen sie, ihr gesamtes Wissen einer gründlichen Prüfung zu unterziehen. Sie wollten jeden nur möglichen Fehler ein für allemal ausmerzen.

Aus dieser Reformation ging auch die Traditionslinie des Don Juan hervor, die seine Erben bis zu den Zeiten der historischen Tolteken um das Jahr 1.000 n.Chr. zurückverfolgen können. Jene *neuen Seher* verschmähten das manische Streben ihrer Vorgänger nach immer neuen Positionen des Montagepunktes und neuen Zaubertricks, um ihre menschlichen und nichtmenschlichen Untergebenen zu beherrschen. Sie *sahen*, daß gerade dieses Streben nach konkreten Vorteilen für sich selbst, der Eigendünkel der alten Zauberer und die damit verbundene Selbstüberschätzung, ihren Untergang herbeigeführt hatte.

Der Eigendünkel wurde zum erklärten Feind der neuen Seher. Sie wandten sich vom Konkreten und von allen Formen zweckbezogener Zauberei ab und strebten von nun an zum *Abstrakten*. Hiermit bezeichneten sie eine Kraft, die schon ihre Vorgänger gekannt hatten, ohne ihr jedoch so entscheidende Bedeutung beizumessen. Die neuen Seher erkannten, daß es ebenjene Kraft war, welche die Position des Montagepunktes, die Wahrnehmung und somit das Schicksal eines jeden Wesens regiert. Sie *sahen*, daß sie die Position des Montagepunkts ebenso bestimmt wie ein starkes Magnetfeld die Ausrichtung einer Kompaßnadel. Aus diesem Grund nannten sie diese Kraft den *Selektor*, [18] den *Geist* oder die *Absicht*.

Ihr neues Ziel formulierten sie als *Freiheit*: die Freiheit vom Zwang, das wahrnehmen zu müssen, was die Position des Montagepunkts vorschreibt. Ein Ziel, das über die Zwiebel hinausweist und per definitionem außerhalb aller konkreten Welten liegt. Da jedoch die *Absicht* letztlich für die Position des Montagepunktes verantwortlich ist, mußten sie erst einmal diese bemeistern.

So wurde die *Bemeisterung der Absicht* zu einer der Grundsäulen des neuen Zyklus. Dies war eine heikle Angelegenheit, da die

Absicht als eigentliche Schicksalsmacht etwas ist, mit dem man nicht spielen kann. Man mußte zunächst mit ihr vertraut werden, sich mit ihr anfreunden. Hierzu diente den neuen Sehern eine reformierte Praxis des *Träumens*, welche sich nicht mehr auf Ziele konkreter Zauberei, sondern auf die *Bemeisterung der Bewußtheit* konzentrierte, auf die Freiheit, die ihnen das *Beabsichtigen* neuer Positionen des Montagepunkts gewährte.

Parallel hierzu widmeten sie sich dem *Pirschen*, das nun auf die *Bemeisterung des eigenen Verhaltens* ausgedehnt wurde. Vorrang hatten Techniken des *Sich-selbst-Anpirschens*, die nicht nur eine Kontrolle über die Position des Montagepunktes ermöglichten, sondern auch gleichzeitig dem Eigendünkel und der Selbstüberschätzung entgegenwirkten. Ein Kodex entstand, der die drei Grundsäulen, *Pirschen*, *Träumen* und *Absicht*, miteinander verwob und den Praktiker auf den Weg zur Freiheit führte: den *Weg des Kriegers*.

Dieser Weg gipfelt in einem einzigen unvorstellbaren Manöver: dem abstrakten Flug, dem *Feuer von innen*. Dabei läßt der Praktiker seinen Montagepunkt über die gesamte Breite seines leuchtenden Eies, die Bandbreite aller menschlichen Wahrnehmungsmöglichkeiten, gleiten und entzündet so alle inneren Emanationen auf einmal. Dies löst den Betreffenden in einer Art Implosion auf, er verwandelt sich in reine Energie und ist frei.

Wie vielen Zauberern dies bislang gelungen ist, bleibt unbekannt, ebenso wie die Geschichte der ersten zwölf Generationen der Linie des Don Juan, über die Castaneda und seine Gefährtinnen bislang wenig haben verlauten lassen. Eine genaue Genealogie liegt uns erst seit der spanischen Conquista vor, einem weiteren großen Einschnitt in der Geschichte der Zauberei. Don Juan berichtet:

> *„Der neue Zyklus war eben dabei, Fuß zu fassen, als die spanischen Eroberer in das Land einfielen. Zum Glück waren die neuen Seher mittlerweile gründlich darauf vorbereitet, es mit dieser Gefahr aufzunehmen. Sie waren bereits vollendete Praktiker in der* Kunst des Pirschens.
>
> *Die folgenden Jahrhunderte der Unterjochung boten diesen neuen Sehern ideale Bedingungen, um ihre Fähigkeiten zu*

vervollkommnen. Merkwürdigerweise waren es gerade die ungeheure Härte und die Zwangsherrschaft jener Zeit, die sie beflügelten, ihre neuen Prinzipien zu verfeinern. Und aufgrund der Tatsache, daß sie niemals ihre Tätigkeit bekanntmachten, wurden sie in Ruhe gelassen und konnten ihre Ergebnisse systematisieren."[19]

Nachdem die neuen Seher erkannt hatten, daß eine Kommunikation mit den Eroberern zwecklos war, gingen sie in den Untergrund. Sie waren keine Partisanen, aber sie schützten ihr Wissen, indem jeder Nagual seine Gruppe gegen jeden offenen Kontakt zu anderen Sehern abschirmte. Damit verhinderten sie, zwischen Inquisition und einem falschen Gruppenbewußtsein endgültig zerrieben zu werden. Die Folge dieses Edikts der neuen Seher war die Herausbildung einzelner Schulen, die das Wissen auf individuelle Weise weiterentwickelten.

Nicht jede Schule fand Nachfolger, was zum Teil in der Haltung der neuen Seher gegenüber dem Eigendünkel begründet ist. Sie wählten ihre Schüler nicht mehr selbst aus, wie dies ihre Vorgänger taten, sondern ließen sie von der *Absicht* bestimmen. Dies bedeutet, daß ein Zauberer des neuen Zyklus keine Lehrlinge sucht, ein Schüler aber auch keinen Lehrer suchen kann. Immer ist es ein Omen, ein Zeichen der *Absicht*, des *Geistes*, das eine solche Verbindung einleitet. Und selbst wenn diese Voraussetzungen vorlagen, konnte es sein, daß sich der bezeichnete Aspirant gar nicht für die Zauberei interessierte und die entsprechende Schule somit zum Aussterben verdammt war.

Die Schule Don Juans wurde vom Ende des 15. Jahrhunderts bis zum heutigen Tag von sechzehn Naguals – einschließlich Juan Matus und Carlos Castaneda – geleitet. Die ersten acht führten ihre Gruppen bis zum Ende des 17. Jahrhunderts ganz im Geiste der neuen Seher. Die meisten dieser Kriegertrupps waren nicht allzu groß und bestanden aus acht bis sechzehn Mitgliedern. Jede dieser Generationen gab ihr traditionelles Wissen und ihre gesammelten Erkenntnisse unmittelbar an die nächste weiter.

Im Jahr 1723 geschah jedoch etwas, das die weitere Entwicklung der Schule grundlegend verändern sollte. Der neunte Nagual, Sebastian, begegnete einem jener Zauberer der Vorzeit, der plötzlich in

Fleisch und Blut vor ihm stand und um seine Hilfe bat. Er war am Ende seiner Kräfte und brauchte dringend die Energie eines doppelten Wesens, eines Naguals; sonst wäre er gestorben.

Der alte Seher war 7.000 Jahre lang im Zwillingsuniversum gefangen gewesen, bis er gegen Anfang des 18. Jahrhunderts einen Weg aus den Fängen der anorganischen Wesen fand. Nun benötigte er dringend Hilfe, die ihm der Nagual Sebastian nach einigem Zögern gewährte. Er gab ihm die Energie, die er zum Weiterleben in seiner selbstgeschaffenen *Traumwelt* benötigte, und erhielt als Gegengabe unmittelbares Wissen: Positionen des Montagepunkts, die vor undenklichen Zeiten von den Zauberern der Vorzeit entdeckt worden waren.

Der Nagual Sebastian traf ein Abkommen mit dem alten Zauberer, das auch all seine Nachfolger verpflichtete, ihm die nötige Energie im Austausch gegen weitere Positionen des Montagepunkts zu geben. So erschien der Todestrotzer, der aufgrund dieses Paktes auch der „Untermieter" genannt wird, allen folgenden Naguals: Santisteban, Lujan, Rosendo, Elias, Julian, Juan und Carlos Castaneda. Letzterer berichtet in der *Kunst des Träumens*, wie er dem Todestrotzer in einer Kirche in der Gegend von Oaxaca begegnet und ihm in seine *geträumte* Stadt folgt.[20]

Der Nagual Carlos Castaneda war der erste in dieser langen Linie von Zauberern, der vom Todestrotzer keine Gegenleistung für seine Energie verlangte. Doch, wie sich herausstellen sollte, war dies nicht das einzige, was ihn von Don Juan und seinen Vorgängern unterschied. Als Juan Matus in jenem staubigen Bushof einen übereifrigen Anthropologen als seinen von der *Absicht* erwählten Schüler erkannte, wußte er noch nicht, daß er dem Ende seiner Linie begegnet war. Oder hatte er vielleicht einem neuen Anfang ins Auge geblickt?

2. Vom Ende einer Linie

Alles beginnt und alles endet am richtigen Ort, zur richtigen Zeit.
Joan Lindsay: *Picknick am Valentinstag*[1]

Nachdem der Nagual Juan Matus in Castaneda einen vermeintlichen Nachfolger gefunden hatte, begannen er und seine Gefährten, einen Kriegertrupp für den neuen Nagual zusammenzustellen. Dabei ließen sie sich ganz von der *Absicht* leiten, die einst auch die Konfiguration ihres Zuges bestimmt hatte. Der neue Trupp sollte ein genaues Abbild seines Vorläufers werden.

Sie folgten der *Regel des Nagual*,[2] einem Mythos, der vorsieht, daß ein Team von Naguals, ein Mann und eine Frau, eine Gruppe von Kriegern in die Freiheit führt. Diese Krieger gehören den verschiedenen Grundtypen an, aus denen sich die Menschheit zusammensetzt: vier weibliche und vier männliche Typen. Die Frauen werden zudem in zwei Lager, in *Pirscherinnen* und *Träumerinnen*, unterteilt.

Diese Klassifikation ist für die Zauberer keine psychologische Spitzfindigkeit, sondern eine energetische Tatsache. Die leuchtenden Eier der einzelnen Typen weisen klar differenzierbare Merkmale auf, die sich auch in Verhalten und Vorlieben der Betreffenden zeigen. Ja, man kann sagen, daß die vier verschiedenen Menschentypen unterschiedliche Glücksansprüche an das Leben stellen, denen die Gleichmacherei unserer modernen Alltagswelt nicht einmal in Ansätzen gerecht wird.

Ein *Gelehrter Mann* findet Erfüllung im Verstehen, ein *Mann der Tat* in der Aktion, ein *Organisator* im Planen und ein *Kurier* im praktischen Erkunden neuer Wege und Möglichkeiten. Auf der weiblichen Seite sind die vier Typen den Himmelsrichtungen zugeordnet: der Osten entspricht der Ordnung, der Norden der Stärke, der Westen dem Gefühl und der Süden dem Wachstum.

Eine *östliche Frau* wird eher im kreativen Gestalten ihr Glück suchen, eine *nördliche Frau* im Kampf, eine *westliche Frau* in der intuitiven Erkenntnis und eine *südliche Frau* im Hegen und Pflegen anderer Wesen.[3]

Ein Kriegertrupp setzt sich gemäß der Regel aus all diesen Typen zusammen. Die denkbar große Verschiedenheit der einzelnen Mitglieder führt im Zusammenspiel zum größtmöglichen interaktiven Potential, das eine menschliche Gemeinschaft überhaupt bieten kann. Dabei bilden der *Nagual-Mann* und die *Nagual-Frau* das vermittelnde Zentrum, ohne das die anderen kaum einen gemeinsamen Nenner finden würden. Diese Mittlerfunktion ist ihnen angeboren, da sie die anderen Typen in den verschiedenen Facetten ihres Verhaltens spiegeln können.

Die Regel des Nagual ist ein lebendiger Mythos, ein abstraktes Drehbuch menschlicher Interaktion, das aus einem Haufen einzelner Individuen ein strukturiertes Ganzes, einen einzigen Organismus macht. Und dieser Organismus hat die Fähigkeit, sich fortzupflanzen, seine Struktur im Sinne einer kulturellen Tradition zu vererben, indem er auf abstrakte Weise im jeweiligen Nachfolgetrupp fortexistiert.

Genau das war es, was Don Juan und seine Gefährten im Sinn hatten. Und so fanden sie für den neuen Nagual eine Gruppe von Männern – Nestor, Pablito, Benigno und Eligio – und einen Ring von Frauen: Lidia, Rosa, Josefina und Maria Elena, die aufgrund ihrer Leibesfülle auch „la Gorda", die Dicke, genannt wurde.[4] Nun fehlte nur noch das weibliche Pendant zu Castaneda, die Nagual-Frau, die sich zuletzt einstellte: Carol Tiggs.

Ihre erste Begegnung mit Don Juan und Carlos Castaneda fand in Mexico City statt, wo sie damals Kunstgeschichte studierte. Sie genoß das Auslandssemester fern ihres behüteten Zuhauses, da sie, wie sie selbst sagt, ein „verzogenes Luder" war, das mit einem betonten Lispeln die Aufmerksamkeit der Männer auf sich zu ziehen suchte.

Eines Abends spazierte sie durch den Alameda-Park und merkte, daß ihr zwei Männer folgten, ein alter und ein junger Mann. Sie hielt die beiden für „aufdringliche Latinos" und beschleunigte ihren Schritt, doch die Männer kamen immer näher. Als der junge Mann fast auf ihrer Höhe angelangt war, hörte sie den Alten rufen: „Laß sie bloß nicht entwischen! Pack sie, wo immer du sie zu fassen kriegst!“

Dies verunsicherte nicht nur Carol. Auch der junge Mann schien nicht recht zu wissen, was er nun tun sollte. Außer Atem leierte er eine Reihe von Fragen herunter: „Bist du Amerikanerin? Wie heißt du? Wie alt bist du? Bist du allein, oder hast du einen Freund?“

Nun geriet Carol vollends in Panik. Sie wollte gerade damit drohen, laut um Hilfe zu schreien, als der Alte einen gewaltigen Rülpser von sich gab. Sie erstarrte vor Schreck und hörte sich selbst sagen: „Ich heiße Carol Tiggs, bin neunzehn Jahre alt und habe keinen Freund.“

Carol erzählte den Männern, wo sie wohnte, und sie besuchten sie regelmäßig, während sie in Mexiko war. Die Interaktion fand immer in gesteigerter Bewußtheit statt, in die Don Juan sie auch bei ihrem ersten Zusammentreffen versetzt hatte. Durch seinen Rülpser hatte er ihre Aufmerksamkeit auf sich gelenkt und ihren Montagepunkt sogleich mit einer magischen Bewegung seiner Hand verschoben. Später brauchte er ihre Aufmerksamkeit nur auf sein linkes Auge zu lenken und die Bewegung zu wiederholen, um sie augenblicklich wieder in diesen Zustand zu versetzen. Und als sie in die USA zurückgekehrt war, hatte sich ein Nebel über die Erinnerung an die zwei Männer gesenkt.[5]

Zu Hause setzte Carol ihr Studium am College fort, als sei nichts geschehen. Erst Jahre später begegnete sie Don Juan wieder, diesmal unter ganz anderen Vorzeichen. Sie arbeitete in den Semesterferien in einer staatlichen Behörde und wurde dort von einem scheinbar hilflosen, alten Indianer angesprochen, der Probleme mit seinen Papieren hatte. Sie erkannte ihn nicht wieder!

Castaneda beschreibt die folgenden Ereignisse ausführlich in seinem Buch *Die Kunst des Pirschens*, wo er noch der Überzeugung war, daß es sich dabei um das erste Treffen von Carol und Don Juan gehandelt habe. Auch er erinnerte sich nicht an die Vorfälle in Mexico City, da er sich ebenfalls tief in gesteigerter Bewußtheit befunden hatte.

Don Juan benutzte seine Fähigkeiten als *Pirscher*, um Carol endgültig in seine Welt einzuführen. Er versetzte sie erneut in die gesteigerte Bewußtheit, und zwar so tief, daß sie nie wieder ganz daraus hervorging. Ihr Montagepunkt verschob sich auf so dramatische Weise, daß er nicht an seine gewohnte Position zurückkehrte.

Von jenem Moment an hörte Carol Tiggs für die Welt des Alltags auf zu existieren. Don Juan offenbarte ihr die Regel des Nagual, und Carol akzeptierte sie mit all ihren Konsequenzen. Eine davon war, daß sie als die neue Nagual-Frau Don Juan und seinen Trupp auf ihrer endgültigen Reise begleiten sollte, um später der eigenen Gruppe als Leuchtfeuer in die Freiheit zu dienen. Denselben Weg waren auch alle anderen Nagual-Frauen vor ihr gegangen.[6]

Der Nachfolgetrupp für Don Juans Linie war somit komplett und alles scheinbar in bester Ordnung, wären da nicht einige Unstimmigkeiten gewesen, die sich wie dunkle Gewitterwolken am Horizont abzeichneten. Der Regel zufolge hätte der Ring von Frauen aus *Pirscherinnen* bestehen müssen, die sich energetisch stark von den *Träumerinnen* unterscheiden. Jene kommen gewöhnlich erst ins Spiel, wenn der alte Kriegertrupp die Welt verlassen hat. Lidia, Rosa, Josefina und la Gorda gehörten jedoch eindeutig den *Träumerinnen* an. Da der *Geist* selbst jene Frauen ausgewählt hatte, akzeptierten Don Juan und seine Gefährten diese Entscheidung der *Absicht*, auch wenn sie sie nicht verstanden.

Dann erschien eine weitere Figur auf der Bühne: Soledad, eine echte *Pirscherin*. Zunächst nahm sie niemand ernst, da sie eine fette, alte Frau war, die anscheinend über nicht allzu viel Energie verfügte. Doch sie belehrte alle eines Besseren, und die Bekundungen der *Absicht* machten es Don Juan und seinen Gefährten unmöglich, sie abzulehnen. So nahm man sie auf, auch wenn sie nicht so recht in das Schema passen wollte, nach dem sich der Kreis um den neuen Nagual formierte.

Ein weiteres Rätsel gab die Verwandlung von la Gorda auf, die im Rahmen ihres Trainings etliche Pfunde verloren hatte. Dies veränderte nicht nur ihre äußere Erscheinung, sondern auch ihre energetische Struktur. Die Seher aus Don Juans Trupp hatten sie anfangs für eine südliche Frau gehalten. Nun stellte sich heraus, daß sie eine nördliche Frau war. Dies war eigentlich unmöglich, da die spezifische energetische Struktur ein unveränderliches, angeborenes Merkmal ist. Ein Irrtum beim *Sehen* kam auch nicht in Frage, da es sich dabei um eine pragmatische Erkenntnisform handelt, die keine derartigen Fehlleistungen kennt.

Alles in allem bot der neue Kriegertrupp nun ein merkwürdiges Bild: eine einsame, ältere *Pirscherin* und ein unvollständiger Ring von *Träumerinnen*, bei dem die südliche Position unbesetzt, die nördliche hingegen mit Rosa und la Gorda doppelt besetzt war. So etwas war in all den Generationen zuvor noch nicht aufgetreten.[7]

Mehr und mehr wurde klar, daß etwas nicht stimmte. Bei genauerer Prüfung durch Don Juan und seinen Gefährten Silvio Manuel, denen die Unstimmigkeiten keine Ruhe ließen, stellte sich heraus, daß der „Fehler" in Carlos lag. Alle hatten geglaubt, er sei ein Nagual wie Don Juan, doch nun stellte sich heraus, daß seine energetische Struktur ganz anders war. Anstelle von vier Abteilungen, die einen Nagual gewöhnlich auszeichnen, verfügte sein leuchtendes Ei nur über drei Abschnitte. Dies hatten Don Juan und seine Gefährten bislang übersehen. Da die Regel, der sie folgten, für einen vierzackigen Nagual geschaffen war, konnte sie beim „Dreizack" Carlos Castaneda einfach nicht greifen.

Bei dieser Prüfung stellte sich auch heraus, daß niemand einen Fehler gemacht hatte. Bei der Auswahl ihrer Schüler waren die Zauberer strikt den Zeichen des *Geistes* gefolgt. Es war offenbar die *Absicht* selbst gewesen, die Don Juan ein Kuckucksei ins Nest gelegt hatte. Nun galt es herauszufinden, was es damit auf sich hatte, und sich mit der neuen Situation zu arrangieren.

Im Verlauf von Castanedas weiterem Training kam Don Juan immer mehr zu der Überzeugung, daß die Entscheidung des *Geistes*, ihn als seinen Schüler zu wählen, nichts anderes bedeuten könne als das Ende seiner Linie. Castaneda rekapituliert Don Juans Standpunkt:

> *„Er sagte, daß das Ende seiner Linie nichts mit ihm oder seinen Bemühungen, noch mit seinem Erfolg oder Versagen als Zauberer auf der Suche nach absoluter Freiheit zu tun habe. Er verstand die ganze Angelegenheit als etwas, das mit einer Entscheidung zusammenhing, die jenseits der menschlichen Ebene gefällt worden war, nicht von irgendwelchen Wesen oder Geschöpfen, sondern von den unpersönlichen Kräften des Universums selbst."*[8]

Die Veränderungen, die sich aufgrund dieses Umstandes ergaben, sind in Castanedas Büchern nur teilweise dokumentiert. So etwa, daß Castaneda in seinem Training von diesem Augenblick an von den anderen Schülern getrennt wurde. Seine abweichende energetische Struktur machte es ihm unmöglich, sie zu führen, ihr Nagual zu sein.

Dies traf vor allem auf drei der Männer, Nestor, Pablito und Benigno, und drei der Frauen, Lidia, Rosa und Josefina, zu. Sie bildeten eigene Gruppen: die „Genaros“ und die „Schwesterchen“. Dem ausgesprochen talentierten Eligio gelang es, sich an Don Juans Kurier Emilito zu heften, und Soledad wurde von Florinda, der nördlichen *Pirscherin* des alten Trupps, unter ihre Fittiche genommen. Nur la Gorda und Carol wurden weiterhin zusammen mit Carlos ausgebildet, da sie energetisch kompatibel waren und offenbar zu ihm gehörten.[9]

Zu diesem Team stießen bald darauf zwei weitere Frauen, die zu Castaneda paßten. Don Juan hatte ein Zeichen mit einem Mädchen namens Martha, das mit Hilfe von Clara, der südlichen *Träumerin* des alten Trupps, in die Welt der Zauberer eingeführt wurde. Seine Gefährtin Florinda entdeckte auf der Party eines texanischen Ölbarons die quirlige Regina, in der sie gleich ein Ebenbild ihrer selbst erkannte. Kurz darauf wurde Regina von Delia, der südlichen *Pirscherin* aus Don Juans Trupp, nach Mexiko gelockt und dort in die Geheimnisse der Zauberei eingeweiht. Die beiden Neulinge sollten später unter anderen Namen bekannt werden: als Taisha Abelar und als Florinda Donner-Grau.

Namensänderungen dieser Art sind bei den Zauberern nicht ungewöhnlich. Zum einen sind sie Ausdruck für die Vollständigkeit der Wandlung, die durch den Eintritt in die Welt der Zauberer bewirkt wird. Andererseits ist es Tradition, Namen von einer Generation auf die andere zu vererben, um so die Nachfolge im Rahmen der Regel deutlich zu machen. Martha übernahm den Namen, den ihr ihre Eltern ursprünglich zugedacht hatten: Taisha. Und Regina erbte den Namen ihrer Lehrerin und Vorgängerin, die von der ersten Begegnung an von ihrer Ähnlichkeit erstaunt war: Florinda.

Das neue Team bestand nun aus fünf Mitgliedern: Carlos Castaneda, Carol Tiggs, Taisha Abelar, Florinda Donner-Grau und la Gorda. Die Gruppe fand lange keine Erwähnung, weil Don Juan es Castaneda nicht erlaubt hatte, über sie zu schreiben. Seine

Werke sollten Zeugnis über die ursprüngliche Tradition der toltekischen Zauberer ablegen, nicht über die Veränderungen, die sich in jüngster Zeit ergeben hatten. Nachdem seine Linie offenbar dem Untergang geweiht war, hatte Don Juan selbst Castaneda zu seiner schriftstellerischen Tätigkeit animiert, weil er darin eine Chance sah, wenigstens einen Bruchteil vom Vermächtnis seiner Tradition, dem Wissen der Tolteken, zu retten.

Erst mit der Veröffentlichung der *Kunst des Träumens* hat Castaneda das ihm auferlegte Schweigen gebrochen und begonnen, über seine eigene Gruppe zu berichten. Dort erklärt er:

> *„Wir interagierten nur in der zweiten Aufmerksamkeit miteinander. In der alltäglichen Welt kannten wir uns nicht einmal von ungefähr. In unseren Beziehungen zu Don Juan aber gab es nichts Unbestimmtes: Er gab sich die größte Mühe, uns alle gleich gründlich auszubilden. Doch zum Ende hin, als Don Juans Zeit ablief, begann der psychische Druck seiner bevorstehenden Abreise die festen Schranken der zweiten Aufmerksamkeit aufzulösen. Die Folge war, daß unsere Interaktionen auf die Alltagswelt übergriffen und wir uns scheinbar zum erstenmal kennenlernten.“*[10]

Florinda Donner-Grau berichtet in ihrem Buch *Traumwache* von diesen Begegnungen. Interessant ist, daß man bei der Lektüre dieses Werkes einen ganz anderen Eindruck von Castaneda bekommt, der sich in seinen eigenen Publikationen gern als der etwas einfältige Lehrling des alten Meisterzauberers Don Juan präsentiert. In *Traumwache* erscheint er selbst als begabter Zauberer, der geschickt alle Herausforderungen auf dem Weg des Kriegers meistert.

Wäre er das nicht gewesen, hätte er wohl kaum all die Schwierigkeiten überwinden können, die sich ihm in den Weg stellten. So berichtet Castaneda in der *Kunst des Träumens*, wie er gegen Ende der sechziger Jahre immer tiefer in den Bann der anorganischen Wesen geriet und im *Träumen* ausgedehnte Exkursionen in deren Welt unternahm.

Auf einem dieser Ausflüge entdeckte er ein dort gefangenes Wesen, das sich durch seine Energie deutlich von den anderen

Anorganischen unterschied. Sein Leuchten war nicht rot oder rosafarben wie das der Wesen im Zwillingsuniversum, sondern blau. Daher nennt Castaneda es den *blauen Scout.*

In der *Kunst des Träumens* beschreibt er, wie er begann, Zuneigung für jenes Wesen zu empfinden, und wie er es schließlich in einem halsbrecherischen Akt den Klauen der Anorganischen zu entreißen versuchte, ein Manöver, das Castaneda fast sein Leben gekostet hätte. Er verausgabte seine ganze Energie bei dem Befreiungsversuch, der nur zur Hälfte gelang. Da er jedoch nicht bereit war, sein Vorhaben aufzugeben, erklärte ihm Don Juan, daß er und Carol Tiggs gemeinsam einen Weg finden müßten, um den blauen Scout endgültig aus dem Zwillingsuniversum zu befreien.[11]

Dieser Weg und die folgenden Ereignisse sind in keinem der Bücher beschrieben. Die einzige Möglichkeit, den blauen Scout aus der Welt der Anorganischen zu befreien, war, ihn ganz in unsere Welt zu holen. Doch der einzige Weg, der zu physischer Existenz in unserer Sphäre führt, ist die Geburt. So entschieden Carlos und Carol, in gesteigerter Bewußtheit ein Kind zu zeugen und auf diese Weise ein physisches Vehikel für die Bewußtheit des blauen Scouts zur Verfügung zu stellen.[12]

Der Versuch glückte, und Carol Tiggs wurde Mutter einer ganz außergewöhnlichen Tochter, die mit Hilfe der Zauberer aus Don Juans Trupp großgezogen wurde. Es stellte sich jedoch heraus, daß der blaue Scout nicht allein gewesen war. Hinter ihm hatte sich ein weiteres Wesen verborgen, das ebenfalls in der Welt der Anorganischen in Gefangenschaft geraten war: der *orange Scout.* Castaneda und seine Gefährtinnen beschlossen nun, auch dieses Wesen zu befreien, um den einmal eingeschlagenen Weg konsequent zu Ende zu gehen.[13]

Carol Tiggs kam als Mutter nicht mehr in Frage. Nach einigem Gerangel erklärte sich Florinda Donner-Grau bereit, den orange Scout zur Welt zu bringen. Zu diesem Zweck suchte sie sich einen geeigneten Mann – wie sie selbst sagt, „einen stämmigen Indianer aus der Gegend von Oaxaca“ – und zeugte mit ihm eine Tochter. Auch dieses Mädchen nahmen die Zauberer aus Don Juans Trupp unmittelbar nach der Geburt unter ihre Fittiche.[14]

Die größten Herausforderungen erwarteten Castaneda jedoch im Jahre 1973, in dem er seine erste Begegnung mit dem Todestrotzer hatte. Auch dieses Ereignis ist in der *Kunst des Träumens* ausführlich beschrieben. Dort berichtet er, wie ihm der unheimliche alte Zauberer in Gestalt einer Frau erschien, die er in einer Kirche in einem Städtchen bei Oaxaca traf. Sie führte ihn in ihre *geträumte* Version der Kirche und der Stadt, und Carlos erhielt einen ersten Eindruck von der unvorstellbaren Macht der alten Zauberer, ihre *Traumaufmerksamkeit* auf konkrete Erscheinungen zu fixieren.[15]

Im Verlauf dieser Begegnung kam es zum Energieaustausch zwischen Castaneda und dem Todestrotzer, zu dem er als Erbe der Linie des Nagual Sebastian verpflichtet war. Der neue Nagual Carlos weigerte sich jedoch, im Gegenzug ein Geschenk der Kraft – konkrete Positionen des Montagepunktes – anzunehmen. Er wollte keinen Handel mit dem Todestrotzer. Wenn er ihm schon helfen sollte, wollte er dies mit einer freien Gabe, einem *echten* Geschenk tun.

Dies führte zu unerwarteten Verwicklungen. Der Todestrotzer wollte Castanedas Energie nicht ohne Gegenleistung annehmen. So verzichtete er auf eine konkrete Gegengabe und machte dem neuen Nagual ein abstraktes Geschenk: die Fähigkeit, auf den Schwingen der *Absicht* zu fliegen, die Gabe des *Beabsichtigens* in der *Traumaufmerksamkeit*. Dies war die höchste Kunst der alten Zauberer, mit der sie einst ganze Städte samt ihrer Bevölkerung in andere Welten transportiert hatten.

Es stellte sich jedoch schon bald heraus, daß dieses Geschenk ein trojanisches Pferd war. Der Todestrotzer hatte eine Möglichkeit gewittert, endgültig aus dem Gefängnis seiner *Traumposition* auszubrechen. Er wußte, daß dies seine letzte Chance sein würde, nachdem das Ende der Linie des Nagual Sebastian mit Castaneda besiegelt war. So traf er ein Abkommen mit der Nagual-Frau Carol Tiggs, von dem Castaneda erst erfuhr, als es zu spät war. Carol verschmolz mit dem Todestrotzer zu einem Wesen, kraft der gleichen Gabe, die er Castaneda verliehen hatte: durch das *Beabsichtigen* in der *Traumaufmerksamkeit*. Auf diese Weise verband der alte Zauberer sein Schicksal untrennbar mit dem letzten Glied der Kette, dem letzten Nagual und seinem Team. Wenn sie die Freiheit erreichen sollten, würde auch er endlich frei sein.[16]

Die unmittelbare Folge der Verschmelzung von Carol Tiggs und dem Todestrotzer war, daß sie die uns bekannte Welt verließen.

Castaneda war lange der Überzeugung, daß Carol mit Don Juan und seiner Gruppe gegangen sei, ganz wie es die Regel des Nagual vorsah.[17] Diese Verwirrung ist aufgrund der emotionalen Wucht und der zeitlichen Nähe der Ereignisse verständlich. Denn schon wenige Wochen später, im Juni 1973, schickten Don Juan und sein Trupp sich an, ihre endgültige Reise anzutreten. Castaneda erinnert sich:

> *„Ich sah sie gehen, Don Juan und seine Gruppe, eine ganze Schar von Zauberern. Sie gingen an einen Ort, der frei von allem Menschlichen und dem krankhaften Zwang zur Anbetung des Menschen ist. Sie verbrannten am Feuer von innen. Als sie gingen, nahmen sie eine Formation ein, die sie die* gefiederte Schlange *nennen. Sie verwandelten sich in Energie, samt ihren Schuhen. In einer einzigen Geste wandten sie sich noch einmal um, um einen letzten Blick auf diese wunderbare Welt zu tun. Ich bekomme eine Gänsehaut, ich erbebe, wenn ich daran denke. Eine letzte Drehung* – nur um einen Blick zu erhaschen.
>
> *Ich hätte sie begleiten können. Als Don Juan ging, sagte er: ‚Zu gehen verlangt mir alles ab. Es braucht all meinen Mut, meine ganze Hoffnung – und keine Erwartungen. Zurückzubleiben wird auch dir all deinen Mut und deine ganze Hoffnung abverlangen.‘ So sprang ich in den Abgrund und erwachte in meinem Büro in Los Angeles.“*[18]

Eligio, der Kurier aus Castanedas erstem Trupp, verließ die Welt mit Don Juan. Zurück blieben die Genaros, die Schwesterchen, Soledad und Castanedas Gruppe. Nach all den Jahren des Trainings waren sie zum ersten Mal ohne Führung und brauchten eine Weile, bis sie ihr Gleichgewicht wiedergefunden hatten. Castaneda beschreibt diese Zeit eindrucksvoll im *Zweiten Ring der Kraft.*

Als die Lehrlinge ihre Fassung wiedergefunden hatten, stellten sie fest, daß nicht alle Mitglieder des alten Trupps gegangen waren. Florinda und Zuleica, die westliche *Träumerin* aus Don Juans Zug, waren geblieben, da sie von ihren Gefühlen her nicht zu ihm gehörten. Sie hatten vor, noch mehr Energie zu sammeln, um einen gewaltigen Sprung zu tun. Sie wollten die Gruppe ihres Lehrers, des Nagual Julian Ossorio erreichen, die bereits Jahrzehnte zuvor auf vergleichbare Weise aus der Welt entschwunden war. Der Nagual Julian war, wie Florinda betonte, die „Liebe ihres Lebens", zu der sie sich über diese Welt hinaus hingezogen fühlte.[19]

Während des folgenden Jahrzehnts betreuten die beiden Hexen die zurückgebliebenen Gruppen, wobei sich die alte Florinda besonders um Castanedas neuen Trupp und ihre „Adoptivtochter" gleichen Namens kümmerte. Ihr Führungsstil war jedoch kaum der einer treusorgenden Mutter, sondern eher der eines ungeduldigen Feldwebels. Sie deckte alle mit Aufgaben ein, die ihre Fertigkeiten in der Kunst des *Pirschens* schulen sollten. Castaneda erzählt:

„Florinda verlangte von mir, daß ich mir Arbeit suchte. Ich entgegnete ihr, daß ich ihr Ansinnen für Unsinn hielt, da ich als Schriftsteller schließlich genug Geld verdiente.

‚Schreiben und Vorträge halten, das ist Unsinn!' sagte sie ungeduldig. ‚Du mußt auf den Boden der Tatsachen zurückkommen.'

‚Und wie soll ich das deiner Meinung nach anstellen?' fragte ich.

Sie überlegte eine Weile und antwortete: ‚Arbeite als Koch!'

So suchte ich mir eine Stelle als Koch in Tucson, Arizona, wo die Leute Latinos hassen – was ich regelmäßig zu spüren bekam. Eines Tages bewarf mich so ein Kerl, groß wie ein Baum und vollgepumpt mit Zucker und Bier, mit einem Hamburger und beschimpfte mich. Ich wußte nicht, wie ich in einer solchen Situation reagieren sollte. Später fragte ich Florinda, und sie sagte bloß: ‚Duck dich!'"[20]

Diese Art der Unterweisung erzeugte eine äußerst pragmatische Haltung in Castaneda, die ihm als Akademiker fremd gewesen war. Taisha und Florinda junior wurden hingegen auf die Schule geschickt, da sie als Frauen bereits von Natur aus pragmatisch veranlagt waren, jedoch Schwierigkeiten hatten, ihr Wissen in Worte zu fassen. Beide studierten – wie einst Castaneda – an der UCLA, der Universität von Los Angeles.

Daß ihre Studien zu keiner trocken-akademischen Tortur wurden, verdankten die Schülerinnen der alten Florinda. So berichtet

Florinda Donner-Grau in ihren Büchern *Shabono* und *Die Lehren der Hexe* von ihren turbulenten Feldforschungen, zu denen sie von ihrer Lehrerin animiert wurde. Ihre Zeit bei den Yanomama-Indianern im Urwald und den Hexen und Heilern an der Küste ihres Heimatlandes Venezuela war zugleich eine Feuerprobe für all das, was sie bis dahin auf dem Weg des Kriegers gelernt hatte.

Auch la Gorda wurde nicht verschont. Sie war Castanedas Assistentin in Tucson, wo sie als Kellnerin arbeitete. Gleichzeitig mußte sie zur Schule gehen und Englisch lernen, um in ihrem neuen Aufgabenfeld überhaupt bestehen zu können.[21]

La Gorda war jedoch mit der Entwicklung alles andere als zufrieden. Sie sah wenig Sinn im Erfüllen ständig neuer Aufgaben, die vom eigentlichen Ziel wegzuführen schienen. In ihren Augen brauchte Castaneda zu lange, um seine Rolle als Nagual für sich zu beanspruchen und sie in die Freiheit zu führen. Ihre Ungeduld wuchs von Tag zu Tag.

Im Jahre 1985 drehte la Gorda endgültig durch. Da Don Juan ihr einst versichert hatte, daß sie eine „unvergleichliche Träumerin" sei, hatte sie sich in die Vorstellung hineingesteigert, daß sie nun die Führung übernehmen müsse. In einem Anfall schieren Eigendünkels behauptete sie, sie sei der wahre Nagual und sie werde alle anderen in die Freiheit führen. Da ihr niemand glaubte, versuchte sie, den abstrakten Flug allein zu meistern. Doch ihr Versuch endete in einer Katastrophe. Anstatt am Feuer von innen zu verbrennen, starb sie in den Armen der anderen.[22]

Als die alte Florinda, die während des Vorfalls nicht zu Hause war, zurückkehrte, geriet sie außer sich. Sie beschuldigte Castaneda und seine Gefährtinnen, für la Gordas Tod verantwortlich zu sein. Sie hätten nichts getan, um sie an ihrem Vorhaben zu hindern, und sie habe die Nase gestrichen voll von solch inkompetenten Stümpern. Florinda beschloß, die Welt augenblicklich zu verlassen. Nur ihre geliebte Adoptivtochter wollte sie mitnehmen.

Florinda Donner-Grau berichtet, daß in diesem Moment ein Streit um sie entbrannte. In einem Handgemenge entzog Castaneda sie dem Griff der alten Zauberin. Daraufhin verließ jene das Haus und verschwand hinter einem Orangenbaum. Die junge Florinda sah ein Licht aufblitzen, glaubte aber immer noch, daß ihre Lehrerin sich nur verstecken wollte. Doch dann erfüllte plötzlich eine seltsame Vibration den Garten, die den Orangenbaum schüttelte und seine Blüten erzittern ließ. Don Juans Gefährtin hatte tatsächlich ihre endgültige Reise angetreten.[23]

Castaneda und seine Gefährtinnen waren unvermittelt auf sich allein gestellt und wußten nicht, was sie nun tun sollten. So beschlossen sie, einfach ihren täglichen Geschäften nachzugehen, bis sie ein Zeichen der *Absicht* erhalten würden, das ihnen den weiteren Weg wies. Keiner von ihnen ahnte, wie schnell es sich einstellen sollte.

Etwa zwei Jahre zuvor war Carol Tiggs in die Welt des Alltags zurückgekehrt, ohne daß jemand davon erfahren hatte. Carol fand sich unvermittelt auf den Straßen von Tucson wieder, wo sie ziellos umherirrte. Sie spürte, daß etwas nicht stimmte, weil sie nur schleppend vorankam. Ihre Füße fühlten sich ungewöhnlich schwer und taub an.

Langsam kam sie zu sich. Sie erkannte ihre frühere Heimat, aber alles hatte sich verändert. Überall waren neue Häuser und Straßen. Was war geschehen? Wieviel Zeit war vergangen? Carol besann sich, erst einmal zu überlegen, was unmittelbar zu tun sei.

Sie erinnerte sich, daß Don Juan seine Schüler wiederholt ermahnt hatte, für den Fall, daß ihnen so etwas zustoßen sollte, Verstecke für kleinere Geldsummen in der Umgebung ihres Zuhauses anzulegen. Carol war seinem Rat gefolgt, was ihr nun zugute kam. Sie fand einen Teil des Geldes, das sie vergraben hatte, obschon inzwischen auf einem ihrer Verstecke ein Gebäude errichtet worden war. Und als sie sich wieder einigermaßen gefangen hatte, versuchte sie, Kontakt zu den anderen Mitgliedern ihrer Gruppe aufzunehmen.

Dies war kein leichtes Unterfangen. Castaneda und seine Gefährtinnen sind Leute, die nicht im Telefonbuch stehen. Sie haben es stets vermieden, selbst engsten Bekannten ihren Aufenthaltsort preiszugeben. So dauerte es eine Weile, bis Carol die Spur der anderen aufnahm. In Los Angeles entdeckte sie Mitte 1985 ein Plakat des Phoenix Bookstore, das für einen Vortrag mit Castaneda warb, der gerade mit seinem Buch *Das Feuer von innen* auf Tour war. So fand sie sich an dem bezeichneten Abend in einer überfüllten Buchhandlung in Santa Monica ein, genauso gespannt wie all die anderen Besucher.[24]

Als Carlos endlich erschien, wurde er mit Fragen aus dem Publikum bombardiert. Sein Blick streifte durch die Menge und fiel auch auf Carol. Wie er selbst sagt, bemerkte er zunächst ein „merkwürdig vertrautes Leuchten“ zwischen all den Zuhörern. Man muß dazu wissen, daß das leuchtende Ei eines Zauberers in einem anderen Farbton strahlt als das eines normalen Menschen. Dann sah er Carol, wollte jedoch zuerst nicht glauben, daß sie es wirklich war.[25]

Er brachte den Vortrag mit Mühe und Not hinter sich, bloß um sich endlich zu vergewissern. Es war tatsächlich Carol! Außer sich vor Glück wußte Castaneda zunächst nicht, was er tun oder sagen sollte. So wandte er sich der jungen Dame zu, die neben Carol saß, weil er offenbar glaubte, sie habe das Wunder vollbracht, sie zurückzubringen. Er dankte ihr überschwenglich, während die Frau vergeblich versuchte, ihm begreiflich zu machen, daß sie mit alledem nichts zu tun hatte. Sie konnte nicht ahnen, daß sie Teil eines Zeichens der *Absicht* geworden war, auf das Castaneda und seine Gefährtinnen nach dem Tod von la Gorda und dem Fortgang der alten Florinda sehnlichst gewartet hatten.[26]

3. Der Beginn einer neuen Ära

„Komm mit uns", sagte der Hahn, „etwas Besseres als den Tod werden wir überall finden."

Die Bremer Stadtmusikanten

Carols Rückkehr war ein Ereignis, für das es in der Geschichte der Zauberei kein Vorbild gab. Die Nagual-Frauen aller vorangegangenen Generationen hatten die Welt mit ihrem Vorgängertrupp verlassen und dann der eigenen Gruppe als Leuchtfeuer in die Freiheit gedient. Allein dieser Akt hatte den Fortbestand der Tradition über die Jahrtausende gesichert. Nun war der Kreis gebrochen und das Ende der Linie ein für allemal besiegelt.

Castaneda und seine Gefährtinnen faßten es als Zeichen auf, daß Carol ausgerechnet bei einem Vortrag wiedererschienen war. Für sie wies dies eindeutig darauf hin, daß sie ihr Wissen verstärkt an die Öffentlichkeit tragen mußten, um ihr Schicksal zu erfüllen. Immerhin waren sie das letzte Glied der Kette, und es lag nun an ihnen, zu entscheiden, was mit der Überlieferung ihrer Vorgänger geschehen sollte.

Seit den Zeiten der Conquista hatte sich ihre Tradition in den Mantel des Geheimnisses gehüllt. Niemand hatte auch nur eine Ahnung davon, daß sie existierte. Dies hatte dazu geführt, daß die Linie des Don Juan ein insuläres Dasein fristete, abgeschnitten vom Rest der Menschheit und der Entwicklung menschlicher Ziele und Ideale. Nachdem nun das Ende der Linie besiegelt war, machte es keinerlei Sinn mehr, diesen Zustand aufrechtzuerhalten. Es ging nunmehr darum, neue Wege zu finden, den Fortbestand der *abstrakten Kerne* ihrer Tradition, ihres Wissens zu gewährleisten.

Einen Sonderfall stellten die *magischen Bewegungen* dar, die einst von den Zauberern der Vorzeit entdeckt und unter größter

Geheimhaltung von Generation zu Generation weitergegeben worden waren. Castaneda und seine Gefährtinnen sahen sich vor die Frage gestellt, was sie mit diesem Teil ihres Erbes machen sollten. Es war einfach unmöglich, die Vielzahl körperlicher Bewegungsfolgen bloß über Bücher zu vermitteln, was bei anderen Aspekten ihres Wissens durchaus praktikabel erschien. Andererseits handelte es sich bei den magischen Bewegungen um den pragmatischsten und funktionalsten Teil ihrer Erbschaft. Castaneda schreibt:

> *„Wir entschieden uns, die magischen Bewegungen zu nutzen und sie allen beizubringen, die sie lernen wollten. Unser Entschluß, der Geheimnistuerei ein Ende zu bereiten, die sie seit undenklicher Zeit umgab, war eine logische Folge unserer festen Überzeugung, daß wir tatsächlich das Ende von Don Juans Linie sind. Wir konnten uns nicht mit der Vorstellung abfinden, Geheimnisse mit uns herumzutragen, die nicht einmal unsere sind. Es war nicht unsere Entscheidung, die magischen Bewegungen in ein Geheimnis zu hüllen. Es ist vielmehr unser Entschluß, einen solchen Zustand ein für allemal zu beenden.“*[1]

So begannen Castaneda und seine Gefährtinnen gegen Ende der achtziger Jahre einen zunächst recht kleinen Interessentenkreis in der Ausübung der magischen Bewegungen zu unterweisen. Sie trafen sich einmal wöchentlich in einem Ballettstudio in Santa Monica, nur wenige Schritte von dem Ort entfernt, an dem Carol im Jahr 1985 den Kontakt wiederhergestellt hatte: dem Phoenix Bookstore. Die Teilnahme an den „Classes“ fand auf Einladungsbasis statt und war kostenlos. Das einzige, was Castaneda von den Teilnehmern verlangte, war ihre *ungeteilte Aufmerksamkeit*. „Die Freiheit ist frei“, erklärte er jedem, der bereit war zuzuhören, „man kann sie nicht kaufen oder verstehen.“[2]

Die Teilnehmer rekrutierten sich zunächst aus Besuchern von Carlos Castanedas und Florinda Donner-Graus Vorträgen. Eine der ersten, die eine Einladung erhielten, war die junge Frau, die während des Vortrags im Phoenix Bookstore neben Carol gesessen und sich gegen die überschwenglichen Dankesgesten von Carlos verwehrt hatte. Zum Glück war an jenem Abend eine Teilnehmerliste geführt worden, in der Castaneda und die Hexen auch ihren Namen fanden: Renata Murez. Und nach einigen Anfangsschwierigkeiten, die sich aus ihrer streng katholischen Erziehung ergaben, wurde „Reni" zu einer ständigen Teilnehmerin der Classes.[3]

Zu jener Zeit trat auch eine junge Norwegerin auf den Plan, die Florinda vor einiger Zeit in einer Galerie in Oslo kennengelernt hatte: Kylie Lundahl. Florinda hatte auf dem Flug nach Norwegen einem ihrer Laster gefrönt und zuviel Schokolade gegessen, was sich in Oslo rächte. Sie mußte sich übergeben, und die junge Künstlerin kümmerte sich rührend um sie. Kylie arbeite nebenher als Masseurin, da ihre künstlerische Tätigkeit nicht genügend Geld abwarf. So brachte sie Florinda in ihre Praxis und bearbeitete sie nach allen Regeln der Kunst. Im Gespräch stellte sich heraus, daß Kylie mit Castanedas Schriften vertraut war, und Florinda lud sie nach Los Angeles ein, um sich für ihre Freundlichkeit zu revanchieren. Wie sie selbst sagt, hatte sie aber nicht damit gerechnet, daß Kylie ihr nicht ganz ernst gemeintes Angebot annehmen würde.

Ein Jahr darauf brach Kylie alle Brücken hinter sich ab und folgte der Einladung. Sie suchte Florindas Agenten auf und erwartete nun, daß Florinda sich um sie kümmern würde. Doch Kylie wurde immer wieder abgewiesen. Florinda ließ ihr ausrichten, daß sie mit einer falschen Anspruchshaltung gekommen sei und besser wieder nach Hause fahren solle. Sie könne keinen Klotz am Bein gebrauchen.

Doch so leicht ließ sich Kylie nicht abspeisen. Sie hatte nicht den weiten Weg auf sich genommen, um so kläglich zu scheitern. Sie beschloß, sich zu ändern und an ihrer Einstellung zu arbeiten. Und es gelang ihr. Nachdem sie ohne Erwartungen an die Zauberer herantrat, konnte sie nicht mehr abgewiesen werden. Sie wurde eine ständige Teilnehmerin von Castanedas Classes und spielte später eine bedeutende Rolle in der Entwicklung der aktuellen Bewegung.[4]

Eine andere Geschichte ist die von Nyei Murez, einer Cousine von Reni, die sich seit ihrer gemeinsamen Zeit in der katholischen Mädchenschule aus den Augen verloren hatten. Nyei war der klassische Fall eines „verkannten Genies". Sie hielt sich für die geborene Literatin, der es nur am letzten Schliff fehlte, und besuchte dann und wann die Universität und Seminare für kreatives Schreiben.

So stolperte Nyei eines Tages an der UCLA in ein Seminar von Florinda, die hier unter anderem Namen arbeitete. Die Dozentin zeigte Interesse für den pummeligen Nachwuchsstar, doch Nyei war zu sehr mit sich selbst beschäftigt, um irgend etwas außerhalb ihrer eigenen Phantasiewelt wahrzunehmen.

Einige Zeit später wurde sie zu einem Vortrag einer Autorin namens Florinda Donner-Grau eingeladen, deren Bücher sie kannte und schätzte. Es gelang ihr jedoch nicht, pünktlich zu sein, und so versäumte sie fast den ganzen Vortrag. Als Nyei endlich eintraf, teilten ihr andere Besucher mit, daß sie Florinda beinahe verpaßt hätte. Erst jetzt konzentrierte sie ihre Aufmerksamkeit auf die Frau am Rednerpult und erkannte zu ihrem Erstaunen ihre Dozentin aus der Universität.[5]

Auch Florinda hatte die junge Zuhörerin wiedererkannt und lud sie zu den Classes ein. Dort wurde Nyei aufgrund ihres Übergewichts zunächst mit Skepsis aufgenommen. Einige Teilnehmer fragten Florinda offen, wo sie denn diese „fette Alte" aufgelesen hätte. Doch Nyei ließ sich nicht abschrecken, zumal sie bereits bei den ersten Übungen eine energetische Wirkung verspürte, die sie nicht näher bezeichnen konnte. Es war der Beginn einer erstaunlichen Wandlung, die nicht nur ihr Übergewicht beseitigte, sondern die sie auch zu einer der zentralen Figuren in der künftigen Entwicklung werden ließ.[6]

Diese drei Geschichten sind nicht nur beispielhaft für die unterschiedlichen Wege, auf denen die Teilnehmer der Classes den Weg zu Castaneda und den Hexen fanden, sondern sie berichten auch von der Entstehung einer neuen Formation von Kriegern, die später als die *Chacmools* bekannt wurden. Castaneda erklärt:

> *„Der Begriff* Chacmool *bezeichnet bestimmte monumentale Basaltstatuen, die in den mexikanischen Pyramiden von Tula und Yukatan gefunden wurden. Sie stellen Menschen in einer zurückgelehnten Haltung dar, die mit ihren Händen eine Art flacher Schale auf ihrer Nabelregion umfassen. Historiker halten diese Figuren für stilisierte Räucherschalen; die Zauberer in Don Juans Linie betrachten sie hingegen als symbolische Repräsentanten einer besonderen Kategorie wilder Wächter und Krieger. Für Don Juan und die Seher seiner Tradition waren die*

Chacmools keineswegs Räucherschalen, sondern die Wächter der Pyramiden als Orte der Kraft.

Heute wie auch zu Zeiten jener Seher waren und sind die Chacmools wilde Krieger, deren Aufgabe es ist, andere Wissende zu schützen. Sie beschützen ihre Lebensweise, die Orte, an denen sie leben, wie auch die Plätze, an denen sie ihr Träumen *praktizieren. Die Chacmools sind die Hüter der Ideen, Visionen und Möglichkeiten der Seher, die unter ihrem Schutz stehen.*"[7]

Kylie hatte die Rolle eines Chacmool von dem Augenblick an übernommen, in dem sie sich in Oslo um Florinda zu kümmern begann. Nyei und Reni, die auch als die „Cousinchen" bekannt sind, begannen ebenfalls über kritische Momente im Leben der Zauberer zu wachen, so daß auch sie zu Chacmools wurden. Laut Castaneda wird jeder Krieger automatisch zum Chacmool, wenn er die Verantwortung für das Wohlergehen anderer Zauberer und den Schutz ihrer Lebensweise übernimmt. In dieser Hinsicht sind sie durchaus mit Leibwächtern zu vergleichen, wenn auch die Funktion eines Chacmool eine wesentlich vielschichtigere Angelegenheit ist.[8]

So war es eine der zentralen Aufgaben der drei Chacmools, die nun eine eigene Formation bildeten, die vier unterschiedlichen Folgen magischer Bewegungen, die Castaneda, Abelar, Donner-Grau und Tiggs von ihren Vorgängern erlernt hatten, zu einer Einheit zu verschmelzen. Don Juan und seine Gefährten hatten jedem einzelnen ihrer Schüler verschiedene Bewegungen beigebracht, die zudem in ihrer spezifischen Form auf die Bedürfnisse und den Körperbau des betreffenden Lehrlings abgestimmt waren. Eine allgemein zugängliche Form, unabhängig von bestimmten Voraussetzungen, mußte also noch gefunden werden. Und es dauerte einige Jahre, bis die Chacmools unter Anleitung von Castaneda und seinen Gefährtinnen die allgemeingültige Form erreichten, die heute als *Tensegrity* bekannt ist.

In der Zwischenzeit starteten die Hexen einen ersten Angriff auf die Öffentlichkeit. Florinda Donner-Grau publizierte 1991 ihr Buch *Traumwache*, und Taisha Abelar zog 1992 mit ihrem Erstling *Die Zauberin* nach. Mit diesen Werken lagen nicht nur zum ersten

Mal Zeugnisse über die Initiationszeit anderer Lehrlinge des Don Juan vor, sondern auch Bücher von und für Frauen, die den Weg des Kriegers gehen oder daran interessiert sind.

Die allgemeine Resonanz auf diese Veröffentlichungen war ausgesprochen positiv, und Florinda und Taisha gaben in Folge eine Vielzahl von Interviews und Vorträgen, in denen sie ihre Themen vertieften. Dies war insofern ungewöhnlich, als man von Castaneda gewohnt war, daß er öffentliche Auftritte scheute und Interviews meist kategorisch ablehnte. Don Juan hatte ihn gelehrt, möglichst unauffällig durch das Leben zu gehen, unerreichbar zu sein und seine persönliche Geschichte zu löschen. Den Frauen fiel es jedoch offenbar nicht schwer, von Zeit zu Zeit auf der Bühne der Alltagswelt zu erscheinen, um dann wieder in die Freiheit des Unbekanntseins abzutauchen.

Von großem Vorteil war dabei, daß sie Santa Monica, einen Vorort von Los Angeles, zum Epizentrum ihrer Aktionen gewählt hatten. Denn wenn man eine Nadel wirklich gründlich verstecken will, steckt man sie nicht in einen Heuhaufen, sondern in ein Nadelkissen. Zwischen all den Stars und Sternchen, Propheten und Verrückten, die sich dort im Vorhof von Hollywood tummeln, fielen sie überhaupt nicht auf.

Hier gründeten sie Anfang 1993 ihre Agentur *Toltec Artists*, welche die Zauberer erstmals gemeinsam vertrat und ihre weiteren Aktionen koordinierte. Ihr neuer Agent wurde Tracy Kramer, ein bekannter Hollywood-Produzent, der einige Jahre zuvor zusammen mit dem Schriftsteller und Drehbuchautor Bruce Wagner und dessen Assistentin Zaia Alexander an die Zauberer herangetreten war, um über eine mögliche Verfilmung von Castanedas Werken zu verhandeln. Und obschon Castaneda das Projekt kategorisch ablehnte, waren die drei so begeistert vom Leben und Werk der Zauberer, daß sie bei ihnen blieben und eifrige Besucher der Classes wurden.

Aufgrund der bezeichnenden Tatsache, daß in der Vergangenheit wiederholt ähnliche Dreiergruppen an Castaneda und seine Vorgänger herangetreten waren, wurde die Gruppe von Tracy Kramer, Bruce Wagner und Zaia Alexander als die *Cyclic Beings* bekannt. Hinter dieser Bezeichnung steht ein Verständnismodell der Zauberer, ein Konzept der *Zyklizität*, das davon ausgeht, daß

Menschen und andere Wesen über energetische Bande miteinander verknüpft sind, die sie schicksalhaft aneinander binden. *Zyklische Wesen* haben folglich ein ähnliches Erleben, sind sich jedoch der Verbindung und der daraus folgenden Synchronizitäten meist nicht bewußt. Wir werden später noch auf dieses Thema zurückkommen.

Toltec Artists organisierte im Jahr 1993 die ersten Seminare der Zauberer, die unter dem Titel *Toltec Dreaming* von Florinda Donner-Grau, Taisha Abelar und Carol Tiggs abgehalten wurden. Die Hexen traten insgesamt dreimal mit diesem Programm auf: im RIM-Institut in Arizona, in der Akahi-Farm auf Maui, Hawaii, und im bekannten Esalen-Institut in Kalifornien. Neben neuen Einsichten in das Vermächtnis des Don Juan wurden den Teilnehmern hier erste Kostproben von *Carlos Castaneda's Tensegrity* geboten. Die Vorführung der Übungen oblag den drei Chacmools, die so gleichzeitig der Öffentlichkeit vorgestellt wurden.

Castaneda hielt sich zunächst von den Veranstaltungen fern, startete aber nach der Veröffentlichung der *Kunst des Träumens* eine eigene Vortragsreihe. Gegen Ende 1993 begeisterte er sein Publikum in Los Angeles, San Francisco und anderen Städten mit Geschichten über seine Lehrzeit und die aktuelle Entwicklung, wobei er immer wieder betonte, daß Carols Rückkehr es ihnen erst ermöglicht hatte, an die Öffentlichkeit zu treten. Welche Bedeutung er diesem Vorfall beimißt, mag man auch daran ersehen, daß er die neue Vortragsreihe im Phoenix Bookstore in Santa Monica eröffnete, dem Ort, an dem ihm Carol nach über zehn Jahren wiederbegegnet war. Die vier Vorträge im Phoenix Bookstore waren für ihn, wie er selbst sagt, eine Möglichkeit, etwas von dem zurückzuzahlen, was er diesem Buchladen und seinem Besitzer verdankte.[9]

Im Verlauf des Jahres 1994 ebbte der Drang der Zauberer, an die Öffentlichkeit zu treten, zunächst ab, was sich jedoch als Ruhe vor dem Sturm erwies. Nach der gelungenen Generalprobe von 1993 wurde 1995 zum Geburtsjahr der Tensegrity-Bewegung. Die Chacmools gründeten ein Institut, das *Chacmool Center for Enhanced Perception*, und starteten zusammen mit Florinda Donner-Grau, Taisha Abelar und Carol Tiggs eine außergewöhnliche Tournee durch Amerika. In Mexico City, Buenos Aires, Los Angeles, auf

Hawaii und in Colorado führten sie die Workshopteilnehmer in *Zwölf grundlegende Bewegungen zur Sammlung von Energie und Förderung des Wohlbefindens* ein. Und im März 1995 veröffentlichten sie ein gleichnamiges Video, welches das erste in der Reihe *Carlos Castaneda's Tensegrity* wurde.[10]

Im Mai 1995 stellten die Chacmools unter Leitung der Hexen einen weiteren Satz von Übungen vor, bei denen es um das *Zurückführen verstreuter Energie* geht. In Mexico City und in Rhinebeck, New York, erklärten sie unter diesem Motto eines der grundsätzlichen Ziele von Tensegrity. Die Zauberer sagen, daß im Laufe des Lebens immer mehr Energie aus dem Inneren des leuchtenden Eies hinausprojiziert wird und sich an den äußeren Rändern desselben ansammelt, wo sie Klumpen und Stränge bildet, die nicht mehr genutzt werden können. Diese Umverteilung gefährdet zudem die Spannung und Integrität unseres leuchtenden Körpers. Tensegrity, der Begriff leitet sich von *Tension* (Spannung) und *Integrity* (Zusammenhalt, Einheit) ab, dient unter anderem dazu, diese Energie wieder an ihren Ursprung zurückzuführen und nutzbar zu machen.

Auch zu diesem Thema erschien ein Video,[11] das zusammen mit dem ersten von der Verlagsgesellschaft *Cleargreen* vertrieben wurde, die Toltec Artists und die Zauberer inzwischen gegründet hatten. Cleargreen kümmerte sich auch um die Organisation und Durchführung der Seminare, die immer mehr zu Massenveranstaltungen wurden. So zählte das Omega-Institut in Rhinebeck im Mai 1995 bereits mehr als 400 Teilnehmer auf dem Workshop der Hexen.

Das war eine Entwicklung, die nicht ohne Kritik aufgenommen wurde. So mancher fürchtete eine Art inflationärer Entwertung oder glaubte, daß Tensegrity auf diesem Weg als eine weitere Welle im spirituellen Mainstream zerfließen müsse. Der Masseneffekt kam den Zauberern jedoch durchaus gelegen, da er offenbar ein leichteres Lernen ermöglichte. Sie waren erstaunt, wie schnell die Teilnehmer der Workshops im Vergleich zu denen der Classes lernten und positive Effekte erzielten. Die einzige Erklärung, die sie hierfür hatten, war, daß sie durch die synchronisierten Bewegungen gleich einem Vogelschwarm zu einer einzigen energetischen Masse verschmolzen und so ein Feld schufen, in dem es bedeutend leichter war, sich an die *Absicht* der Zauberer und der jeweiligen Bewegung anzukoppeln.

Viele beschwerten sich auch darüber, daß nun Eintrittsgelder erhoben wurden, die sich allerdings in dem für Workshops üblichen Rahmen hielten. Auch dieses Novum war aus den Erfahrungen der Zauberer mit den Classes hervorgegangen. Die meisten der damaligen Teilnehmer waren abgesprungen, nachdem sich der Weg des Kriegers für sie als zu arbeitsintensiv, das Leben der Zauberer als zu hart erwiesen hatte. Die Erfahrung mit den Seminaren im Jahre 1993 hatte jedoch gezeigt, daß die meisten Leute eine ganz andere Bereitschaft zur Mitarbeit entwickeln, wenn sie für ihre Unterweisung bezahlen – ein schizophrener Zug der modernen Gesellschaft, den die Zauberer zu nutzen begannen.[12]

Ein entscheidender Vorteil der Classes war hingegen der Faktor Zeit. Eine dauerhafte Zusammenarbeit bewirkt beständigere Effekte als der Besuch eines einzelnen Wochenend-Workshops. Und so bereiteten die Zauberer ein weiteres Experiment vor, einen Tensegrity-Intensivkurs, der ursprünglich drei Monate dauern sollte. Aufgrund der internationalen Nachfrage ließ sich ein solches Unterfangen jedoch nicht verwirklichen, so daß man beschloß, den Kurs auf drei Wochen zu beschränken.

Im August 1995 war es soweit: In Los Angeles startete der erste dreiwöchige *Tensegrity Intensive Workshop*, der in mancherlei Hinsicht außergewöhnlich wurde. Zum ersten Mal erschienen die „vier Musketiere" – Castaneda, Tiggs, Abelar und Donner – gemeinsam, wobei der neue Nagual mehr denn je in den Vordergrund trat. Er begeisterte die Teilnehmer mit witzigen Vorträgen und Reden und unterwies immer wieder kleinere Grüppchen unmittelbar in der Kunst der magischen Bewegungen. Die drei Chacmools vermittelten in einer gewaltigen Anstrengung einen weiteren Satz von Bewegungen, die es dem Praktiker ermöglichen, den Montagepunkt zu verschieben und die Welt auf eine völlig neue Art wahrzunehmen: *den energetischen Wechsel von einem biologischen Stamm zum anderen*, der auch Thema des dritten Videos ist.[13] Es handelt sich um Techniken des Todestrotzers, die es uns gestatten, aus unserer gewohnten Perspektive herauszutreten und aus der Sicht anderer Wesen wahrzunehmen – z.B. der eines Schmetterlings.

Der Workshop war im Sinne der Zauberer ein voller Erfolg. Sie hatten *gesehen*, wie sich das Bewußtsein vieler Teilnehmer auf harmonische Weise von den Zwängen der Sozialisation befreit hatte und es ihnen nun ermöglichte, einen kurzen Blick über den Tellerrand ihrer alltäglichen Wirklichkeit hinaus zu tun. So schlossen sie unmittelbar an die Veranstaltung eine Reihe von Seminaren an, die diese Entwicklung fördern und stabilisieren sollten. In Scottsdale, Arizona, Los Angeles und Anaheim, Kalifornien, präsentierten sie eine Reihe von neuen Übungen und gewährten in Vorträgen und Ausführungen weitere Einblicke in Theorie und Praxis der Zauberei.

Nie zuvor waren Castanedas Gruppe oder ihre Vorläufer aus Don Juans Linie der Öffentlichkeit so nahe gewesen. Castaneda war so begeistert von den schnellen Fortschritten der Seminarteilnehmer, daß er, wann immer er konnte, auf den Veranstaltungen erschien, um die weitere Entwicklung voranzutreiben. Und auch der blaue Scout trat in dieser neuen Atmosphäre der Offenheit zum ersten Mal vor das Publikum und bewies, daß er mehr war als nur eine bloße Metapher oder die Phantasie eines verwirrten Psychonauten. Die junge Frau begeisterte ihre Zuhörer mit Rezitationen aus unveröffentlichten Werken ihres Vaters und Berichten über ihre Herkunft – eine Welt, die jenseits unserer Vorstellungskraft in anderen Häuten der „Zwiebel" existiert, welche die Gesamtheit aller Welten definiert, die unserer Wahrnehmung zugänglich sind.[14]

Die neue Offenheit und der Umstand, daß diese Entwicklung auch für die Zauberer ein Novum darstellte, konfrontierte sie jedoch mit Schwierigkeiten, mit denen sie nicht gerechnet hatten. Die Chacmools hatten sich seit Beginn der Seminare – zunächst nur unmerklich – verändert. Die Tatsache, daß sie allein autorisiert waren, Tensegrity zu lehren, hatte in ihnen einen unterschwelligen Eigendünkel genährt, der inzwischen unübersehbar geworden war. So blieb Castaneda gegen Ende des Jahres 1995 keine andere Wahl, als die Formation der Chacmools ein für allemal aufzulösen.

Nicht nur die Chacmools waren geschockt, als er sie im Dezember 1995 auf dem Seminar in Anaheim von der Bühne verbannte. Auch das Publikum war zunächst mehr als verwirrt. Immerhin hatte man sich inzwischen an die drei Frauen gewöhnt, die ungewollt zu Ikonen der Tensegrity-Bewegung geworden waren. Niemand, auch die Zauberer nicht, konnte sich so recht vorstellen, wie es nun weitergehen sollte.[15]

Anfang 1996 formierte sich jedoch aus dem Kreis um Castaneda eine neue Gruppe von Kriegern, die die Position der Chacmools einnahm. Zunächst wurde diese als die *Pathfinders* bekannt, weil die Zauberer glaubten, daß sie neue Mittel und Wege finden würden, ihr Wissen an die Öffentlichkeit zu tragen, ohne sich von den Einflüssen derselben korrumpieren zu lassen. Doch schon bald wurde klar, daß die neue Formation sich durch eine andere Eigenschaft auszeichnete, die ihr den Namen *Energy Trackers* einbrachte. Als Gruppe bewiesen sie eine unglaubliche Fähigkeit, den Spuren der Energie zu folgen, ganz so, wie ein Fährtenleser den Spuren seiner Beute folgt.[16]

Die Energy Trackers sind ein Verband von Frauen, der sich zunächst aus Zaia Alexander und zwei Neulingen zusammensetzte, welche die Zauberer auf den vorangegangenen Seminaren rekrutiert hatten. Später stießen auch die ehemaligen Chacmools und weitere Neuzugänge hinzu, so daß die Gruppe heute aus etwa zehn Frauen besteht.

Parallel zu den Energy Trackers bildete sich ein zweiter Verband von Kriegern: die *Elements*. Hierbei handelt es sich um eine Gruppe von Männern, die sich ursprünglich um Tracy Kramer und Bruce Wagner formierte und zur Zeit etwa acht Leute umfaßt.

Da die Namen der Personen im Umkreis von Castaneda häufig wechseln und offenbar auch die Konfiguration der Energy Trackers und Elements an die jeweiligen Umstände angepaßt wird, ist es unmöglich, genauere Angaben über diese Gruppen zu machen. Diese Strategie soll anscheinend verhindern, daß sie in dieselbe Falle tappen, die den Chacmools einst zum Verhängnis wurde.

Mit diesen neuen Gruppen starteten die Zauberer im Jahr 1996 eine weitere Seminarserie, wobei die ersten Veranstaltungen in Mexico City und Oakland noch von der provisorischen Formation der Pathfinders begleitet wurden. Die Energy Trackers gaben ihr eigentliches Debüt im März 1996 auf dem Workshop *Der weibliche Energiekörper* in Los Angeles, der, wie der Titel bereits andeutet, ausschließlich Frauen vorbehalten war. Hier demonstrierten

Carol Tiggs, Taisha Abelar, Florinda Donner-Grau und der blaue Scout magische Bewegungen, die auf die besondere energetische Konfiguration von Frauen zugeschnitten sind. Zu diesen Bewegungen war ursprünglich ein viertes Tensegrity-Video geplant, dessen Veröffentlichung allerdings noch aussteht. Auf jeden Fall aber sind sie als *Serie für die Gebärmutter* Teil von Castanedas neuem Buch *Tensegrity – Die magischen Bewegungen der Zauberer.*

Parallel zu der neuen Seminarserie startete Cleargreen die Herausgabe eines Journals von Castaneda, das zunächst als *The Warriors' Way* („Der Weg des Kriegers") erschien und im März 1996 in *Readers of Infinity* („Leser der Unendlichkeit") umgetauft wurde. In diesem „Journal für angewandte Hermeneutik" geht es vor allem um die Gegenüberstellung zweier Denkansätze: den der abendländischen Philosophie, speziell der Phänomenologie, und den der toltekischen Zauberer. Mit Hilfe dieser Dialektik gelingt es Castaneda, die abstrakten Kerne der Zauberei als philosophisch-praktische Prämissen herauszuarbeiten und verständlich zu machen. Wie er selbst sagt, hatte er schon seit Beginn der siebziger Jahre auf die Publikation eines solchen Journals hingearbeitet, war jedoch immer wieder an seinen Verlegern gescheitert, die das Projekt offenbar für allzu gewagt und somit für unverkäuflich hielten.[17]

Die Entwicklung der letzten Jahre hatte nun den Nährboden bereitet, das Journal endlich zu veröffentlichen. Es bot zudem eine geeignete Plattform, über Grundlagen und Ziele der Tensegrity-Bewegung zu berichten, Veröffentlichungen und Seminare anzukündigen sowie auf Fragen der Leser und Seminarteilnehmer einzugehen. Dennoch mußte es im April 1996 einstweilig eingestellt werden, da Cleargreen und die Zauberer gesehen hatten, daß die gewählte Form als monatliche Zeitschrift der Bedeutung der darin diskutierten Themen nicht gerecht wurde. Talia Bey, die Präsidentin von Cleargreen, schickte ein Rundschreiben an alle Abonnenten, in der sie um Verständnis für diese Entscheidung warb und gleichzeitig ankündigte, daß das Journal nun in gebundener Form publiziert werden solle.[18] Das ist allerdings bislang nicht geschehen.

Parallel hierzu verbreitete Cleargreen via Internet die Nachricht, daß Castaneda von nun an nur noch Seminare in Los Angeles geben werde, weil er sich auf den vorangegangenen Workshops in Mexico City (Januar 1996) und Oakland (Februar 1996) energetisch zu sehr verausgabt habe. Er habe einen energetischen Imperativ mißachtet, der besagt, daß ein männlicher Nagual seine Energie nur von seinem eigenen Ort, in Castanedas Fall Los Angeles, beziehen darf. Die Folge war, daß er ernsthaft erkrankte und ein kompliziertes Manöver ausführen mußte, um sich zu regenerieren. Er wolle in Zukunft keine Gefahr eingehen, hieß es, und nur noch in der unmittelbaren Umgebung von Los Angeles operieren, bis er einen anderen Ort gefunden habe, der ihm als energetisches Zentrum dienen könne.[19]

So mußte das folgende Seminar im Mai, das wieder in Oakland angesetzt war, ohne Castaneda stattfinden. Dies war insofern kein Problem, als Carol eine ebenbürtige Vertretung für ihr männliches Gegenstück darstellte. Dennoch waren viele Teilnehmer enttäuscht, weil ursprünglich Castaneda die Veranstaltung leiten sollte und sie sich nur angemeldet hatten, um ihn einmal persönlich zu Gesicht zu bekommen.

Wer mehr mit der Welt der Zauberer zu tun hat, weiß jedoch, daß sich solche Veränderungen von einem Moment zum anderen ergeben können. In der Alltagswelt sind wir gewohnt, Termine auf längere Zeit hinaus zu planen. Wir glauben, wir könnten die Zukunft festlegen, weil wir von einer festen Welt ausgehen, deren Eigenschaften und Grenzen klar definiert sind. Die Zauberer halten eine solche Welt jedoch für irreal, da sie eine tote Welt wäre. Sie sind durch ihr *Sehen* zu der Überzeugung gelangt, daß das Universum lebendig und in ständigem Fluß ist und daß unsere Handlungen und Entscheidungen im Einklang mit dieser Bewegung sein müssen, um selbst lebendig und im Fluß zu sein.[20]

Wenn man zum Beispiel die vorläufige Einstellung des Journals *Readers of Infinity* oder Castanedas Absage für das Seminar in Oakland vom Standpunkt einer toten Welt betrachtet, ist Castaneda entweder unzuverlässig oder inkonsequent. Aus der Perspektive einer lebendigen Welt folgt er jedoch lediglich dem Fluß der Energie und erweist sich somit als ausgesprochener Pragmatiker.

Dies zeigte sich auch auf dem folgenden Workshop in Westwood, Los Angeles, der im Juli 1996 stattfand. Dem Fluß der Energie folgend konfrontierte Castaneda die Teilnehmer des einwöchigen Seminars mit vier Sätzen magischer Bewegungen, welche die vier Hauptanliegen der Seher der Vorzeit repräsentieren:

Entscheidung, Rekapitulation, *Träumen* und innere Stille. Da er spürte, daß die bloße Ausführung der Bewegungen und verbale Erläuterungen nicht ausreichen würden, um diesen Bereich umfassend zu erhellen, entschied er sich zu einer Vorabveröffentlichung von Passagen aus dem Manuskript von *Tensegrity – Die magischen Bewegungen der Zauberer* und stellte die 50seitige Broschüre *Silent Knowledge* zusammen, die am Ende des Seminars gedruckt vorlag und an die Besucher verteilt wurde. Damit zeigte er anschaulich, daß nur der dem Fluß der Energie zu folgen vermag, der sich ihm ganz anvertraut und mit hundertprozentiger Einsatzbereitschaft hingibt.

Neben Castaneda traten auch Carol Tiggs, Florinda Donner-Grau und Taisha Abelar auf, die in ihren Vorträgen mit Geschichten aus ihrer Lehrzeit bei Don Juan und Berichten über ihre Reisen in die Unendlichkeit brillierten. Der blaue Scout, der zusammen mit den Energy Trackers die Vermittlung der magischen Bewegungen übernommen hatte, überraschte das Publikum zudem mit einer Lesung aus Castanedas jüngstem Werk *Memorable Events*.

Eine weitere Überraschung war der Auftritt der Elements, die in Westwood zum ersten Mal als eigenständige Formation vorgestellt wurden. Sie demonstrierten eine Serie von Bewegungen, die speziell auf die Steigerung männlicher Vitalität abzielt, die sogenannte *Männlichkeitsserie*. Damit hoben sie den männlichen Aspekt von Tensegrity aus der Taufe, der in den folgenden Seminaren vertieft werden sollte.[21]

Die nächste Veranstaltung fand gegen Ende September 1996 in Mexico City statt und war trotz des Fehlens von Castaneda und Carol Tiggs außergewöhnlich gut besucht. Fast tausend Teilnehmer aus aller Welt hatten sich versammelt, um Taisha Abelar und Florinda Donner-Grau zu hören und sich in die Kunst der magischen Bewegungen einweihen zu lassen. Neben der Wiederholung der Westwood-Serie, einschließlich der Bewegungen der Elements, stand eine weitere Serie auf dem Programm, die auf *die Trennung von linkem und rechtem Körper* abzielt, zweier Aspekte unserer energetischen Ganzheit, die aber nicht mit unserem Konzept der linken und rechten Gehirnhälfte zu verwechseln sind.[22]

Diese Dualität des menschlichen Wesens, auf die wir später noch eingehen werden, war auch Thema des letzten Workshops des Jahres 1996, der Ende November in Pasadena, Los Angeles, stattfand. Hier traten die vier Erben des Don Juan wieder gemeinsam auf und leiteten eine neue Phase der Tensegrity-Bewegung ein, die den pragmatischen Aspekt ihrer Lehren stärker hervorhob. In der Vergangenheit schienen ihre Vorträge von vermeintlich unverbindlichem Charakter zu sein und waren mit zahlreichen Anekdoten durchsetzt, die der Zuhörer nach Belieben als bloße Geschichte oder als Erzählung der Kraft, als abstraktes Drehbuch für das eigene Leben auffassen konnte. In Pasadena konzentrierten sich ihre Ausführungen jedoch mehr denn je auf konkrete Vorschläge und praktische Handlungsanweisungen.[23]

Dieser Trend setzte sich auch in den ersten Seminaren des Jahres 1997 fort, die alle nach dem gleichen Schema gestrickt waren. In Long Beach, Mexico City, Barcelona und Berlin bombardierten die Zauberer ihr Publikum geradezu mit magischen Bewegungen – und das in einem verhältnismäßig kurzen Zeitraum von jeweils zweieinhalb Tagen. Die sechs Tensegrity-Serien, die hier gelehrt wurden und den kompletten Inhalt von Castanedas neuem Buch *Tensegrity – Die magischen Bewegungen der Zauberer* darstellen, umfassen nahezu 200 gesonderte Bewegungsfolgen, was einen Eindruck von der Dichte jener Veranstaltungen geben mag.

Die Zauberer folgten dabei dem Konzept der *Sättigung*, das in ihrer pragmatischen Vorstellungswelt einen Punkt kennzeichnet, an dem der innere Dialog und die gewohnten Interpretationsmechanismen des Übenden durch den Druck der Fülle von magischen Bewegungen zum Erliegen gebracht und ein Zustand erreicht wird, dem sie höchste Bedeutung beimessen: innere Stille. Denn nur aus diesem Zustand heraus ist das erklärte Ziel der Zauberer aus Don Juans Linie zu erreichen: Energie unmittelbar so zu *sehen*, wie sie im Universum fließt.

Um einem verbreiteten Mißverständnis vorzubeugen, muß hier hinzugefügt werden, daß dieses *Sehen* nicht automatisch mit dem Eintritt in die innere Stille erreicht wird, sondern daß auch hier erst die Sättigung mit Momenten der Stille zum Ziel führt. Florinda Donner-Grau erklärte auf der Deutschlandpremiere in Berlin, daß sich diese Momente wie auf einem Konto nach und nach addieren, bis eine individuelle Schwelle erreicht sei, an der das *Sehen* von Energie ganz von selbst stattfinde. Wir hätten nichts anderes zu tun, als uns durch die gewissenhafte Übung von Tensegrity Schritt für Schritt jener Schwelle anzunähern, bis wir selbst *sehen* würden, was es mit all dem auf sich habe.[24]

Auf das Erreichen jener Schwelle zielte auch das *schamanische Theater*, welches auf der ersten Europatournee von Tensegrity in Barcelona und Berlin zur Uraufführung kam. Zwei der Energy Trackers nahmen auf der Bühne „alternative Persönlichkeiten" an und verblüfften mit Tänzen des geheimnisumwitterten Silvio Manuel, des Organisators aus Don Juans Kriegertrupp. Die Darbietungen zu alten mexikanischen Schlagern und Klassikern waren ausgesprochen anmutig und gleichzeitig komisch, eine erstaunliche Kombination magischer Bewegungen und kabarettistisch-obszöner Gebärden. Und gerade diese Mischung war es, die den inneren Dialog vieler Teilnehmer – sei es nun aus ehrfürchtigem Staunen oder vor Lachen – zum Erliegen brachte.

Dieser Effekt wurde in Berlin zum Ende der Veranstaltung noch dadurch gesteigert, daß das Publikum in das schamanische Theater einbezogen wurde. Während der Veranstaltung waren „besonders geheimnisvolle" magische Bewegungen gelehrt worden, die sich nun als Tanzschritte entpuppten und von den über 800 Teilnehmern in einer Art Massentanz zu einem der Lieblingslieder Silvio Manuels, *Aquellos ojos verdes*, zusammengesetzt wurden und einen geradezu fulminanten Abschluß des Seminars bildeten.[25]

Nachdem Castaneda der Europatournee, die von Taisha Abelar und Florinda Donner-Grau geleitet wurde, ferngeblieben war, freuten sich viele seiner Fans auf die nächsten Veranstaltungen in den USA. Neben zwei eintägigen Workshops in Seattle, Washington, und Phoenix, Arizona, in denen es um eine Auffrischung und Neubewertung der magischen Bewegungen der drei Tensegrity-Videos ging und die allein von den Energy Trackers und Elements geleitet wurden, war im August 1997 ein fünftägiges Seminar zum Thema *Nicht-tun* angesagt, das in Los Angeles stattfinden sollte. Gleichzeitig machte das Gerücht die Runde, daß Castaneda auf dieser Veranstaltung seinen letzten öffentlichen Auftritt geben werde: Energetische Umstände machten es ihm unmöglich, weiterhin in dieser Form an sein Publikum heranzutreten.

Entsprechend groß war die Enttäuschung der Seminarteilnehmer, als klar wurde, daß Castaneda nicht erscheinen würde. Auch die Energy Trackers und Elements wirkten sichtlich überrascht, ja sogar ein wenig planlos, da er seinen Auftritt offenbar fest zugesagt hatte. Taisha Abelar, Florinda Donner-Grau und Carol Tiggs entschuldigten sich zwar für die Abwesenheit ihres Kollegen, ließen aber die Frage offen, ob Castaneda in Zukunft überhaupt je wieder in der Öffentlichkeit auftreten werde.

Inhaltlich war das Seminar alles andere als enttäuschend, wenn auch viele Besucher zunächst verwirrt waren, als zu Beginn Programmlisten mit den bereits bekannten sechs Tensegrity-Serien ausgehändigt wurden. Es wurde jedoch schon bald klar, daß die Serien diesmal nicht in Form gesonderter Bewegungen, sondern als sechs lange Bewegungsfolgen praktiziert werden sollten. Eine Vorgehensweise, die das kinästhetische Gedächtnis weitaus stärker in Anspruch nimmt und trainiert sowie den Effekt der Sättigung und die folgende innere Stille maximiert. Beides unablässige Voraussetzungen für die Praxis der *Bewegungen für das Nicht-tun*, die im Anschluß daran gelehrt wurden.[26]

Diese Bewegungen, die im Liegen ausgeführt werden und zu ausgedehnten Zuständen innerer Stille führen, waren auch das Thema der folgenden Mini-Workshops, die im Oktober in Denver, Colorado, und Rhinebek, New York, ohne die Beteiligung von Castaneda und den Hexen stattfanden. Ein weiteres Novum war, daß die Teilnehmer hier von einem gemischten Paar angeleitet wurden – von Zaia Alexander und Miles Reid. Nach Aussagen Castanedas waren sie die einzigen Mitglieder der Energy Trackers und Elements, welche die tiefe Kluft zwischen männlichen und weiblichen Praktikern überwunden hatten und so in der Lage waren, die Bewegungen für das Nicht-tun auf eine neue und harmonische Weise an die Öffentlichkeit weiterzugeben.[27]

So traten Zaia und Miles auch im letzten Workshop des Jahres 1997 wieder gemeinsam auf die Bühne, um das Publikum in Mexico City unter der Anleitung von Florinda Donner-Grau in neue Bewegungen für das Nicht-tun einzuführen, die auch das Thema des nächsten Seminars in Pomona, Kalifornien, sein werden, das für den 7.-8. Februar 1998 angekündigt ist. Leider steht im Moment der Drucklegung dieses Buches noch nicht fest, wer von den Schülern des Don Juan in Pomona erscheinen wird und wann weitere Seminare stattfinden werden. Jedem Interessierten sei daher angeraten, sich im Internet oder direkt bei Cleargreen[28] zu informieren, wann neue Veranstaltungen zu *Carlos Castaneda's Tensegrity* in Vorbereitung sind.

Man kann jedenfalls davon ausgehen, daß auch diese vorläufig noch hypothetischen Veranstaltungen und die weitere Entwicklung um Castaneda interessant sein werden. Auch wenn Gerüchte aus dem Umfeld Castanedas besagen, daß ihm und den Hexen vielleicht nicht mehr viel Zeit bleiben wird, ihr Erbe an alle Interessierten weiterzugeben, werden sie doch weiterhin ihr Bestes tun, so viele Menschen wie möglich zu erreichen und ihnen die Chance zu geben, sich direkt an die *Absicht* der Zauberer anzukoppeln. Dabei werden sie nie zu Missionaren oder Händlern ihres Wissens werden, weil sie ein abstraktes Ziel haben, das über alle konkreten Bestrebungen und persönlichen Interessen hinausweist: die *Freiheit*. Und die ist bekanntlich frei.

4. Genossen, Geier, Trittbrettfahrer

Wer sich tief weiß, bemüht sich um Klarheit; wer der Menge tief scheinen möchte, bemüht sich um Dunkelheit. Denn die Menge hält alles für tief, dessen Grund sie nicht sehen kann: sie ist so furchtsam und geht so ungern ins Wasser.

Friedrich Nietzsche: *Tief sein und tief scheinen*[1]

Die Geschichte der Linie des Don Juan und die Entwicklung um Carlos Castaneda, Florinda Donner-Grau, Taisha Abelar und Carol Tiggs wären nicht vollständig skizziert, ohne ihre Auswirkungen zu berücksichtigen. Denn das Zusammentreffen dieser einzigartigen Tradition mit dem kulturellen Mainstream führte dazu, daß eine Reihe von seltsamen Blüten aus den Rissen hervorsprossen, welche die Wucht jenes Kulturschocks in der öffentlichen Landschaft und im Bewußtsein der Leser hinterlassen hatte.

Ursprünglich waren *Die Lehren des Don Juan* gar nicht für die breite Öffentlichkeit bestimmt, sondern eine ethnographische Arbeit, mit der Castaneda den akademischen Grad eines Magisters im Fachbereich Anthropologie erwarb. Ihre Veröffentlichung entfachte eine interne Kontroverse von neuem, die seit Mitte der fünfziger Jahre die Völkerkundler in zwei Lager teilte: in die sogenannte Emic- und die Etic-Fraktion.

Die Etic-Anhänger hielten strikt an der althergebrachten Methode fest, fremde Völker und Kulturen in den allgemeingültigen Begriffen abendländischer Wissenschaft zu beschreiben, um so den trügerischen Anspruch objektiver Distanz zu wahren. Dies ist der Ansatz der traditionellen Ethnographie, die alles „Fremde“ oder „andere“ von außen betrachtet und in ihren Begriffen zu fassen versucht. Die Anhänger der Emic-Fraktion waren jedoch der Ansicht, daß diese Vorgehensweise den betrachteten Phänomenen gar nicht gerecht werden kann, da ihr der Kern derselben notwendigerweise verborgen bleiben muß. So strebten sie zu einer Ethnographie von innen, die fremde Kulturen aus der Sicht und in den Begriffen ihrer Mitglieder beschreibt und uns auf diese Art einen Zugang eröffnet, den die alte Anthropologie nie liefern konnte.[2]

Mit den *Lehren des Don Juan* und seiner folgenden Doktorarbeit, die zur Grundlage seines dritten Buches *Reise nach Ixtlan* wurde, avancierte Castaneda zum Vorreiter der neuen Strömung. Nie zuvor war es einem Anthropologen gelungen, so tief in die Denk- und Lebensweise einer fremden Kultur einzudringen und sie so anschaulich und lebendig darzustellen. Die Emic-Anhänger, allen voran Castanedas Doktorvater Harold Garfinkel, waren begeistert. Und allen Unkenrufen und Diskreditierungsversuchen von seiten der Etic-Fraktion zum Trotz trat eine neue Generation von Ethnographen in Castanedas Spuren und machte sich auf die Suche nach eingeborenen Medizinmännern, Schamanen und Heilern.[3]

Doch Castaneda sah die Tragweite seiner Arbeit von Anfang an nicht auf die engen Grenzen der Anthropologie beschränkt. Er erklärt:

> *„Die Annahme, daß Kunst, Magie und Wissenschaft nicht am gleichen Ort und zur gleichen Zeit koexistieren können, ist ein überkommenes Relikt aristotelischer Kategorien. Wir müssen diese Art von Nostalgie in den Sozialwissenschaften des 21. Jahrhunderts endlich hinter uns lassen. Selbst der Begriff ‚Ethnographie' ist zu monolithisch, weil er impliziert, daß das Schreiben über andere Kulturen eine spezifisch anthropologische Aktivität sei, während die Ethnographie in Wirklichkeit gerade durch Überschneidungen mit zahlreichen anderen Disziplinen und Genres charakterisiert ist. Überdies ist der Ethnograph selbst alles andere als monolithisch – im Gegenteil, er muß vielseitig und beweglich sein, genau wie die kulturellen Phänomena, denen er in Gestalt des ‚Anderen' begegnet."*[4]

Diese Aussage zeigt, daß Castaneda den Emic-Aspekt seiner Werke nicht auf deren Inhalt beschränkt sieht, sondern ihn auch auf deren äußere Erscheinung zu übertragen versteht. Seine Bücher handeln nicht nur von magischen Vorgängen, sie sind Akte der Magie. Und er selbst ist nicht bloß ein Schriftsteller, sondern ein Schamane, der seine Aufgabe nicht darin sieht, ein Fachpublikum mit Fakten zu versorgen, sondern alle Interessierten mit neuen Möglichkeiten vertraut zu machen. Ein typisches Merkmal schamanistischer Arbeit ist das Auflösen von Grenzen, welches hier in der Aufhebung der Schranken zwischen Wissenschaft, Magie und Belletristik offenkundig wird. Und ebendieser magische Kunstgriff war es, der Castanedas Werke nicht nur für Fachleute, sondern auch für ein breites Publikum interessant werden ließ.

So wurde die Erstveröffentlichung der *Lehren des Don Juan* gleichermaßen von der Literaturkritik wie von den Vertretern der Gegenkultur gefeiert, die gegen Ende der sechziger Jahre in voller Blüte stand. Theodore Roszak, einer ihrer Vordenker, führte 1968 ein Radiointerview mit dem damals noch unbekannten Castaneda und trat eine Lawine los.[5] Die Nachfrage nach den „Lehren" wurde so groß, daß die University of California Press mit dem Druck nicht nachkam und die Vermarktung des Buches dem Verlagshaus Ballantine überließ. Und bereits 1969 wurde Castanedas Erstling in einer Großauflage mehr als 300.000 mal verkauft.

Seine Leserschaft rekrutierte sich zunächst aus der rebellischen Jugend der Flower-Power-Bewegung, aus Hippies, Aussteigern, Indianerfreaks, Drogenkonsumenten und anderen Außenseitern, die in Castaneda einen weiteren Apostel ihres zweifelhaften Lebenswandels gefunden zu haben glaubten. Sein Name wurde in einem Atemzug mit William Burroughs, Timothy Leary oder Alan Watts genannt, mit denen Castaneda jenseits der Drogenerfahrung wenig gemeinsam hat. Er hatte *Die Lehren des Don Juan* nicht geschrieben, um neue Möglichkeiten der Realitätsflucht zu propagieren, sondern um unsere scheinbar feste Wirklichkeit selbst als Eskapismus zu enttarnen. Aus dem Blickwinkel des Zauberers erscheint der Trip eines Junkies weder besser noch schlechter als der erlebte Alltag eines Durchschnittsmenschen.

Ebendiese Sicht war es, die Castaneda seinen Studenten an der Universität von Los Angeles und später auch an der Universität von Südkalifornien nahezubringen versuchte, doch mit wenig Erfolg. So zog er sich auf Don Juans Anraten immer mehr aus dem Rampenlicht der Öffentlichkeit zurück, um sein weiteres

Fortschreiten in den Künsten der Zauberei nicht durch seine wachsende Berühmtheit zu gefährden. Er mußte für die Welt des Alltags unerreichbar sein, um nicht von seinen Kollegen, Anhängern und Gegnern auf eine Position festgenagelt zu werden, die jede weitere Entwicklung unmöglich machte.[6]

Castanedas strategischer Rückzug erzeugte ein Informationsvakuum, das nicht nur wilden Gerüchten über sein Leben und Werk Raum verschaffte, sondern auch skrupellosen Nachahmern und Scharlatanen. Einerseits beflügelte seine Unerreichbarkeit die Phantasie der Leser, die sich fragten, ob Castaneda und sein Lehrer Don Juan wirklich existierten oder ob dies alles nur der Werbetrick eines pfiffigen Fantasy-Autors war. Andererseits öffnete sie profitgierigen und profilneurotischen Imitatoren Tür und Tor, die freudig in die Bresche sprangen, um ihre Version vom Märchen des Zauberlehrlings auf der öffentlichen Bühne zur Wirklichkeit werden zu lassen.

In Interviews und Vorträgen erzählt Castaneda gerne von seiner Begegnung mit einem dieser Imitatoren, wobei zu betonen ist, daß die Geschichte vor allem exemplarischen Charakter hat. Castaneda befand sich zu jener Zeit inkognito auf einer Party in Sausalito, zu der Alan Watts alle möglichen Ikonen des neuen Bewußtseins geladen hatte:

> *„In der Mitte des Patio stand ein äußerst gutaussehender Mann, groß, blond, blauäugig, bestechend schön – und natürlich barfuß. Es war zu Anfang der siebziger Jahre. Er signierte gerade Bücher, und der Gastgeber sagte zu mir: ‚Ich würde Ihnen gern Carlos Castaneda vorstellen.‘ Der Mann stellte also Carlos Castaneda dar, umgeben von einer eindrucksvollen Clique schöner Frauen. Ich sagte zu ihm: ‚Ich bin sehr erfreut, Sie kennenzulernen, Mister Castaneda.‘ Und er antwortete nur: ‚*Doktor *Castaneda!‘ Er machte seine Sache verdammt gut.“*[7]

Wenn solch dreiste Opportunisten auch selten sein mögen, gab und gibt es doch genug Wege, Profit aus dem Informationsdefizit vieler Castaneda-Leser zu schlagen. So existieren einige organisierte Gruppen, die von Personen geleitet werden, die von sich behaupten, ebenfalls Schüler von Don Juan oder dessen Gefährten gewesen zu sein oder in direkter Nachfolge anderer authentischer toltekischer Linien zu stehen. Wieder andere erklären, unmittelbar von Castaneda in die Geheimnisse der Zauberei eingewiesen worden zu sein, und verkaufen nun für stolze Summen ihr „Wissen" in Büchern, Vorträgen und Seminaren.

Lange hat Castaneda hierzu geschwiegen, wohl in der Hoffnung, daß der Wind die Spreu vom Weizen trennen würde, doch seit Beginn der neuen Ära scheut er die offene Konfrontation mit diesen selbsternannten Führern und Verführern nicht mehr. Einige Fälle sollen hier geschildert werden, weil gerade diese Gruppierungen aufgrund ihrer Größe und Bekanntheit für interessierte Laien oder Anfänger auf dem Weg der Tolteken zu einer echten Gefahr werden können.

So ist vor der *Deer Tribe Metis Medicine Society* zu warnen, die 1978 von dem Cherokee-Halbblut Harley „Swift Deer" Reagan ins Leben gerufen wurde und inzwischen weltweit verbreitet ist. Diese Gesellschaft versteht sich als schamanische Loge, die ihre Mitglieder in der Tradition der amerikanischen Ureinwohner über verschiedene Initiationsstufen – sogenannte „Gateways" – in indianische Riten und Zeremonialmagie einweiht, um sie so in Einklang mit der Erde, sich selbst und ihren Mitmenschen zu bringen. Ihr Wissen geht laut Swift Deer auf einen stammesübergreifenden Verbund von Ältesten und Schamanen zurück, den er als *Twisted Hairs Council of Elders* bezeichnet. Die Twisted Hairs schildert er als Hüter des traditionellen Wissens, die sich aufgrund der globalen Krise und des gefährdeten Fortbestands der Menschheit entschlossen haben, ihr Wissen häppchenweise mit dieser zu teilen, um ihr so die Chance auf eine neue Zukunft zu gewähren.[8]

Dies klingt ganz nett und könnte sogar glaubhaft wirken, wenn sich diese Gesellschaft nicht mit fremden Federn schmücken würde. So werben viele der an den Deer Tribe angeschlossenen Logen damit, daß Swift Deer im Jahr 1976 „als Nachfolger von Tom Wilson der 18. Nagual eines magischen Kreises" geworden sei. Wenn es schon seltsam anmutet, daß Plains-Indianer wie der Navajo Wilson mexikanische Titel tragen, ist folgendes noch verwunderlicher: Gleichzeitig wird behauptet, Wilson sei Don Genaro, der Gefährte des Don Juan, der uns aus Castanedas Schriften wohlvertraut ist. Fotografien des angeblichen Don Genaro prangen in nahezu jeder Broschüre des Deer Tribes gleich neben Bildern von Swift Deer und seinen Vertrauten. Weiter wird da behauptet, der Navajo Gus Graymountain, ein Freund und Lehrer Swift Deers, sei der aus Castanedas Büchern bekannte Silvio Manuel.[9]

Seltsam nur, daß Castaneda und Donner-Grau ihren Lehrer Genaro als Mazateken aus dem Süden Mexikos schildern, der – wie alle Zauberer in der Linie des Don Juan – eine entschiedene Aversion dagegen hatte, sich auf Fotos ablichten zu lassen. Auch andere Unstimmigkeiten fallen ins Auge. So hatte Wilson eine ganze Schar von Kindern und starb im Jahr 1976. Der Genaro aus Castanedas Werken wird hingegen mehrfach als kinderlos beschrieben und hinterließ weder Enkel noch einen Grabstein.

Swift Deer hat die Verbindung zu „Genaro“ und „Silvio Manuel“ wohl künstlich konstruiert, um die verblüffende Ähnlichkeit seiner Lehren mit denen des Don Juan zu erklären, ohne sich selbst und die Twisted Hairs des Plagiats zu bezichtigen. Ihre „Lehren“ decken sich sowohl in der Wortwahl wie im Inhalt auffällig mit Castanedas Schriften, nur daß Swift Deer offenbar viele Dinge nicht verstanden hat und sie nach Gutdünken mit Schwitzhütten, heiligen Pfeifen, Federn, Zeremonien, Tänzen, Ritualen und anderen Indianerklischees versetzt, um dieses Manko zu verdecken.

Warum jemand so etwas tut? Man muß sich nur einmal die Preise der Deer-Tribe-Kurse und die hierarchisch-autoritäre Struktur innerhalb der Gruppe ansehen, die beim Fortschritt von „Gateway“ zu „Gateway“ mit schwülstigen Titeln und lukrativen Verdienstmöglichkeiten winkt, indem man in Kettenbriefmanier neue Aspiranten in die unteren Grade initiiert. Ein Abbild unserer Gesellschaft, das wenig mit Freiheit, aber um so mehr mit Eigendünkel zu tun hat und aus dem nur die einen Vorteil ziehen, die an der Spitze der Pyramide stehen. Eine Welt für Leute, die gern Indianer spielen und denen es nichts ausmacht, daß die Federn in ihrem Kopfschmuck falsch und ihre Medizin teuer, aber wirkungslos ist.

Etwas anders gelagert ist der Fall von Ken Eagle Feather, der in seinen Seminaren und Schriften behauptet, von Don Juan selbst in die Zauberei initiiert worden zu sein. In seinem Buch *Traveling with Power* berichtet er, wie er sich nach seinen leidvollen Erfahrungen als Soldat in Vietnam auf die spirituelle Suche begab und auf Umwegen Castanedas Bücher als Leitfaden fand. Sein Wunsch nach persönlicher Führung war jedoch so stark, daß er sich auf den Weg in den Südwesten der USA machte, wo er einen Lehrer aus Fleisch und Blut zu finden hoffte. Er beschreibt weiter, wie er im Jahr 1975 in Tucson, Arizona, einem alten Indianer begegnete, den er als Don Juan identifiziert und der ihn durch sein merkwürdiges Verhalten immer wieder in emotionale Konflikte stürzte, die der Möchtegern-Lehrling als ausgeklügelte Belehrungen interpretiert.[10]

Wie umfangreich und gehaltvoll diese Lehren gewesen sein müssen, mag man daran ersehen, daß Eagle Feather seinen Interaktionen mit dem angeblichen Don Juan in *Traveling with Power* ganze zehn Seiten einräumt. Das Buch besteht ansonsten aus wiedergekäutem Castaneda und einigen Kapiteln halbverdautem Edgar Cayce und Robert Monroe, deren Werke er zu den toltekischen Lehren in Beziehung zu setzen versucht. Da ihm dies mehr schlecht denn recht gelungen ist, wählte er für sein zweites Buch *A Toltec Path* einen anderen Ansatz, in dem er nur noch bekanntes Castaneda-Material zitiert, analysiert und seziert.[11]

Scharlatane wie Swift Deer oder Eagle Feather enttarnen sich meist schon durch die Unstimmigkeit ihrer Daten – so will letzterer drei Jahre *nach* Don Juans Fortgang von diesem als Schüler angenommen worden sein. Ein weiteres Merkmal, das sie entlarvt und das sie mit anderen selbsternannten Vertretern toltekischer Tradition teilen, ist, daß sie nichts Neues zu sagen haben. Immer orientieren sich „ihre" Lehren an Castanedas Schriften und werden lediglich dann aktualisiert oder erweitert, wenn neue Publikationen aus dem tatsächlichen Schülerkreis des Don Juan erscheinen. Ihr eigener Beitrag besteht meist nur aus pseudotraditionellem Hokuspokus und anderem Blendwerk, welches über die eigene Leere hinwegtäuschen soll.

Ein Beispiel hierfür ist die *Sixth Sun Foundation*, die sich um den mexikanischen Arzt Miguel Angel Ruiz gebildet hat. Dieser Nagual von eigenen Gnaden, der sich auch als „Meister der Absicht" verehren läßt, behauptet, Träger einer anderen Linie der toltekischen Zauberei zu sein. Sein Wissen will „Don Miguel" von seiner Mutter und seinem verstorbenen Großvater geerbt haben.

Nachdem er durch die Bücher einer seiner Schülerinnen[12] einen gewissen Bekanntheitsgrad erlangt hat, veranstaltet er nun kostspielige Rundfahrten zu Kultplätzen in Mexiko und Seminare, auf denen er einen Abklatsch der Lehren des Don Juan verkauft. Besucher berichten, daß sie den Eindruck nicht los wurden, einer schlechten Zusammenfassung von Castanedas *Feuer von innen* zu lauschen, als Don Miguel über die Bemeisterung der Bewußtheit, des Pirschens und der *Absicht* referierte. Wie Swift Deer und Eagle Feather gibt auch er dem Ganzen seine persönliche Note und würzt die Lehren mit einem Schuß mexikanischer Folklore und Weltuntergangsprophezeiungen, die er auch über das Internet verbreiten läßt.[13]

Im Netz finden sich auch Websites anderer „authentischer Meister", wie etwa *The Quest for Freedom*, wo ein gewisser Avendar Dragon Werbung für seine Kurse und Publikationen[14] macht. Neben Berichten, wie er auf der Astralebene zum Schüler des Don Juan und des mexikanischen Demiurgen Quetzalcoatl wurde, bietet er ein kunterbuntes Gemisch aus toltekischer Tradition, Okkultismus, Yoga und gängiger Esoterik. Nicht viel anders ist es um den Südafrikaner Theun Mares bestellt, der sich im Website *The Assemblage Point* und in seinen Schriften[15] als Hüter einer anderen toltekischen Linie mit gemeinsamem Ursprung in Atlantis präsentiert, jedoch außer einem lauwarmen Aufguß von Castanedas Schriften nicht viel zu bieten hat.

Der Markt boomt offenbar, wenn es auch anderenorts konservativer zugehen mag. In Kanada, den USA und Australien existieren regelrechte Schulen mit festem Lehrprogramm, die den Interessierten gegen Bezahlung auf dem Weg zum Wissen und zur Freiheit geleiten sollen. Dabei werden alle Publikationen von Castaneda, Donner-Grau, Abelar & Co. peinlich genau studiert und wenn irgend möglich wortgetreu in die Tat umgesetzt. Allein die Schule in Vancouver, British Columbia, zählt über 250 Studenten, die dort in sieben Klassenstufen zum Krieger gemacht werden sollen. Offenbar fällt es den meisten von uns schwer, irgend etwas alleine beziehungsweise selber zu machen.

Und so haben auch unbedeutendere Adepten toltekischer Zauberkunst regen Zulauf, die nicht nach Geld, sondern nach Macht, Einfluß und Anerkennung streben. Florinda Donner-Grau berichtet, daß sie und ihre Gefährten über 200 selbsternannte Naguals gezählt haben – und das nicht nur in den USA, sondern auch in Argentinien, Afrika, Europa und den entlegensten Winkeln Rußlands. Manche von ihnen tragen Castaneda unverblümt ihre Nachfolge an, wie etwa in einem Brief, den er im Frühjahr 1995 erhielt. In einem schrecklichen Spanisch erklärte man ihm dort, daß es für ihn an der Zeit sei, zurückzutreten und das Ruder an die nächste Generation zu übergeben. Unterzeichnet war der Brief mit: „der neue Nagual, Don Alonzo".[16]

Um Mißverständnissen vorzubeugen, hatte Castaneda bereits im Jahre 1993 eine von ihm unterzeichnete Erklärung veröffentlichen lassen, die sich an seine Leser und alle Betroffenen richtet:

> *„Carlos Castaneda möchte hiermit ein für allemal klarstellen, daß er* keinerlei *Verantwortung für die Aktionen und Projekte all jener Gruppen oder Leute trägt, die ohne seine ausdrückliche Zustimmung behaupten, seine Schüler oder Studenten zu sein, noch für jene, die seinen Namen oder die Begriffe und Konzepte der Lehren des Don Juan in ihren Seminaren und Schriften benutzen – ganz gleich, ob ihre Ziele altruistischer oder kommerzieller Natur sein mögen."*[17]

Neben den allgemeinen Implikationen dieser Erklärung hat es mit ihr jedoch noch eine ganz besondere Bewandtnis, denn sie erschien in einem mexikanischen New-Age-Blatt, und zwar auf derselben Seite, auf welcher der mexikanische Autor Victor Sánchez eine Anzeige für seine Kurse in der „Kunst des Pirschens" geschaltet hatte. Castaneda gelang es hierdurch nicht nur, sich auf elegante Weise von Sánchez zu distanzieren, der unter anderem durch den Titel seines Werkes *Die Lehren des Don Carlos*[18] den falschen Eindruck erweckt, sein Schüler zu sein, sondern er erteilte Sánchez gleichzeitig eine kostenlose Lektion in ebenjener Kunst, zu der dieser seine Seminare feilbot.

Castaneda distanzierte sich später auch via Internet von Sánchez, indem er erklären ließ, daß er den besagten Herrn nicht einmal kenne. Vielleicht habe dieser ja den einen oder anderen seiner Vorträge in Mexiko besucht; wenn Sánchez sich darüber hinaus jedoch mit einer persönlichen Bekanntschaft oder gar einem Lehrauftrag brüste, sei dies einfach frei erfunden.[19]

Castanedas Dementi zielte jedoch nicht nur auf die persönlichen Behauptungen von Sánchez, sondern auch auf die Art, wie dieser die Inhalte der Lehren des Don Juan zu vermitteln versucht. Sánchez' Schriften gleichen technischen Handbüchern, die seine Leser Schritt für Schritt über einfache Rezepte zur Meisterschaft in den Künsten der Zauberei führen sollen. Dabei hat er jede noch so unbedeutende Technik aus Castanedas Werken isoliert, analysiert und systematisiert, übersieht aber, daß diese Vorgehensweise den eigentlichen Zielen der Zauberei zuwiderläuft.

Auf dem Tensegrity-Workshop in Berlin wies Taisha Abelar noch einmal nachdrücklich darauf hin, daß solche Bestrebungen letztlich Produkte unseres Verstandes sind, der sich so vor der tatsächlichen Erfahrung des Unbekannten und Neuen schützen will. Ein technisches Handbuch der Zauberei könne und werde es nie geben. Ein solcher Versuch sei genauso lächerlich und zum Scheitern verurteilt wie ein Handbuch der Liebe, das uns über einfache Patentrezepte zu Glück und Erfüllung in der Zweisamkeit führen will.[20]

Zusammenfassend kann man sagen, daß Leute wie Swift Deer, Eagle Feather oder Sánchez Castaneda und seine Kolleginnen als unerschöpfliche Quelle neuer Ideen und Ausdrücke benutzen, welche sie auf die eine oder andere Weise einsetzen, um ihre eigene Position im Gesellschaftsspiel sozialer Werte und Eitelkeiten zu festigen. So auch eine Frau, die in den vergangenen Jahren für Aufsehen gesorgt hat, weil sie behauptet, die Nagual-Frau von Castanedas altem Trupp, die Wegführerin der Genaros und Schwesterchen zu sein: Merilyn Tunneshende. Mit ihr schließen wir unsere Rundfahrt durch die Geisterbahn der Imitatoren endgültig ab.

Zunächst trat Merilyn Tunneshende im Herbst 1994 mit einem Artikel in dem bekannten amerikanischen New-Age-Magazin *Magical Blend* an die Öffentlichkeit, der recht vielversprechend klang. Hier berichtete sie von ihrer Lehrzeit bei einem alten Indianer, den sie John Black Crow nennt und als Don Juan identifiziert. Weiter beschrieb sie, wie sie nach Castanedas Trennung von seinen Mitschülern zu Anfang der siebziger Jahre zu deren Führerin, zur Nagual-Frau der Genaros und Schwesterchen, geworden war.[21]

Ihr Artikel war glaubhaft geschrieben, und allein die Tatsache, daß sie ihren Lehrer unter anderem Namen kannte, bot keinen

Grund, an ihren Aussagen zu zweifeln. Immerhin hatten die bereits bekannten Mitschülerinnen Castanedas dessen Don Juan Matus ebenfalls unter verschiedenen Namen kennengelernt: für Taisha Abelar war er *John Michael Abelar*, für Florinda Donner-Grau *Mariano Aureliano* und für Carol Tiggs *Melchior Yaoquizque*.[22] Und wenn Don Juan nach dem Scheitern seines Versuchs, einen Kriegertrupp alten Musters für Castaneda zusammenzustellen, neue und passendere Leute für seinen Nachfolger rekrutiert hatte, warum sollte er sich dann nicht auch nach einer neuen Nagual-Frau für die übrigen Schüler umgesehen haben? Große Teile der Castaneda-Fangemeinde waren schnell überzeugt und freuten sich auf neue Offenbarungen der rätselhaften Merilyn, die buchstäblich aus dem Nichts aufgetaucht zu sein schien.

Doch Castaneda bremste die Euphorie der Massen, als er über das Internet verbreiten ließ, daß er keine Nagual-Frau namens Merilyn Tunneshende kenne und daß sie ganz gewiß keine Schülerin Don Juans gewesen sei.[23] Die geschmähte Möchtegern-Kollegin startete daraufhin im Internet eine schmutzige Diffamierungskampagne, indem sie zum Beispiel behauptete, Don Juan habe die Welt im Jahre 1973 gar nicht verlassen, sondern dies sei die Zeit gewesen, in der er seinen ungeliebten Schüler Castaneda aus seinem Kreis verbannt hätte. Dieser habe sich dann mit Hilfe der bösen Hexe Soledad neue Gefährtinnen gesucht: Donner-Grau, Abelar und Tiggs.[24]

Trotz zahlreicher inhaltlicher Widersprüche in ihren Aussagen fand Merilyn Tunneshende in diesem Streit eine immer größer werdende Anhängerschaft, wahrscheinlich weil ihre paranoiden Thesen und das öffentliche Zurschaustellen schmutziger Wäsche den Geschmack unserer Zeit besser treffen als die nüchterne, harte Arbeit an sich selbst, die Castaneda und seine Gefährtinnen vertreten. So warnte Tunneshende z.B. vor der Praxis von Tensegrity oder dem Besuch der Seminare der Zauberer, weil diese nichts anderes im Sinn hätten, als ihr Publikum energetisch auszusaugen.

Castaneda als Energievampir? Eine lustige Vorstellung, läge nicht soviel Verbitterung in dieser Behauptung. Nach Jahren der Praxis von Tensegrity spüre ich jedenfalls keine Erschöpfung – eher das Gegenteil. Und die Anhängerschaft von Merilyn Tunneshende ist immer kleiner geworden, nachdem sich in weiteren Veröffentlichungen neben haltlosen Vorwürfen keine Offenbarungen inhaltlicher Art mehr fanden. So enthält auch ihr erstes Buch *Medicine Dream*[25] kein nachvollziehbares Wissen und qualifiziert sich bestenfalls für die mittleren Ränge in den Charts für esoterisch angehauchte Indianer-Fantasy.

Geblieben ist allerdings die Frage vieler Castaneda-Leser, die Merilyn Tunneshende zunächst beantwortet zu haben schien: Was ist aus den Leuten aus Castanedas früheren Büchern geworden, von denen auch wir bislang nicht gesprochen haben: den Schwesterchen, den Genaros und Soledad?

Nachdem Don Juan und sein Trupp die uns bekannte Welt verlassen hatten, leiteten – wie schon erwähnt – zunächst die alten Hexen Florinda und Zuleica die verbliebenen Gruppen. Nach la Gordas Tod und dem Fortgang der alten Florinda scheint Castaneda allerdings eine engere Zusammenarbeit mit den Schwesterchen und den Genaros angestrebt zu haben. Als ihm im Dezember 1994 obige Frage gestellt wurde, sagte er:

> *„Den anderen Zauberern geht es ausgesprochen gut. Sie alle führen ein gutes Leben, doch sie wollten mir nicht folgen. Als ich die Führung übernahm, sagte ich ihnen, daß sie erneut die Schulbank drücken und ‚schwere Lektüre' studieren müßten. Sie lehnten ab. Schwere Lektüre trainiert den Verstand und erlaubt einen leichteren Eintritt in die innere Stille."*[26]

Ansonsten schwieg sich Castaneda hierzu aus, wohl weil die Interessen seiner Gruppe und die der Genaros und Schwesterchen inzwischen zu weit auseinandergedriftet waren. Nur die redselige Florinda Donner-Grau ging 1992 in einem Interview näher auf diese Frage ein:

> *„Wir sind oft mit den Schwesterchen – Lydia, Josefina und Rosa – und den Genaros – Nestor, Pablito und Benigno – zusammen, entweder in Mexiko oder in Los Angeles. Allerdings unterscheidet sich ihr Streben von unserem. Sie streben nach konkreten Zielen, die denen der Zauberer der Vergangenheit gleichen.*
>
> *Nestor zum Beispiel, ein erfahrener Botaniker, sucht in der Tundra nach einer Pflanze, die nach Schätzung der Zauberer über 300.000 Jahre alt sein muß. Er will sie finden, um sie dann*

wegen ihrer regenerativen Eigenschaften an japanische Pharmakologen zu verkaufen. Er denkt, daß sie die Potenz der Männer steigern wird. Und auch die Frauen sind in Bestrebungen dieser Art verstrickt. So will Lydia eine Zauberer-Heilmethode für Aids entwickeln, indem sie die Vireninvasion aus dem Körper einer kranken Person langsam absaugt und diese auf einen Baum überträgt. Soledad wiederum ist als Filmproduzentin extrem erfolgreich. Sie nutzt ihre Zauberkünste, um Geld für ihre Projekte zu sammeln. Ihr Motto ist: Dollars für Filme – egal woher."[27]

Mit dieser Aussage wollte Florinda Donner-Grau wohl weniger die Absichten ihrer Mitschüler herabwürdigen als den großen Unterschied hervorheben, der zwischen ihrer Gruppe und ihren Vorgängern besteht. Die neue Generation – allen voran Carlos Castaneda – steht für eine noch abstraktere Form der Zauberei, die sich mehr oder weniger vollständig von allen konkreten Bestrebungen losgesagt hat und für welche die eigentliche Magie in einem abstrakten Manöver der Wahrnehmung besteht: der endgültigen Befreiung oder totalen Bewußtheit, auf die wir immer wieder zurückkommen werden.

Immerhin scheinen aber auch die Schwesterchen und Genaros jenes Ziel erreicht zu haben, denn im Mai 1995 ließ Castaneda im Internet erklären, daß diese wie einst Don Juan die Welt verlassen hätten. Sie seien am Feuer von innen verbrannt.[28]

Es bleibt jedoch fraglich, ob diese Aussage so der Wahrheit entspricht oder ob auch sie nur eine weitere Facette im Aktionstheater der Zauberei ist. Der Zeitpunkt für das „Verschwinden" der Schwesterchen und der Genaros war insofern gut gewählt, als sich durch Tunneshendes falsche Offenbarungen die öffentliche Aufmerksamkeit ungewollt stark auf diese Gruppen gerichtet hatte. Und man kann davon ausgehen, daß ihnen diese Aufmerksamkeit alles andere als recht war. Die Wege der Zauberei, denen sie folgten, waren Wege für einsame Vögel und gewiß nicht die ausgetretenen Pfade moderner Massenmedien.

Eine Ausnahme stellt da neben Castanedas Gruppe offenbar Soledad dar, die zumindest hinter den Kulissen Gebrauch von der Magie der Moderne machte oder vielleicht sogar noch macht.

Wenn es ein Medium gibt, das geradezu prädestiniert ist, das Bewußtsein der Öffentlichkeit – ob im Guten oder Schlechten – zu manipulieren, ist es das Kino. Also sollte es auch nicht verwundern, wenn wir die Zauberer und Hexen der neuen Generation im Einflußbereich dieses Mediums wiederfinden, manchmal vor und manchmal hinter der Leinwand.

Kontakte zur Filmszene ergaben sich dabei nicht nur durch Castanedas Liebe zum Kino und zu seiner Wahlheimat Los Angeles, sondern auch dadurch, daß viele Cineasten von seinen Werken fasziniert waren. Einige Regisseure, wie zum Beispiel George Lucas, ließen sich von ihnen zu Meisterwerken inspirieren – in diesem Fall zur Star-Wars-Trilogie, wobei besonders in der *Rückkehr der Jedi-Ritter* ein Castanedascher Unterton nicht zu überhören ist. Andere spielten mit dem Gedanken, *Die Lehren des Don Juan* selbst in ein Kinomärchen zu verwandeln.

Einer jener Regisseure war der italienische Altmeister Federico Fellini (*La Strada*, *Satyricon*, *Schiff der Träume*). Das Projekt platzte zwar schon in den Anfängen, aber es brachte Fellini und Castaneda eine interessante Freundschaft ein. Im Interview mit Carmina Fort berichten Castaneda und Donner-Grau, daß sie Fellini jedesmal einen Besuch abstatteten, wenn sie in Rom waren.[29]

Wie schon früher erwähnt, waren auch der Hollywood-Produzent Tracy Kramer und der Drehbuchautor Bruce Wagner mit einer ähnlichen Absicht an Castaneda herangetreten, und auch hier war daraus kein Filmprojekt, sondern eine ganz andere Beziehung entstanden. Heute sind sie Teil der Kriegerformation der Elements und arbeiten in dieser Rolle ausgesprochen eng mit Castaneda und den Hexen zusammen.

Neben dieser Tätigkeit wirken sie jedoch auch weiterhin in ihren ursprünglichen Aufgabenfeldern – und das nicht nur in der Hinsicht, daß Kramer Produzent und Wagner Regisseur der Tensegrity-Videoreihe ist. So betreut Kramer als Agent neben den Zauberern auch die in den USA bekannten „Rug Rats“, den „Duck Man“ und die „Real Munsters“.[30] Und Wagner schreibt weiterhin Bücher und Drehbücher, unter anderem auch für solche Regiegrößen wie Francis Ford Coppola (*Der Pate*, *Apocalypse now*, *Cotton Club*) oder Oliver Stone (*Platoon*, *Talk Radio*, *The Doors*).

Von besonderem Interesse ist letztere Verbindung, weil Oliver Stone sich öffentlich als treuer Fan von Castaneda und den Hexen zeigt. So schrieb er zum Beispiel einen lobenden Kommentar zu Donner-Graus *Traumwache*, der auf dem Backcover der Originalausgabe veröffentlicht wurde. Noch auffälliger ist, daß er seine jüngsten Filme alle unter dem Label seiner selbstgegründeten Gesellschaft *Ixtlan Productions* herstellen ließ, darunter internationale Kassenschlager wie *JFK* oder *Natural Born Killers.* Wie er selbst sagt, hat er den Namen seiner Gesellschaft als Hommage an sein Lieblingsbuch *Reise nach Ixtlan* und dessen Autor Castaneda gewählt.[31]

In Zusammenarbeit mit Bruce Wagner produzierte Stone im Jahr 1992 die Fernsehserie *Wild Palms*, die auch in Deutschland mehrfach ausgestrahlt wurde. Die Serie zeigt ein vielleicht gar nicht so fiktives Szenario, in dem Medienmogule mittels neuer Technologien das Bewußtsein der Bevölkerung manipulieren und kontrollieren. Zur realistischen Darstellung dieser Gefahr haben Wagner und Stone tief in die Trickkiste gegriffen und selbst nicht gerade mit manipulativen Techniken wie etwa der subliminalen Beeinflussung gegeizt. So finden sich in vielen Passagen von *Wild Palms* interessante Graffitis auf den Mauern und Wänden der Kulisse, die das Auge des Zuschauers nur subliminal, d.h. unterbewußt wahrnimmt, aber dennoch verarbeitet. Dabei könnten jene Sprüche, auf die wir später noch in anderem Zusammenhang eingehen werden, direkt aus der Feder Castanedas stammen, der die ahnungslosen Zuschauer so auf Offenbarungen vorbereiten will, für die ihr Bewußtsein noch nicht bereit ist.

Dies mag ausgesprochen rätselhaft klingen, ist aber ein integraler Teil des Aktionstheaters der Zauberei, das weit mehr ist als die Darstellung eines bloßen Akts auf irgendeiner Bühne. Fernsehen und Kino formen heute das Bewußtsein der Menschheit und auch dessen unterbewußte Grundlagen stärker als irgendein anderer Faktor. Dieser Tatsache sind sich auch die neuen Zauberer um Castaneda bewußt, die Erben einer Tradition, welche die Vervollkommnung der Manipulation des Bewußtseins seit jeher auf ihre Banner geschrieben hat, wobei der Begriff der Manipulation zunächst absolut wertfrei gemeint ist. Es liegt in unser aller Verantwortung, ob wir aus unseren Möglichkeiten ein Horrorszenario oder eine lohnende Herausforderung machen.

Stone, Wagner und letztlich auch Castaneda nutzen die neuen Medien, um uns mit diesen Möglichkeiten vertraut zu machen, ähnlich wie das klassische Theater neue Ideen der jeweiligen Epoche über die Bühne an sein Publikum trug. Und genau wie das klassische Theater scheut das moderne Aktionstheater der Zauberei die Konfrontation mit den düsteren Aspekten dieser Möglichkeiten nicht. Wir bauen Häuser und machen Gefängnisse daraus. Wir fertigen Werkzeuge und verwandeln sie in Waffen. Wir erforschen die Atomenergie und bauen schließlich Bomben. Woran dies unter anderem liegt, werden wir in den nächsten Kapiteln im Kontext der Weltsicht der Zauberer zu beleuchten versuchen.

Bis dahin kann ich jedem nur raten, Augen und Ohren zu öffnen und sich für neue Möglichkeiten bereitzuhalten, denn das Unbekannte lauert überall – genau wie das Aktionstheater der Zauberei. So etwa, wenn Freddy Krueger, der übernatürliche Serienkiller aus *Nightmare on Elm Street*, im dritten Teil in die Träume seiner Opfer eindringt. Wer dabei spontan an Castaneda und *Die Kunst des Träumens* denken muß, liegt gar nicht so falsch. Das zugehörige Drehbuch stammt – wie sollte es anders sein – von Bruce Wagner.

Teil II

Das Affentheater der Alltagswelt

5. Von Energie, Zeugung, Sex und Tod

Was weiß ein Fisch von dem Wasser, in dem er sein ganzes Leben lang schwimmt?

Albert Einstein: *Mein Weltbild*[1]

Wir sind bewußte, wahrnehmende Wesen. Diese Prämisse der Zauberer aus der Linie des Don Juan[2] scheint auf den ersten Blick banal und enthüllt uns erst bei genauerer Betrachtung ihre eigentliche Bedeutung. Denn unsere Wahrnehmung ist als primäre Erkenntnisfunktion das einzige, was uns unmittelbar gegeben ist: Ich nehme wahr, also bin ich.

Zugleich stellt sich die Frage nach der Natur des Wahrgenommenen, einschließlich der Wahrnehmung unserer selbst – eine Frage von philosophischer Tragweite, bei der es um nicht weniger geht als darum, was jenseits des reinen Akts der Wahrnehmung real ist. Entspricht unsere Wahrnehmung einer Wirklichkeit, die wir unter Ausschluß ihrer selbst verifizieren können?

Diese Problematik hat seit Ende des 19. Jahrhunderts sowohl die Philosophie als auch die Naturwissenschaften beschäftigt. Erstere ist zu dem Schluß gekommen, daß unser Bewußtsein das einzige uns unmittelbar gegebene Sein ist und wir daher keine Chance haben, je zur *Welt an sich* vorzudringen.[3] Und letztere sind durch ihre neurophysiologische Forschung zu der Überzeugung gelangt, daß das, was wir gemeinhin Wirklichkeit nennen, eine Art Holographie in unserem Kopf ist: ein virtuelles Replikat der uns umgebenden Welt, das durch die komplizierte Verschaltung von unzähligen Rezeptoren, Synapsen und Nervenbahnen zustande kommt und in dem wir in nahezu Echtzeit mit anderen Wesen interagieren können, die ebenfalls in ihren holographischen Käfigen gefangen sind.

Die naive Auffassung, daß unsere Wahrnehmung die Welt unmittelbar in ihrer Wirklichkeit darstelle, ist also weder aus philosophischer noch aus naturwissenschaftlicher Sicht haltbar, wenn wir auch gemeinhin in dieser Vorstellung leben. Was aber jenseits der Wahrnehmungskäfige existiert, konnten weder Philosophie noch Naturwissenschaften näher ergründen.

Meist behilft man sich heute in dieser Hinsicht mit Abstraktionen der modernen Physik, welche die Welt als ein Kontinuum verschiedener Verdichtungsgrade von Energie beschreibt. Jene Energie reize je nach Form und Verdichtungsgrad unterschiedliche neuronale Rezeptoren, was letztlich zur Wahrnehmung führe. Offen bleibt hier jedoch die Frage nach dem wahrnehmenden Bewußtsein. Denn im Sinne der physikalischen Abstraktion sind auch wir selbst nichts anderes als eine komplexe Struktur verdichteter Energie, und es gehört nicht zu den Aufgaben der Physik, zu ergründen, wie sich eine Energiestruktur einer anderen Energiestruktur bewußt werden kann oder wie und warum Energie überhaupt Bewußtsein erlangen sollte.

Für den modernen Menschen stellt der gesamte Themenkomplex der Wahrnehmung und Bewußtheit offenbar trotz seiner zentralen Bedeutung immer noch unerforschtes Neuland dar, wohl vor allem, weil man die Erkenntnis der uns umgebenden Welt zu lange als selbstverständlich betrachtet hatte. Im Gegensatz dazu befaßten sich „die Menschen, die vor 7.000 bis 10.000 Jahren in der Neuen Welt lebten", laut Don Juan, „bereits intensiv mit Fragen des Universums und der Wahrnehmung, über die der moderne Mensch bislang nicht einmal nachzudenken gewagt hat".[4]

Durch ihr *Sehen* erkannten jene Pioniere der Bewußtseinsforschung, daß das Universum eine unendliche Ansammlung fadenförmiger Energiefelder ist, wobei sie Energie als etwas Lebendiges und Bewußtes beschrieben. Weiter fanden sie heraus, daß diese Energiefelder alles andere als statisch und unveränderlich sind – im Gegenteil, sie befinden sich in einem ständigen Fluß.

Den Erkenntnissen jener Seher zufolge ist auch der Mensch eine Ansammlung solcher Energiefelder, die – wie im Fall eines jeden anderen organischen Wesens – durch eine Hülle vom allgemeinen Strom der Energie abgegrenzt wird. Das spezifische

Energiekonglomerat Mensch erscheint dem Seher daher wie eine Art Kokon, eine leuchtende Kugel von der Größe einer Person mit seitwärts ausgestreckten Armen.

Auf der Rückseite der Kugel, etwa eine Armeslänge hinter den Schulterblättern, entdeckten sie einen Punkt von der Größe eines Tennisballs, der noch intensiver strahlte als der Rest des leuchtenden Kokons. Sie erkannten, daß in diesem Punkt, dessen Position für die gesamte Menschheit gleich ist, unzählige der Energiefasern, die das Universum als Ganzes bilden, zusammenlaufen und in Sinnesdaten umgewandelt werden. Ihre logische Schlußfolgerung war, daß dies offensichtlich der Ort ist, an dem die Wahrnehmung zusammengesetzt beziehungsweise „montiert" wird. Und aufgrund dieser Tatsache verliehen sie diesem Punkt den treffenden Namen *Montagepunkt.*

Sie erkannten ferner, daß der Montagepunkt nicht nur der Ort ist, in dem der Energiefluß des uns umgebenden Universums in Sinnesdaten umgewandelt wird, sondern auch der Ort, an dem diese interpretiert werden. Castaneda erklärt die Bedeutung dieser Erkenntnis:

> *„Don Juan Matus erklärte uns, daß wir Menschen als Organismen eine phantastische Leistung vollbringen, die der Wahrnehmung jedoch unglücklicherweise einen falschen Anschein verleiht; wir verwandeln den Einstrom reiner Energie in Sinnesdaten, welche wir wiederum anhand eines strengen Interpretationssystems deuten, das Zauberer die* menschliche Form *nennen. Dieser magische Akt der Interpretation reiner Energie erzeugt jenen falschen Anschein: unsere feste Überzeugung, daß unser Interpretationssystem bereits alles sei, was existiert."*[5]

Wenn wir zum Beispiel *Tomate* wahrnehmen, hat unser Montagepunkt bereits die unfaßbare Leistung vollbracht, ein Bündel faserförmiger Energiefelder in Sinnesdaten zu verwandeln, die für sich betrachtet spärlich sind: ein mattglänzendes, rotes, rundes Etwas. Erst unser Interpretationssystem macht daraus ein dreidimensionales solides Objekt namens *Tomate* und erschließt uns so eine Reihe weiterer Bedeutungen wie etwa, daß es sich um die eßbare Frucht eines aus Mittelamerika stammenden Nachtschattengewächses handelt; welche Vitamine und Inhaltsstoffe *Tomate* zu einem gesunden Nahrungsmittel machen oder zu welchen Gerichten sie sich als Beilage oder Zutat eignet.

All dies ist genaugenommen keine Wahrnehmung mehr, sondern ein Akt der Interpretation, ein Verleihen von Bedeutung, das der deutsche Philosoph und Phänomenologe Edmund Husserl *Intentionalität* genannt hat. Die Zauberer aus Don Juans Linie kennen einen vergleichbaren Ausdruck, das *Herbeirufen der Absicht*. In unserem Beispiel muß man erst die *Absicht von Tomate herbeirufen*, um den spärlichen Sinnesdaten Bedeutung zu verleihen. Erst dann kann man *Tomate* im buchstäblichen Sinne als solides Objekt begreifen und etwas mit ihr anfangen – indem man zum Beispiel die *Absicht des Kochens* herbeiruft und in einem komplexen Wechselspiel von Wahrnehmung, Interpretation und Aktion etwas zaubert, das man gemeinhin Tomatensauce nennt. Wobei die Rolle der eigentlichen Wahrnehmung im Sinne der Umwandlung von Energie in Sinnesdaten in diesem Spiel nur äußerst gering ist.

Castaneda betont, daß der Mensch „zu der Art von Organismen zählt, die nur einen minimalen Input im Sinne reiner Wahrnehmung brauchen, um ihre Welt zu erschaffen, bzw. gerade nur soviel wahrnehmen, um ihr Interpretationssystem in Gang zu halten“.[6]

Dies bedeutet, daß wir weit von der Wahrnehmung und noch weiter von der ihr zugrundeliegenden Energie entfernt sind. So reicht schon die Nennung des Zauberwortes *Bundestag*, um die entsprechende *Absicht* herbeizurufen. Und schon entsteht vor unserem inneren Auge die Szenerie: das Gebäude mit dem Bundesadler, der Plenarsaal mit seinen debattierenden Rednern und den gelangweilten Politikern in ihren Sitzreihen – ohne daß wir diesen Ort je physisch betreten haben!

Das Beispiel zeigt deutlich, wie wenig Input wir brauchen und wieviel wir daraus machen. Wir sind unserem Interpretationssystem, unserer Weltbeschreibung verfallen und haben die Welt an sich, die energetische Wirklichkeit, weitgehend aus den Augen verloren.

Bevor wir jedoch weiter auf Ursachen und Auswirkungen dieses Realitätsverlustes eingehen, wollen wir hier zunächst schildern, wie die Zauberer aus der Linie des Don Juan, die immerhin zur unmittelbaren Wahrnehmung von Energie und somit zur eigentlichen Wirklichkeit zurückgekehrt sind, unser Leben in seinen elementaren Regungen *sehen*. Beginnen wir beim Anfang: dem Moment, in dem ein neues Leben entsteht.

Für die Zauberer sind die Umstände der Zeugung eines neuen Wesens von größter Bedeutung, da hier der energetische Grundstein für dessen Leben gelegt wird. Dabei geht es ihnen nicht um die genetische Rekombination von mütterlichem und väterlichem Erbgut, die mehr oder weniger dem Zufall unterliegt, sondern um etwas, was dem modernen Menschen in den Interpretationswirren von biologischen Betrachtungen, soziologischen Mutmaßungen, primitiven Trieben, moralischen Werten und Unwerten völlig entgangen ist: Die Umstände unserer Zeugung bestimmen, wer oder was wir sind, wobei der Grad der sexuellen Erregung beider Eltern den wichtigsten Umstand darstellt.

Bei einem sexuellen Akt geraten energetisch *gesehen* sämtliche Energiefäden innerhalb der leuchtenden Kugeln der Sexualpartner in Erregung. Alles bereitet sich darauf vor, ein neues Wesen zu schaffen – ganz gleich, ob dies die bewußte Absicht der Partner ist oder nicht. Auch Verhütungsmittel ändern hieran nichts, und selbst bei der Masturbation wird derselbe energetische Prozeß eingeleitet, auch wenn er außer im Fall der künstlichen Befruchtung nicht zum Ziel führen kann. Wir sind uralte Wesen, deren energetische Mechanismen Millionen von Jahren vor der Erfindung der Pille oder der Verteufelung derselben durch den Papst entstanden sind. Es geht den Zauberern nicht um eine moralische Wertung modernen Sexualverhaltens, wenn sie behaupten, daß nur die starke sexuelle Erregung beider Eltern ein kraftvolles Kind hervorbringt. Don Juan erklärt:

„*Wenn im Moment der Zeugung keine Erregung vorhanden ist, wird das Kind, das einer solchen Vereinigung entstammt, diese Umstände innerlich widerspiegeln. Wenn zwischen den Partnern keine echte Erregung aufkommt und die Vereinigung etwa nur einem mentalen Verlangen entspringt, wird das Kind mit den Konsequenzen ihres Akts leben müssen. Die Zauberer behaupten, daß solche Kinder bedürftig, schwach, unsicher und abhängig sind. Der einzige Vorteil solcher Wesen ist, daß sie inmitten ihrer Schwäche außerordentlich beständig sind. Sie könnten ihr ganzes Leben lang denselben Job ausüben, ohne sich je nach einer Veränderung zu sehnen. Wenn sie in ihrer Kindheit ein gutes Vorbild haben, werden sie später meist sogar recht tüchtig, doch wenn ihnen ein solches Vorbild fehlt, finden ihr Leid, ihre Verwirrung und Unausgeglichenheit kein Ende.“*[7]

Leider sind die meisten von uns solche „bored fucks“, wie die Zauberer sagen: „langweilige Nummern“, bei hausbackenem Sex oder nach einer durchzechten Nacht bei einem obligatorischen Quickie gezeugt. Und so kommen wir dann auf die Welt: hausbacken, gelangweilt oder mit einem tauben Gefühl im Kopf – als hätten wir die Nacht durchzecht.

Schon während wir aufwachsen, haben wir ständig das nagende Gefühl, daß uns etwas fehlt, daß wir irgendwo zu kurz gekommen sind. Und so beginnen wir unsere Suche, die Jagd nach dem, was den inneren Mangel auszufüllen vermag. Die Suche nach Liebe, die Jagd nach Erregung. Der eine sucht den Kick in schnellem Sex, Drogen und Abenteuern, der andere in einer festen Beziehung, sozialer Sicherheit und beruflichem Erfolg. Und diejenigen, die davon bereits frustriert wurden oder sich der Vergeblichkeit all dieser Bemühungen bewußt geworden sind, suchen ihr „Heil“ nun vielleicht in Spiritualität und Religion, wobei das Motiv dasselbe bleibt: ein grundsätzlicher Mangel an Energie. Laut Don Juan suchen wir ein Leben lang nach der ursprünglichen Erregung, nach der Energie, die uns zu Beginn vorenthalten wurde.[8]

Besonders fatal wird die Suche, wenn sie sich auf das Naheliegende richtet und der Betreffende versucht, seinen Mangel durch Sex, Partnerschaft oder gar durch die Zeugung eigener Kinder auszugleichen. Denn jede sexuelle Betätigung und vor allem die tatsächliche Zeugung von Nachkommen kostet eine Menge Energie, was der ohnehin geschwächten Konstitution einer „langweiligen Nummer“ weiter abträglich ist. Um dies zu verstehen, müssen wir noch einmal zum Vorgang der Zeugung zurückkehren.

Bislang haben wir uns darauf konzentriert, was die Umstände der Zeugung für das entstehende Kind bedeuten, und gesagt, daß die Erregung der Eltern als Maß für die Energie des Abkömmlings gelten kann. Diese Energie stammt jedoch nicht aus einem kosmischen Pool für neue Erdenbürger, wie es uns einige Religionen weismachen wollen, sondern unmittelbar von den Eltern selbst. Oft können frischgebackene Eltern nach der Geburt eines Sprößlings deutlich spüren, daß irgendeine Verrücktheit von ihnen abgefallen ist, die sie bei genauer Betrachtung in ihrem Kind wiederfinden können. Die Nachkommenschaft nimmt den Eltern, wie die Zauberer sagen, einen großen Teil ihrer Energie, ihres *Schneids* und läßt sie mehr oder weniger „leer" zurück.[9]

Dies ist keine bloße Metapher, denn ein Zauberer kann deutlich erkennen, ob ein Mensch in energetischer Hinsicht vollständig ist. Im *Zweiten Ring der Kraft* erklärt la Gorda:

> „*Ein unvollständiger Mensch hat ein Loch im Bauch. Ein Zauberer kann das so klar* sehen, *wie du meinen Kopf siehst. Wenn das Loch sich auf der linken Seite befindet, dann ist das Kind, das dieses Loch verursachte, vom gleichen Geschlecht wie der Betreffende. Ist es auf der rechten Seite, ist das Kind vom anderen Geschlecht. Das Loch auf der linken Seite ist schwarz, das auf der rechten dunkelbraun.*"[10]

Diese Löcher im leuchtenden Kokon, in unserem Energiefeld sind gewöhnlich irreversibel und werden von Kind zu Kind größer. Dabei spricht die schwarze Färbung auf der linken Seite dafür, daß ein Kind gleichen Geschlechts den jeweiligen Elternteil mehr Energie kostet als ein Kind anderen Geschlechts (braunes Loch).

Der Verlust der Vollständigkeit hat natürlich auch Auswirkungen auf Verhalten und Gemütslage der Betreffenden. Allgemein werden Eltern durch ihren Nachwuchs ruhiger und ausgeglichener, was im Sinne der Natur einen Vorteil bei der Erziehung und Versorgung der Nachkommen darstellt. Andererseits bedeutet der Verlust der Vollständigkeit für einen „bored fuck" meist eine noch größere Verunsicherung, einen noch stärkeren Hang zur Abhängigkeit von anderen, was zu unhaltbaren sozialen Verhältnissen und großer emotionaler Not führen kann. Solche Eltern klammern sich oft an ihre Kinder, weil sie ihre eigene Energie möglichst nah bei sich spüren wollen und sich nur in der Anwesenheit ihrer Nachkommen vollständig fühlen. Sind diese Kinder darüber hinaus selbst „langweilige Nummern“, was in einer solchen Konstellation mehr als wahrscheinlich ist, schließt sich ein Teufelskreis der Energielosigkeit, der unsere moderne Gesellschaft heute weitgehend prägt.

Doch, wie bereits angedeutet, bewirkt nicht nur die Zeugung eines Kindes einen Energieverlust. Auch jede scheinbar noch so unbedeutende sexuelle Handlung kann energetisch *gesehen* bedeutende Folgen haben. Dabei spielt eine merkwürdige Nebenfunktion menschlicher Sexualität eine zentrale Rolle, die dafür sorgt, daß eine recht einseitige energetische Verbindung zwischen den Sexualpartnern entsteht. In Taisha Abelars *Die Zauberin* erklärt Clara ihrer verdutzten Schülerin:

> *„Männer hinterlassen bestimmte Energiestränge im Körper der Frau. Eine Art leuchtender Bandwürmer, die sich in ihrer Gebärmutter winden und Energie absaugen. Sie sollen sicherstellen, daß der Mann, der sie dort deponiert hat, ständig mit Energie versorgt wird. Diese Energiestränge, die nach dem Geschlechtsverkehr in der Frau zurückbleiben, sammeln und stehlen Energie in ihrem Körper, die dem Mann zugute kommt.“*[11]

Die Zauberer haben *gesehen*, daß der Mann bei der Ejakulation nicht nur Sperma in den Körper der Frau ergießt, sondern auch eine Art von leuchtenden Fäden, die der energetische Aspekt der Spermien sind. Diese sterben jedoch nicht wie deren physischer Aspekt ab, sondern nisten sich für die Dauer von sieben Jahren in der Gebärmutter ein und beginnen ihr Diebeswerk. Den Zweck dieser seltsamen Einrichtung erklärt Clara so:

> *„Von der Natur ist dieser Prozeß so geplant, daß die Frau den Mann durch die Energiefäden, die er in ihrem Körper zurückgelassen hat, energetisch ernährt, so daß er auf geheimnisvolle Weise von ihr abhängig wird. Das zeigt sich auch im äußeren Verhalten des Mannes, der immer wieder zur gleichen Frau zurückkehrt, um sich seine Versorgungsgrundlage zu erhalten. So sorgt die Natur dafür, daß Männer dauerhaftere Verbindungen zu Frauen knüpfen, als für das unmittelbare Bedürfnis der sexuellen Befriedigung nötig wäre.*

Die Energiefasern, die in der Gebärmutter der Frau zurückbleiben, verschmelzen auch mit der energetischen Anlage des Kindes, wenn es zu einer Befruchtung kommt. Das ist wohl auch die eigentliche Grundlage der sogenannten Familienbande, denn die Energie des Vaters verbindet sich mit der des Fötus, und dadurch spürt der Vater, daß dies sein Kind ist."[12]

Diese Offenbarungen mögen viele Leserinnen und Leser schockieren, zumal man gemeinhin eher mit der billigen Vorstellung abgespeist wird, Sex sei ein fairer Austausch von Energie. Doch die Gesetze der Natur sind alles andere als fair und ihre Einrichtungen sicher nicht human oder moralisch. Der Natur geht es ausschließlich um den Fortbestand der Spezies, und da die Frauen die eigentlichen Ecksteine der Fortpflanzung darstellen, tragen sie energetisch gesehen die größere Last. Sie sind es, die neues Leben in die Welt setzen und den Nachwuchs hegen, und sie sorgen auf energetischer Ebene außerdem noch dafür, die Rolle des Mannes in diesem Prozeß zu sichern.[13]

Wer dies für allzu abwegig hält, mag vielleicht einmal darüber nachdenken, welche Funktion das Jungfernhäutchen erfüllt, das man außer beim Menschen nur bei einigen anderen Säugetieren mit sozialer Gruppenstruktur – zum Beispiel bei Menschenaffen und Huftieren – findet. Wieso sorgt die Natur dafür, daß der erste Geschlechtsverkehr für eine Frau schmerzhaft und somit angstbesetzt ist? Sicher nicht, um einem vorehelichen Beischlaf vorzubeugen, doch im Verständnis der Zauberer wäre es durchaus sinnvoll, wenn Mädchen in ihrer Jugend vor allzu frühen energetischen Verlusten und Bindungen, die im Sinne der Fortpflanzung überflüssig sind, bewahrt werden sollen.

Insofern teilen die Zauberer aus Don Juans Linie auch keineswegs die Euphorie der Frauenbewegung der 68er-Generation, wenn es um die „sexuelle Emanzipation der Frau" oder die sogenannte „sexuelle Revolution" geht. Florinda Donner-Grau rekapituliert den Standpunkt ihrer Lehrerinnen:

„*Für sie war das Ergebnis der sexuellen Revolution und der sexuellen ‚Befreiung' der Frau, daß die Frauen dadurch in gewisser Weise noch stärker in die Sklaverei gerieten, weil sie plötzlich energetisch nicht mehr nur einen einzigen Mann durchfüttern mußten, sondern gleich mehrere Männer auf einmal.*

Die wenigen Frauen, mit denen ich im Rahmen meiner Vorträge darüber gesprochen habe, haben dem voll zugestimmt. Dabei hatte ich zunächst befürchtet, mit diesem Thema auf Schwierigkeiten zu stoßen. Aber gerade die Frauen, die im Prozeß dieser sogenannten ‚Befreiung' viele Liebhaber gehabt haben, sagten, daß sie völlig erschöpft seien, ohne zu wissen, warum.«[14]

Bedauerlicherweise gibt es nur einen natürlichen Ausweg aus dieser Situation: Eine Frau muß den Geschlechtsverkehr mit Männern sieben Jahre lang vollständig meiden, um ihre lästigen Untermieter loszuwerden. Denn nach dieser Zeit verblassen die Würmer und sterben. Doch auch dies ist leichter gesagt als getan, weil gewisse Mechanismen verhindern sollen, daß dies geschieht. Clara erklärt:

„Das Elend mit diesen Würmern ist, daß die ganze Armada – vom ersten Mann, den die Frau je gehabt hat, bis zum letzten – gerade gegen Ende der sieben Jahre in helle Aufregung gerät und die Frau dadurch einen unwiderstehlichen Drang nach Geschlechtsverkehr bekommt. Prompt werden sämtliche Würmer wieder quicklebendig und ernähren sich weitere sieben Jahre von der leuchtenden Energie dieser Frau. Ein endloser Kreislauf.«[15]

Manche Frau durchbricht diesen Teufelskreis vielleicht im vorgerückten Alter, wenn das sexuelle Interesse nachgelassen hat oder der Partner verstorben ist. Manchmal setzt auch eine Hysterektomie (Entfernung der Gebärmutter) dem Energieverlust ein Ende, was das sichtliche Aufblühen vieler Frauen nach einem solchen Eingriff zu erklären vermag.[16] Doch für die meisten Frauen endet die energetische Ausbeutung, auf deren soziale Aspekte wir später noch eingehen werden, erst mit ihrem Tod.

Damit sind wir von unseren energetischen Anfängen über unbekannte Aspekte von Sex und Fortpflanzung zum Ende gelangt, das in der Welt der Energie von ebenso fundamentaler Bedeutung ist wie die Zeugung: der Tod. Und auch hier konfrontieren uns die Zauberer mit erstaunlichen Einsichten, zu denen sie durch ihr *Sehen* gelangt sind. Auf einige wollen wir hier abschließend eingehen, weil sie unmittelbar mit der Energie zu tun haben, die uns zu dem macht, was wir sind: unser *Schneid*, den wir bei der Zeugung von unseren Eltern erhalten haben.

Zum Verständnis muß vorausgeschickt werden, daß die Zauberer aus der Linie des Don Juan weder an Reinkarnation noch an eine dauerhafte Fortexistenz eines individuellen Bewußtseins nach dem Tode glauben, weil sie *sehen* können, daß der Montagepunkt während des Sterbens schnell verblaßt und unwiederbringlich erlischt. Mit seinem Leuchten schwindet auch das individuelle Bewußtsein und die Wahrnehmung all dessen, was wir als Wirklichkeit gekannt haben.

Dennoch ist der Tod keineswegs der schnelle Prozeß, für den man ihn halten könnte, da es unter Umständen sehr lange dauert, bis sich all die Energiefasern, aus denen wir zusammengesetzt sind, voneinander lösen und im allgemeinen Strom der Energie verteilen. Diese Fasern besitzen ihre eigene Bewußtheit, was viele der Mißverständnisse zu erklären vermag, die in bezug auf Tod und Sterben verbreitet sind, so auch die Idee der Reinkarnation oder die Vorstellung eines ewigen Lebens.

Natürlich existieren all die bewußten Fasern, aus denen wir bestehen, nach unserem Tod fort und können unter Umständen auch wieder zu einem oder mehreren neuen Wesen rekombiniert werden. Doch unsere soziale Person, unser individuelles Bewußtsein, das „Ich“, an dem wir so sehr hängen, verschwindet unwiderruflich mit dem Verlöschen des Montagepunktes, was oben genannte Ideen in einem ganz anderen Licht erscheinen läßt. Allein unsere ursprüngliche Energie, der Schneid, den wir bei der Zeugung von unseren Eltern erhalten haben, kehrt unverändert und in einem Stück zu seinen Gebern zurück. Vorausgesetzt, daß sie noch leben und der Verstorbene selbst keine Kinder hat.

Der Schneid folgt nämlich gewissen Regeln, die dafür sorgen, daß die Energie dorthin gelangt, wo sie im Sinne der Fortpflanzung am meisten benötigt wird. Priorität haben dabei die eigenen Nachkommen, und zwar zunächst die, welche selbst noch keine

Kinder haben. Dann folgen Eltern, Geschwister und andere Angehörige nach dem Grad biologischer Verwandtschaft. Als weiteres Kriterium gilt die Energie der Anwärter, denn Kraft sucht Kraft, wie die Zauberer sagen. Und eine Aufteilung des Schneids kommt außer im Fall der Rückgabe an die Eltern nicht vor.

Hat der Verstorbene beispielsweise drei Kinder, von denen zwei selbst keine Nachkommen haben, geht sein Schneid auf das „vollständige" Kind mit der meisten Energie über. Hat er keine Kinder, geht er zurück an die Eltern oder, wenn diese nicht mehr leben, an eines seiner Geschwister oder andere Anverwandte, wobei auch hier Vollständigkeit und Energie über den Empfänger entscheiden.

Wer immer den Schneid eines Verstorbenen erbt, erhält einen starken Energieschub, der nur mit dem ursprünglichen Impuls im Moment der Zeugung vergleichbar ist – wie grausam dies auch klingen mag. Es ist die Aussicht auf eine zweite Chance, vor allem, wenn wir uns der energetischen Fakten bewußt sind und die neugewonnene Energie nicht gleich wieder im Sinne der Natur zur Fortpflanzung nutzen. Für eine „langweilige Nummer" mag der Tod eines Verwandten – ironischerweise meist der eines Elternteils – sogar die einzige Gelegenheit sein, auf natürliche Weise an das zu gelangen, was ihr zu Beginn vorenthalten wurde: Energie.

6. Grosse Affen, arme Babys

Da saßen sie nun, den Flöhen entflohn,
in zentralgeheizten Räumen.
Da sitzen sie nun am Telefon.
Und es herrscht noch genau derselbe Ton
wie seinerzeit auf den Bäumen.
Erich Kästner[1]

Es gibt ein Leben vor dem Tod. Doch leider, so sagen die Erben des Don Juan, ist es für die meisten von uns bereits vorherbestimmt – nicht etwa durch irgendeine Form von Schicksal, sondern durch die Kräfte unseres Interpretationssystems, unserer Weltbeschreibung. Diese ist nämlich alles andere als individuell: Im Zusammenspiel mit anderen Menschen halten wir eine soziale Ordnung aufrecht, welche die Drehbücher für unser aller Leben festlegt, wobei dem einzelnen nur sehr wenig Raum für Abweichungen vom kollektiv bestimmten Konsens bleibt.[2]

Das typische Strickmuster eines solchen Drehbuchs ist ausgesprochen einfach: Wir werden geboren und augenblicklich als Mitglieder einer bestimmten Gesellschaft erfaßt. Zunächst kümmern sich unsere Eltern – meist die Mütter – um uns, welche die Rolle von ersten Platzanweisern übernehmen. Das bedeutet, daß sie die ersten sind, die uns in das jeweils gültige Interpretationssystem einführen und uns so einen Platz in Welt und Gesellschaft anweisen. Im Sinne der Zauberer bedeutet es darüber hinaus, daß sie es sind, die unseren Montagepunkt an einen bestimmten Ort lenken und uns beibringen, ihn nach und nach selbständig dort zu halten. Wir lernen, den allgemeinen Konsens als einzig reale Welt wahrzunehmen, zu interpretieren und aufrechtzuerhalten.

Auf diese Phase der Grundsozialisation, in der wir vor allem Sprechen lernen, folgt in unserer modernen Welt ein institutionalisiertes

System, welches eine normierte Feinabstimmung unserer Montagepunktposition und des zugehörigen Interpretationssystems vornimmt und so aus einem staunenden Kind ein willfähriges und funktionierendes Glied einer Gesellschaftsmaschinerie macht. Dabei führt der Weg über die professionellen Platzanweiser in Kindergärten und Schulen in eine Berufsausbildung. Erst dann – denn bis dahin sind meist zwanzig Jahre vergangen – werden wir in die „harte Alltagswelt" entlassen und selbst zu Trägern des Systems, in das wir hineingeboren wurden.

Weniger institutionalisiert ist ein anderer großer Bereich der sozialen Ordnung, in dem es um Sexualität, Partnerwerbung, Familiengründung und Fortpflanzung geht: die sogenannte Intimsphäre. Auch hier legen zunächst die Eltern den Grundstein, indem sie uns in die jeweilige Geschlechterrolle einweisen, die wir später meist unreflektiert übernehmen und im Wechselspiel mit anderen geringfügig modifizieren. Wenn die Gesellschaft in diesem Bereich auch nicht so offensichtlich eingreift wie im Fall der beruflichen Entwicklung, beschränken auch hier zahlreiche geschriebene und ungeschriebene Regeln des Konsens die Freiheit des Individuums, welches sich innerhalb der engen Grenzen gesellschaftlicher Erwartungen zu bewegen lernt.

Für unser Drehbuch bedeutet dies, daß man idealerweise gegen Ende der Berufsausbildung einen standesgemäßen Partner des anderen Geschlechts findet, mit dem man eine Familie gründet und den Kreislauf von neuem beginnt. Man zeugt Kinder, sorgt sich um deren Entwicklung, den eigenen beruflichen Erfolg und arbeitet brav für ein Eigenheim, den nächsten Urlaub, Hobbys und andere Belohnungen – und nicht zuletzt für eine angemessene Rente oder Altersversorgung.

Wenn die Zeit dafür gekommen ist, befinden wir uns meist schon im vorgerückten Alter, leiden unter körperlichen und geistigen Gebrechen, die uns das Leben schwermachen. Und da wir seit unserer Kindheit nie irgend etwas wirklich selbst gemacht und im monotonen Arbeitsalltag jegliche Flexibilität verloren haben, ist es uns nun nahezu unmöglich geworden, etwas Neues zu beginnen. So schlägt man die Zeit mit den Banalitäten der Unterhaltungsindustrie tot oder tröstet sich mit den Belohnungen unserer Konsumgesellschaft, bis Freund Hein ein Einsehen hat und unsere nutzlose Existenz beendet.

Dies mag zynisch klingen, doch nur, wenn man innerlich von der Unausweichlichkeit dieses Szenarios überzeugt ist und dieses Drehbuch als die einzig realistische Umgangsform mit der uns umgebenden Welt betrachtet. Den Zauberern zufolge entspricht es jedoch nur einer von unzähligen Möglichkeiten, einer einzigen Position des Montagepunkts – und das ist das wirklich Schlimme daran. Wir sterben, ohne auch nur einen Blick auf die unendlichen Weiten unserer eigenen Möglichkeiten getan zu haben. Und unser einziger Trost ist, daß auch unsere Eltern dumm gestorben sind und unsere Kinder wahrscheinlich genauso dumm sterben werden. Darin besteht der eigentliche Zynismus, der ein Produkt unserer sozialen Ordnung ist.

Zum Glück ist dieses Los nicht unabänderlich, die Position des Montagepunktes nicht ganz so fest, wie wir gemeinhin glauben. Die soziale Ordnung erweckt nur den falschen Eindruck, daß diese Position – unsere Alltagswelt – auf der Wahrnehmung der Wirklichkeit, auf konkreter Erfahrung und daraus abgeleiteten Inhalten beruhe. Wir haben aber bereits gezeigt, daß es sich dabei weniger um Wahrnehmung, sondern vielmehr um Interpretation handelt. Insofern sind auch die abgeleiteten Erfahrungen und Einsichten lediglich Produkte unserer Interpretation, wie real sie uns auch erscheinen mögen.

Laut Castaneda beruht die Stabilität der Alltagswelt, unsere kollektive Montagepunktposition, lediglich auf drei energetischen Pfeilern, die er die *Ecksteine der Alltagswelt* nennt: 1. die Präsentation und Verteidigung des Selbst; 2. der biologische Imperativ zur Paarung und Fortpflanzung; 3. der Eigendünkel. Diese drei Punkte sind ausgesprochen eng miteinander verknüpft und bilden so die Kulisse, vor der sich das Drama unseres Alltags abspielt. Wir wollen sie hier zunächst getrennt untersuchen, um ihre Fäden ein wenig zu entwirren.[3]

1. Die Präsentation und Verteidigung des Selbst

Im Alltag setzen wir einen Großteil unserer Energie dafür ein, uns selbst zu präsentieren und zu verteidigen. Es geht dabei vor allem darum, wie wir in unser soziales Umfeld hineinpassen, welche

Position wir besetzen, welche Rolle wir spielen und welche Tricks wir benutzen, um diese aufrechtzuerhalten.

Letztlich handelt es sich um ein uraltes Thema, das wir in vergleichbarer Form bei all unseren Verwandten im Tierreich antreffen. Jede Affengruppe hat ihr soziales Gefüge, in dem der beständige Kampf um eine Position in der Hierarchie eine zentrale Rolle einnimmt, wobei diese vom Grad der Zuwendung und des Respekts bestimmt wird, die dem betreffenden Individuum von den anderen Gruppenmitgliedern entgegengebracht werden. Es ist ein ständiges Ringen um Aufmerksamkeit, in dem alle nur denkbaren Tricks und Mittel erlaubt sind und auch zur Anwendung kommen: physischer Streit, Kraftdemonstrationen und Drohgebärden, kindliche Beschwichtigungsgesten, sexuelle Übergriffe und Offerten, Bestechung durch Leckerbissen und Nahrung sowie auch gegenseitige Fellpflege und Intimität. All diese Mittel sind uns auch aus dem menschlichen Verhaltensrepertoire wohlbekannt.

Ein Beispiel: In einer Affengruppe wird das soziale Gefüge vor allem durch gegenseitige Fell- und Körperpflege aufrechterhalten. Das Lausen erfüllt somit nicht nur eine nützliche, sondern auch eine soziale Funktion, die bei uns Menschen die eigentliche Wurzel des Bedürfnisses nach Intimität bildet. Wir suchen meist gar keinen Sex, wenn wir dieses Bedürfnis verspüren, sondern Aufmerksamkeit, die in Streicheln und Liebkosungen ein Gegenstück zur sozialen Fell- und Körperpflege der Affen findet – oder zumindest finden könnte, wenn uns die Grenzen zwischen Sex und Intimität klar wären.

Diese sind für uns im Laufe der Entwicklung der Zivilisation sehr undeutlich geworden, weil sie von religiösen und kulturellen Dogmen überlagert wurden, so daß wir heute recht armselige Wesen sind, die nur noch Kindern den Vorzug unmittelbarer Intimität zugestehen. Der erwachsene Mensch hat sie gegen verbale Ersatzhandlungen getauscht, die von modernen Verhaltensforschern „Putzgespräche" genannt werden. Dabei handelt es sich um den allgegenwärtigen Smalltalk, der keinem anderen Zweck dient, als sich selbst zu präsentieren, Aufmerksamkeit auszutauschen und auf diese Weise ein soziales Gefüge zu etablieren oder zu festigen.[4]

Ein Affe, der im Aufmerksamkeitsspiel erfolgreich ist und viel Zuwendung in Form sozialer Körperpflege erhält, ist natürlich auch an einer entsprechend guten Fellkondition zu erkennen. Diese ist ein Prestigemerkmal bei allen Primaten, und auch der Mensch macht da keine Ausnahme. Er imitiert den vermeintlichen Putzerfolg durch saubere und adrette Kleidung, durch Make-up und Styling und läßt sich mitunter auch putzen, massieren und frisieren. Auch wenn Fell- und Körperpflege heute im Rahmen einer bezahlten Dienstleistung genossen werden, stellen sie immer noch ein wichtiges Prestigemerkmal dar, das wir modernen Affen in Form von gestyltem Haar, gepflegter Haut und sauberer Kleidung zur Schau tragen. Ja, selbst unsere Wohnung, unser Auto und unsere Haustiere müssen glänzen, damit jeder erkennt, wie gut es uns geht, wie weit wir es in der Affenhierarchie gebracht haben.

Natürlich will eine solche Position in der Hierarchie verteidigt sein, auch wenn unsere Stellung anders als bei unseren Affenverwandten meist durch Lug und Betrug erreicht wurde. Wir wittern überall Neider und Konkurrenten, und jeder Leser weiß aus eigener Erfahrung, was wir nicht alles tun, um unsere kleine Rolle im Affentheater der Alltagswelt nicht an irgendeinen Rivalen abtreten zu müssen.

Unser natürliches Erbe zwingt uns, wie dieses Beispiel zeigt, zu geradezu drolligen Kapriolen, wenn wir uns seiner nicht bewußt werden und weiter auf einer Zwischenstufe der Evolution verharren, in der wir weder Mensch noch Affe sind. Dies gilt auch für den Bereich von Paarbildung und Sexualität, auf den wir nun näher eingehen wollen.

2. Der biologische Imperativ zur Paarung und Fortpflanzung

Der zweite Eckstein, der unsere Energien bindet und auf die Welt des Alltags zentriert, ist von seinen Ursprüngen her sogar noch älter als der erste. Der biologische Imperativ zur Paarung und Fortpflanzung ist so alt wie die Geschlechtlichkeit selbst und könnte auch als natürlicher Trieb zur Arterhaltung bezeichnet werden. Bei uns Menschen hat er jedoch komplexe Formen angenommen, die über eine bloße Triebbefriedigung und die Funktion der Reproduktion hinausgehen.

Da ist zum Beispiel unsere ständige Suche nach Partnerschaft, wenn wir nicht bereits in einer solchen leben, die unmittelbar durch den biologischen Imperativ bedingt ist, auch wenn wir es gerne anders interpretieren. Die meisten Menschen – und vor allem die „langweiligen Nummern“ – leben im falschen Glauben, daß ihnen ein Partner zur Erfüllung fehle oder dieser sie zur Erfüllung führen könne, während sie tatsächlich zwei Dinge vermengt haben: ihr grundlegendes Gefühl des Mangels an Energie, das zu jener ominösen Suche nach Erfüllung führt, und den biologischen Impuls, der sie zur Suche nach einem geeigneten Partner für die Fortpflanzung und zur Gründung einer Familie treibt.

„Die Sicherheit der Familie ist einer der stärksten Anziehungsfaktoren der sozialen Ordnung“, sagt Taisha Abelar, „denn es existiert eine schreckliche Angst davor, allein zu sein, allein zu sterben.“[5] Womit sie zum Ausdruck bringt, daß wir Menschen echte soziale Wesen sind, Herdentiere, die sich nur in der Gruppe geborgen fühlen. Dieser Zug gehört ebenfalls zu unserem Primatenerbe und verweist darauf, daß wir immer noch Affen sind, die sich schutzsuchend im Kreis der Familie scharen, was im Laufe unserer Entwicklungsgeschichte für den Erhalt unserer Art unabdingbar war. Nur im Schutz der Sippe konnte der Nachwuchs sicher geboren und großgezogen werden, und auch für das erwachsene Individuum bot nur ihre Gesellschaft die Sicherheit, die ein nackter Affe ohne kräftige Krallen, Klauen oder Reißzähne in einer feindlichen Natur dringend benötigte.

In den Begriffen der Zauberer konnte diese Sicherheit jedoch nur dadurch gewährleistet werden, daß innerhalb der Gruppe eine genaue Abstimmung aufeinander, ein Konsens geschaffen wurde, dessen Unverbrüchlichkeit für jedes Mitglied zum höchsten Gebot wurde. Auf diese Weise entstand eine erste soziale Ordnung, deren Zweck es war, eine einheitliche Position des Montagepunktes zu sichern und so eine gemeinsame Welt zu schaffen, die ihren Bewohnern Orientierung und Halt bot: ein einfacher Vorläufer unserer heutigen Alltagswelt.

Was damals nötig und richtig war, könnte uns heute jedoch zum Verhängnis werden. Denn aufgrund unseres gemeinsamen Erbes hängen wir an einer anachronistischen sozialen Ordnung, die für das Überleben unserer Urahnen unerläßlich war, uns aber den Zugang zu neuen Erfahrungen versperrt, die gerade in der heutigen Lage für unser aller Überleben wichtig sein könnten.

Dabei führt uns das falsche Gefühl der Sicherheit in die Irre, das uns die Alltagswelt bietet. Wir verhalten uns wie gewisse Wühlmäuse, die bei einem Wolkenbruch Schutz in ihren unterirdischen Bauten suchen, welche sie sonst immer vor Unheil bewahrt haben, aber nun zu Todesfallen werden. Auf ähnliche Weise folgen wir blind einem illusorischen Gefühl der Sicherheit, einer Art Echo aus unserer Entwicklungsgeschichte, sehen jedoch nicht, daß es an der Zeit ist, der irrationalen Angst zu trotzen, welche die Erfahrung des Unbekannten mit sich bringt.

Wir müssen begreifen lernen, daß die Erfahrung des Neuen, die Verschiebung des Montagepunktes nur deshalb ein Gefühl der Panik und der Angst auszulösen vermag, weil wir damit das höchste Gebot der Unverbrüchlichkeit des Konsens verletzen, uns aus der sozialen Ordnung auskoppeln und dadurch den Schutz der Gruppe einbüßen. Unsere Instinkte sagen uns, daß dies eine unmittelbare Gefahr für unser Leben bedeute: Wir reagieren mit Todesangst, ganz gleich, ob „da draußen" – in einer anderen Position des Montagepunktes – eine echte Gefahr oder die Chance unseres Lebens wartet.

Doch selbst wenn wir bereit sind, der Angst zu trotzen, die Sicherheit der Familie und den Halt der sozialen Ordnung um der Erkundung einer potentiellen Chance willen auch nur für einen Moment zu verlassen, gibt es noch einen dritten Punkt, der unsere Alltagswelt an ihrem Platz hält und der ausgesprochen eng mit den hier diskutierten Mechanismen verbunden ist: den Eigendünkel, von dem die Zauberer sagen, daß er der subtilste Eckstein der Alltagswelt sei.[6]

3. Der Eigendünkel

„Ein dritter und energetisch besonders aufwendiger Punkt ist die eigene Wichtigkeit", sagt Castaneda. „Wir alle akzeptieren die Vorstellung von unserer eigenen Wichtigkeit, Besonderheit und Einzigartigkeit, ohne sie je ernsthaft zu hinterfragen oder genauer zu untersuchen."[7] Wobei wir zunächst herausfinden wollen, was er eigentlich meint, wenn er von „eigener Wichtigkeit" spricht.

Er meint das alltägliche „*ich, ich, ich*": „Was hat das mit *mir* zu tun? Meint der etwa *mich*? Wieso gerade *ich*? Was soll *ich* damit anfangen? Was habe *ich* davon?" Diese und unzählige vergleichbare Sorgen schwirren uns ständig im Kopf herum und konstituieren so einen ziemlich langweiligen inneren Dialog, der immer um dasselbe Zentrum kreist: unser hochgeschätztes, zerbrechliches und schnell beleidigtes Ego, welches wir alle auf die eine oder andere Weise für das Zentrum des Universums halten.[8]

Und auch in diesem Fall hat alles ganz harmlos angefangen: im ursprünglichen Selbsterhaltungstrieb eines jeden Wesens und mit der einfachen Tatsache, daß Wahrnehmung stets aus einem Zentrum heraus geschieht. Dies war so lange unproblematisch, bis sich die Wahrnehmung auf sich selbst richtete und in einem Akt der Selbstreflexion eine Ich-Vorstellung hervorbrachte, die das wahrnehmende Individuum von der wahrgenommenen Welt unterschied. Alle eingehenden Sinnesdaten wurden von nun an in bezug auf einen potentiellen Nutzen oder eine mögliche Gefahr für das „Ich" gedeutet, was ein Interpretationssystem entstehen ließ, das sich im Laufe der Menschheitsgeschichte mehr und mehr verselbständigte.

Dabei war das „Ich" gewissen Irrtümern aufgesessen, die sich aus seiner zentralen Beobachterposition wie von selbst ergaben. Da sich alle eingehenden Daten in bezug auf das „Ich" deuten ließen, mußte die ganze Welt auf das „Ich" bezogen sein. Ein Trugschluß, der mit dem mittelalterlichen Glauben, daß die Erde der Mittelpunkt des Universums sei, zu vergleichen ist. Vom Standpunkt des Beobachters auf der Erde scheint dies ja auch so zu sein: Sonne, Mond und Sterne kreisen in scheinbar festen Bahnen um uns, wenn wir unsere Beobachterposition als ruhenden Mittelpunkt wähnen.

Heute ist jedem klar, was für Kopernikus und seine Zeitgenossen eine revolutionäre Wende bedeutete: Die Erde ist nicht der Mittelpunkt des Universums, sondern ein Satellit der Sonne. Doch in unseren innersten Gefühlen dreht sich nach wie vor alles um uns selbst. Der Mensch sieht sich insgeheim immer noch als Krone der Schöpfung, und wir selbst halten uns auf die eine oder andere Weise für ein ganz besonderes Exemplar der Gattung Mensch.

Dabei spielt es keine Rolle, ob unser Eigendünkel positiver oder negativer Natur ist. Der Glaube, ein Versager zu sein, ist genauso eine Ausformung der eigenen Wichtigkeit wie die Überzeugung, der Beste zu sein. Selbstüberschätzung, Größenwahn, Überheblichkeit und Narzißmus sind in ihrer Grundmotivation mit Selbstmitleid, Minderwertigkeitsgefühlen, Büßer- und Märtyrerkomplexen identisch. All diese Regungen setzen voraus, daß der eigenen Person zu große Bedeutung beigemessen wird – zu groß jedenfalls, um den alltäglichen Wahnsinn zu rechtfertigen, der aus ihnen hervorgeht.

Der Eigendünkel setzt uns Scheuklappen auf, welche die Welt auf egoistische Interessen reduzieren und uns nur das sehen lassen, was unmittelbar auf die eigene Person bezogen ist. Nur so ist zu erklären, wie wir es fertigbringen, Natur und Mitmenschen schamlos auszubeuten, uns jedoch zur selben Zeit über die Zerstörung der Umwelt, soziale Mißstände und den allgegenwärtigen Egoismus zu beklagen. Wir sind gemeinhin unfähig, die Welt und auch uns selbst vorurteilsfrei zu betrachten und so zu einer Sicht der Dinge zu gelangen, in der wir – was ja meist tatsächlich der Fall ist – *keine* bedeutende Rolle spielen. Und der gesellschaftliche Konsens fördert diese partielle Blindheit, wie Castaneda sagt, um uns in den Grenzen der Alltagswelt zu halten:

> *„Die Vorstellung von der eigenen Wichtigkeit wird uns von der sozialen Ordnung eingepflanzt, um uns mittels Belohnung und Bestrafung im Rahmen ihrer Regeln und Grenzen zu halten. Dabei kümmert sie sich jedoch einen Dreck um das Individuum. Die soziale Ordnung ist nicht am Individuum, sondern nur an der Aufrechterhaltung ihrer Regeln und Gebote interessiert."*[9]

Diese Aussage führt uns zu der Verknüpfung der Ecksteine der Alltagswelt zurück und zeigt uns zum Beispiel, wieso öffentlicher Beifall und soziale Bestätigung uns nicht nur im Sinne des Aufmerksamkeitsspiels korrumpieren, sondern auch einen gewissen „Kick" auslösen, der wie eine Droge wirkt. Die Bestärkung der eigenen Wichtigkeit empfinden wir als stimulierend, während ihre Entkräftung als Demütigung empfunden wird, die zu echten Entzugserscheinungen führt. Also präsentieren wir uns selbst, wo immer wir können, um nach Aufmerksamkeit und Bestätigung zu heischen, und produzieren im Wettstreben mit anderen einen Reigen der Eitelkeiten, einen Teufelskreis der Konkurrenz, der die Bedingungen unserer Alltagswelt aufrechterhält.

Dabei hat ein jeder von uns einen besonderen Trick, eine eigene Art der Selbstdarstellung, mit der wir um Aufmerksamkeit und Partner werben und durch die wir unsere eigene Wichtigkeit bestärken. Diese Tricks sind laut Don Juan mehr oder weniger zeitspezifisch, weil sich die meisten von uns der gleichen Maschen und Kniffe bedienen. Taisha Abelar resümiert:

> *„Jede Epoche ist durch das charakterisiert, was Don Juan die* Modalität der Zeit *nannte: ein bestimmtes Muster von Ideen, ein kultureller Ethos. Die Modalität unserer Zeit ist das, was wir im Fernsehen sehen und in unseren Büchern und Zeitschriften lesen. Wir werden ständig mit bestimmten Themen und Ideen bombardiert, an die wir uns zu halten haben. Die Zauberer nennen diesen Ethos unserer Tage das* Ich-armes-Baby-Syndrom, *weil jeder da draußen von dem Lebensgefühl dominiert wird, ein hilfloses Geschöpf zu sein.“*[10]

Und so verwenden die meisten von uns den Trick des „armen Babys“ in ihrer Selbstdarstellung, indem sie das Opfer mimen und so die Aufmerksamkeit und Zuwendung anderer einfordern. Wir appellieren an den natürlichen Pflegeinstinkt für hilflose Kinder, an das Mitleid für die Schwachen und schaffen so eine Welt, die vom Zeitgeist regressiver Schwäche und dem zugehörigen Opfer-Täter-Schema dominiert ist.

Wir müssen uns nur einmal bewußt ansehen, was uns in den Medien präsentiert wird. So werden wir zum Beispiel im Fernsehen mit einer Flut von negativen Nachrichten überschwemmt: Unfälle und Katastrophen, Gewalt und Verbrechen, Mord und Totschlag, Krieg und Revolutionen bestimmen das Programm. Und auch die beliebten Boulevardsendungen und Magazine stimmen in den Tenor ein, indem sie uns mit den alltäglichen Schrecken konfrontieren: Ehescheidungen, Familientragödien, Nachbarschaftskriege gehören ebenso zum festen Repertoire wie Umweltskandale, verseuchte Nahrungsmittel, unheilbare Krankheiten, rätselhafte Epidemien und Kindesmißbrauch.

Unser übersteigertes Interesse an diesen Dingen macht deutlich, wie sehr wir uns mit der Opferrolle identifizieren und daß unser Mitleid letztlich nichts anderes als Selbstmitleid ist. Gesellschaft und Individuum sind von negativer eigener Wichtigkeit geprägt, was in Gefühlen der Entbehrung und Benachteiligung seinen Ausdruck findet. Diese Gefühle entstammen aber weniger den angeprangerten gesellschaftlichen Mißständen, auf die wir sie gerne zurückführen, sondern dem bereits erwähnten Mangel an Energie, der Tatsache, daß die meisten von uns „langweilige Nummern" und damit im wahrsten Sinne des Wortes „energie-arme Babys" sind.

Als solche sind wir natürlich nicht bereit, die Verantwortung für unsere Situation zu übernehmen und aktiv etwas zu ändern. In unserer regressiven Mentalität erwarten wir diese Veränderung von den Institutionen, die die Rolle unserer Eltern übernommen haben, sei es der Staat, die Kirche oder irgendeine andere Vereinigung, der wir angehören. Und wie ein Kind erwarten wir, daß unserem Leiden sofort Abhilfe verschafft wird – ein weiteres regressives Merkmal unserer Zeit, welches die Zauberer *Instant-Befriedigungs-Syndrom* nennen. Wir suchen die sofortige Befriedigung all unserer Wünsche, die sich am besten gleich auf Knopfdruck erfüllen sollen.

Und so produzieren sämtliche Industriezweige unserer schönen, neuen Babywelt Produkte, die auf unsere kindlichen Bedürfnisse abgestimmt sind, vom Instantkaffee zum Fastfood, von der selbstreinigenden Mikrowelle bis hin zur benutzerfreundlichen Telekommunikationsanlage. Man könnte nahezu endlos viele Beispiele dafür anführen, daß wir heute weniger denn je bereit sind, Unlustgefühle und Anstrengungen in Kauf zu nehmen, um unsere Bedürfnisse zu befriedigen oder gar Freude zu empfinden.

Dabei ist gerade letztere immer mit Anstrengung oder Kampf verbunden, so etwa, wenn wir einen Berg besteigen und beim Erreichen des Gipfels das unvergleichliche Gefühl der Freude empfinden, trotz der Tatsache, daß uns der Abstieg noch bevorsteht. Viele kennen dieses Gefühl heute gar nicht mehr und glauben, die Freude entstehe lediglich durch den Ausblick, den man auf einem solchen Gipfel genießt – ein Irrtum, der dazu führt, daß man nun mit der Seilbahn auf den Berg fährt und sich auf dem Gipfel darüber wundert, was die anderen nur an so einem schnöden Felsen finden, dessen Aussicht ohnehin meist von Wolken verhangen ist. So setzt man sich wieder in die Seilbahn und strebt der nächsten Attraktion zu, die vielleicht mehr verspricht und unsere innere Langeweile zu füllen vermag.

Doch diese Erfüllung stellt sich nie ein, weil wir viel zu sehr an unserer Alltagswelt, an der Montagepunktposition des „armen Babys" hängen. Castaneda bemerkt hierzu treffend:

> *„Wir lieben Jesus – blutend und ans Kreuz genagelt. Das ist unser Symbol. Niemand ist an dem Christus interessiert, der auferstanden und in den Himmel aufgefahren ist. Wir wollen* Märtyrer *sein,* Verlierer; *wir wollen nicht erfolgreich sein: arme Babys, die das arme Baby anbeten."*[11]

Als moderne, dekadente Affen werden wir das Unbekannte, neue Möglichkeiten und Positionen des Montagepunktes, höchstens intellektuell in Betracht ziehen, nicht aber als praktische Alternativen zur Alltagswelt, denn dazu müßten wir zunächst einmal unsere bequeme Position im Bekannten aufgeben. Florinda Donner-Grau erklärt, warum uns das so schwerfällt:

> *„Don Juan pflegte uns zu ärgern, indem er uns mit einem Affen verglich, der seine Hand in eine enghalsige Kalebasse gesteckt hat, um ein paar Samen zu greifen. Der Affe kann seine Hand jedoch nicht herausziehen, solange er eine Faust macht und die Samen festhält. Menschen sind in vielerlei Hinsicht genauso. Unsere gesellschaftlichen Erwartungen sind die Samen, die unsere Bewußtheit aufzehren. Alles, was der Affe tun müßte, um sich zu befreien, ist, diese gottverdammten Samen fahrenzulassen, doch das wird er nicht tun. Und auch wir werden die Samen nicht fahrenlassen, um uns selbst aus einer vergleichbaren Falle oder Situation zu befreien. Wir können einfach nicht loslassen."*[12]

Es ist also nicht bloß unser Hang zur Bequemlichkeit, der uns blockiert, sondern auch unser Primatenerbe, das uns einen Streich spielt, wenn wir versuchen, aus den eingefahrenen Mustern des Bekannten auszubrechen. Das Traurige daran ist jedoch nicht, daß wir in unserer primitiven Gier in die Falle gehen und in Gefangenschaft geraten, sondern daß wir nicht begreifen, daß wir uns befreien können und die Befreiung in dem denkbar einfachen Akt des Loslassens besteht.

Dies gilt übrigens auch in bezug auf unsere Geschlechterrollen, in die wir hinein sozialisiert wurden und die maßgeblich zum Drama der Alltagswelt beitragen. Dabei gilt es jedoch zunächst zu unterscheiden, welche geschlechtsspezifischen Merkmale aus Sicht der Zauberer anerzogen und welche angeboren sind. Mit diesem Thema wollen wir uns im folgenden Kapitel auseinandersetzen.

7. Frau, Mann und die Natur des Universums

Männer wollen immer nur das eine: Reden.
Passantin im Gespräch

Es ist eine unbestreitbare Tatsache, daß die Führungsspitzen aller gesellschaftlichen Institutionen vornehmlich von Männern gebildet werden. Daran haben auch Emanzipation und Demokratie nichts geändert. Vor dem Gesetz sind Mann und Frau zwar gleichgestellt, doch unsere Alltagswelt ist immer noch eine Männerwelt, in der Frauen nicht nur weniger Verantwortung zugestanden wird, sondern in der sie zum Beispiel auch oft weniger Lohn für ein und dieselbe Arbeit erhalten.

Diese offenkundige Ungerechtigkeit wird sich nach Ansicht der Zauberer auch nicht durch gesetzliche Frauenquoten und ähnliche Reglementierungen beseitigen lassen, die heutzutage in diesem Zusammenhang diskutiert oder eingeführt werden. Denn die Ursachen für diesen Mißstand *sehen* sie nicht allein in einer antiquierten Sozialisation, die uns bestimmte Geschlechterrollen zuweist, sondern in den energetischen Mechanismen, die mit der Fortpflanzung gekoppelt sind. Florinda Donner-Graus Lehrerin Delia erklärt:

> „*In Wirklichkeit hat sich überhaupt nichts geändert. Frauen sind weiterhin Sklaven. Wir sind zu Sklaven erzogen worden. Die gebildeten Sklaven sind mittlerweile damit beschäftigt, die sozialen und politischen Mißstände der Frauen aufzuzeigen. Doch ist kein einziger Sklave in der Lage, sich auf die Wurzel seines Übels – den Sexualakt – zu konzentrieren, es sei denn, es handelt sich dabei um eine Vergewaltigung oder andere Formen körperlichen Mißbrauchs.*“[1]

Damit bezieht sich Delia unmittelbar auf die energetische Verbindung zu Lasten der Frau, die bei jedem Geschlechtsakt etabliert oder erneuert wird. Die gesellschaftliche Ausbeutung der Frau ist den Zauberern zufolge also nur eine Ausdrucksform der zugrundeliegenden energetischen Ausbeutung und keineswegs das Ergebnis irgendeiner eingebildeten oder wirklichen Minderwertigkeit des sogenannten „schwachen Geschlechts".

Die Frauen sind als Ecksteine des Fortbestands unserer Spezies alles andere als schwach. Nur ihre Einbindung in Sex und Fortpflanzung bewirkt eine Schwächung, weil all ihre Kräfte in den Kreislauf der Reproduktion und die zugehörige soziale Ordnung fließen. Sie geben all ihre Energie für ihren Nachwuchs, ihre Männer und die Aufrechterhaltung unserer Alltagswelt, so daß ihnen letztlich nicht einmal genug Kraft bleibt, um ihre eigene Situation zu prüfen, geschweige denn sie zu verändern.

Die von Männern dominierte soziale Ordnung hat natürlich nicht das geringste Interesse daran, daß Frauen ihre Lage durchschauen, weil dies ihre Grundfesten erschüttern würde. Daher wird eine regelrechte Propaganda betrieben, die allseits erklärt, daß Sex gut und gesund sei – alle gegenteiligen Behauptungen seien antiquiert und von falschen Moralvorstellungen geprägt. Die sexuelle Befreiung der Frau, so wird darüber hinaus behauptet, bedeute eine Befreiung an sich; ein Standpunkt, den die Zauberer aus ihrer energetischen Sicht der Welt keineswegs teilen. Delia betont:

> *„Freiheit und Sex gleichzusetzen, darin liegt wohl die ultimative Ironie. Unsere Benebelung durch die Männer ist so komplett, so umfassend, daß sie uns der notwendigen Energie und Imagination beraubt hat, mit der wir die wirkliche Ursache für unsere Versklavung erkennen könnten. Einen Mann sexuell zu begehren oder sich romantisch mit ihm einzulassen sind die einzigen Möglichkeiten, die einer Sklavin bleiben. Alles, was man uns jemals über diese beiden Möglichkeiten erzählt hat, sind nichts weiter als Entschuldigungen, die uns zur Mittäterschaft und Ignoranz bewegen sollen."*[2]

Und so wird auch den Mädchen in unserer modernen Welt immer noch suggeriert, daß Männer in unserer Gesellschaft dominieren, weil sie aggressiver, physisch stärker und belastbarer seien, mehr Verstand für Wissenschaft und Technik aufbrächten und so weiter. Egal, wie die Argumente auch aussehen mögen, sie verweisen die Frau immer auf den zweiten Rang, ganz wie in der Bibel, wo Eva aus einer Rippe Adams geformt wurde. Der Mann gilt als der eigentliche Prototyp der menschlichen Rasse – eine Ansicht, die weder aus wissenschaftlicher Sicht noch im Licht der Erkenntnisse der Zauberer aus Don Juans Linie haltbar ist. Letztere behaupten sogar, daß genau das Gegenteil der Fall sei.

Sie sagen, daß das Männliche lediglich eine Ausformung des Weiblichen sei – eine Ansicht, die zu den Erkenntnissen der modernen Biologie und Genetik paßt. Der Prototyp der menschlichen Rasse wie auch jeder anderen zweigeschlechtlichen Art ist demnach die weibliche Form, die Frau. Und nur sie ist es, die in der Lage ist, neue Wesen in die Welt zu setzen und im eigentlichen Sinne Menschen zu schaffen.

Man(n) mag vielleicht einwenden, daß auch die Männchen im Sinne der Fortpflanzung unabkömmlich seien. Doch aus dem Tier- und Pflanzenreich sind zahllose Beispiele parthenogenetischer Reproduktion, also einer ungeschlechtlichen Fortpflanzung durch unbefruchtete Keimzellen, bekannt. Einige Arten wie zum Beispiel die Blattläuse pflanzen sich sogar vornehmlich via Jungfernzeugung fort, wobei ihre Nachkommen normalerweise weiblich und exakte Kopien ihrer Mütter sind. Nur unter bestimmten Bedingungen wie etwa vor dem hereinbrechenden Winter bringen sie Männchen hervor, um durch geschlechtliche Fortpflanzung die genetische Vielfalt zu bereichern und so einer neuen Generation bessere Startchancen in den nächsten Frühling zu gewähren.

Die Zauberer aus Don Juans Linie behaupten nun, daß auch menschliche Frauen hierzu in der Lage wären. Sie seien sich ihrer schöpferischen Fähigkeiten lediglich nicht bewußt:

> *„Die Gebärmutter ist das Zentrum unserer schöpferischen Kraft, einer Kraft, die so weit reicht, daß wir fortfahren könnten, uns zu reproduzieren, selbst wenn es keinen einzigen Mann auf der Welt mehr gäbe. Dann wäre die Erde ausschließlich von Weibchen der menschlichen Rasse bevölkert."*[3]

Natürlich wären diese Frauen identische Kopien ihrer Mütter und kein junger Erlöser wie im bekanntesten Fall von Jungfernzeugung in der abendländischen Geschichte. Wenn der biblische Bericht über die jungfräuliche Empfängnis Mariens im biologischen Sinne stimmig sein sollte, hätten wir mit einem weiblichen Heiland vorliebnehmen müssen und nicht mit dem Sohn eines selbstverständlich ebenfalls männlichen Gottes.

Es ist schon auffällig, wie sehr die Bibel und andere sogenannte „heilige“ Schriften von männlichen Gestalten dominiert werden. Frauen müssen sich hier meist mit der Rolle der Gebärerin und Mutter zufriedengeben. Dabei sind sie die eigentlichen „Macher“, diejenigen, welche die schöpferischen Kräfte in sich tragen.

Die Zauberer betonen in dieser Hinsicht die zentrale Bedeutung der Gebärmutter, die jenseits ihrer Funktion als Reproduktionsorgan eine sekundäre Funktion besitzt. Wenn wir den Offenbarungen der Erben des Don Juan Glauben schenken, ist sie ein echtes kreatives Zentrum, eine Art zweites Gehirn oder zweiter Montagepunkt, ein Organ, welches sowohl zur unmittelbaren Wahrnehmung als auch zum *Träumen* oder zur Schöpfung neuer Verhältnisse und Ideen genutzt werden kann. Denn sie ist wie der Montagepunkt in der Lage, die Emanationen des Adlers zu bündeln und sie ohne Vermittlung des Verstandes zu interpretieren und zu manipulieren. Ohne diese Eigenschaften könnte sie gar kein neues Wesen hervorbringen. Damit stellt sie aber gleichzeitig eine eigenständige schöpferische Kraft dar, die zu weitaus mehr fähig ist als zur bloßen Reproduktion unserer Art.

Die meisten Frauen haben leider nicht die geringste Ahnung von den Kräften, die in ihnen schlummern, und dies vor allem deshalb, weil die Männer in nahezu allen Kulturen in den letzten Jahrtausenden alles darangesetzt haben, daß die Frauen ihre Fähigkeiten vergessen und so zu lenkbaren Dienerinnen männlicher Interessen werden. Diese Unterdrückung geschah und geschieht jedoch sicher nicht nur aus Bequemlichkeit und Besitzstreben der Männer heraus, sondern auch aus einer tiefen Furcht vor jener übermächtigen und fremden Gebärmutterkraft, die sie den Frauen unterlegen macht.

Castaneda berichtet in diesem Zusammenhang, daß die ursprüngliche schamanische Kultur des alten Mexikos über viele

Jahrhunderte von Frauen dominiert war, bis ihre männlichen Kollegen in einer gewaltsamen Revolte die Macht an sich rissen. Seit jener Zeit bestehe ein unterschwelliges oder auch offenes Mißtrauen zwischen den Geschlechtern, über das sich nur wenige Praktiker hinwegzusetzen vermögen.[4] Etwas Ähnliches scheint in den meisten Kulturen stattgefunden zu haben, da man vielerorts Spuren früher matriarchaler Gesellschaften findet, die dann vor einigen Jahrtausenden dem allgemeinen Patriarchat weichen mußten.

Wenn auch nicht ganz klar ist, ob und wann ein solcher Umsturz in unserem eigenen Kulturkreis stattgefunden hat, zeugen doch zahlreiche historische Ereignisse vom offenen und verdeckten Krieg der Männer gegen das weibliche Wissen. Als klassisches Beispiel mag die Hexenverfolgung des ausgehenden Mittelalters dienen, in der den weisen Frauen der Garaus gemacht wurde, die ihr Wissen über Fruchtbarkeit, Empfängnisverhütung und die Geheimnisse der Gebärmutter hüteten. Sie waren vielleicht die letzten authentischen Zeugen einer matriarchalen Tradition, die von den selbsternannten Hütern eines gottgewollten Patriarchats – der katholischen Kirche und ihren Schergen – verfolgt und vernichtet wurden.

Daß diesem Prozeß auch zahllose unschuldige Frauen zum Opfer fielen, störte die Verfolger nicht. Frauen waren allein schon wegen ihres Geschlechts verdächtig. Denn war es nicht Eva gewesen, die Urmutter, die durch ihren leichtfertigen Pakt mit dem Teufel die Vertreibung aus dem Paradies zu verantworten hatte? Und waren nicht auch all ihre Töchter verkommene Verführerinnen, die mit ihren todbringenden Äpfeln lockten?

Auch heute noch fürchten sich die meisten Männer insgeheim vor den Waffen einer Frau, vor der Femme fatale, vor den lockenden Sirenen ihrer Albträume, die sie verführen und dann in einen Abgrund stürzen. Sie fürchten die Rache der finsteren Nemesis, die ihnen die Fäden der Macht aus der Hand reißt und sie für all das bestraft, was sie den Frauen angetan haben. Denn auch heute noch werden die Frauen von Männern individuell und kollektiv unterdrückt, ausgebeutet, dumm gehalten und für dumm verkauft. Und das immer unter demselben fadenscheinigen Vorwand: daß Männer das „starke Geschlecht“ seien, diejenigen, die den

Intellekt, die Sprache, den technischen Verstand wie auch die physische Kraft für sich gepachtet hätten.

Leider glauben dies auch die meisten Frauen, nicht zuletzt weil es ihnen von Geburt an eingetrichtert wurde – und das nicht nur von Männern, sondern auch von ihren Müttern, Tanten und Schwestern, die bereits zu willfährigen Komparsen im Affentheater der Alltagswelt erzogen wurden. Dabei wird jedoch zum Beispiel übersehen, daß – was das Vorurteil der physischen Kraft angeht – die Gebärmutter der stärkste Muskel ist, den die menschliche Spezies im Laufe der Evolution hervorgebracht hat. Und auch hinsichtlich des Erwerbs von Wissen ist dieses weiblichste aller Organe kein Nachteil, sondern ein entscheidender Vorteil der Frau. Nach Ansicht der Zauberer existiert nämlich ein angeborener Unterschied zwischen der Art und Weise, wie Frauen und Männer Erkenntnisse gewinnen. Florinda Donner-Grau erklärt:

> „*Energetisch gesehen* kegelt *ein Mann zum Wissen, d. h. er baut ihm Stufe um Stufe entgegen. Man kann sich dieses abgestufte Vorgehen physisch als Kegel vorstellen, auf dem sich die Männer der Energiequelle immer mehr annähern, sie jedoch niemals erreichen. Bei Frauen ist das anders, weil dieser Kegel bei ihnen umgekehrt ist. Aufgrund ihrer Gebärmutter haben Frauen die Fähigkeit, Wissen unmittelbar wahrzunehmen.*“[5]

Dieser keineswegs „kleine Unterschied“ manifestiert sich jedoch nicht nur in den verschiedenen organischen Verhältnissen, sondern auch in der fundamentalen Lage des Montagepunktes, die letztlich dafür verantwortlich ist, ob wir ein Mann oder eine Frau sind. Denn auch der Montagepunkt hat die Form eines leuchtenden Kegels, wobei der am stärksten leuchtende Teil bei einer Frau nach innen und bei einem Mann nach außen gekehrt ist.[6]

Die jeweilige Lage des Montagepunktes führt bei Mann und Frau zu völlig verschiedenen Herangehensweisen an das Leben. Die Zauberer sagen, daß Männer fähig sind, Brücken des Verstehens mit Worten zu bauen, während Frauen sie durch ihr Leben errichten. Dies bedeutet, daß ein Mann zunächst ein Ziel formulieren muß – er braucht Struktur und Ordnung, bevor er sich auf eine Erfahrung einlassen kann. Eine Frau stürzt sich hingegen einfach in das Leben hinein und beginnt erst später, ihre Erfahrungen zu ordnen oder zu systematisieren.

Dies liegt daran, daß der Mann sich aufgrund der Ausrichtung seines Kegels von der Quelle – der *Absicht* – entfernt fühlt und folglich nach einer schrittweisen Rückverbindung mit jener Kraft strebt, die ihm durch seine Energiekonfiguration vorgegeben ist. Frauen sind andererseits aufgrund ihrer invertierten Kegelstruktur bereits von Natur aus mit der *Absicht* verbunden, was jegliche Methoden, Prozeduren und Rituale überflüssig macht. Diese sind wie alle wissenschaftlichen oder religiösen (*religare* = wieder verbinden) Bestrebungen typisch für den männlichen Prozeß. Florinda Donner-Grau bemerkt:

„Ursprünglich sahen die Frauen keine Notwendigkeit, ihre Fähigkeit zu nutzen, sich unmittelbar an den Geist anzuschließen. Sie hielten es für unnötig, darüber zu reden oder diese natürliche Fähigkeit zu intellektualisieren. Es reichte ihnen, zu wissen, daß sie diese hatten und aktivieren konnten. Die Unfähigkeit der Männer, sich direkt an den Geist anzuschließen, war es, was sie dazu gebracht hat, über den Prozeß des Erreichens von Wissen zu reden – und sie haben nicht aufgehört, darüber zu reden. Es ist genau dieses Beharren auf der Analyse jenes Prozesses, welches sie zu der Überzeugung führte, daß rationales Denken eine männliche Fertigkeit sei.“[7]

Und so verwundert es nicht, daß es gerade nach der Zeit der mittelalterlichen Hexenverfolgung zum Aufblühen der Vernunft, zur sogenannten Aufklärung kam. Der Mann erlebte im Sinne seines Erkenntnisprozesses eine wahre Blüte, die jedoch um den schrecklichen Preis der völligen Unterdrückung des Weiblichen erkauft wurde.

Diese manifestiert sich aufgrund der unterschiedlichen Haltungen zum Leben und zur Erkenntnis nicht nur in sozialer Ungerechtigkeit und Ausbeutung, sondern auch darin, daß weibliche Elemente in den Konzepten von Gesellschaft, Wissenschaft, Religion und Vernunft nahezu gänzlich fehlen. Und auch heute noch definieren Männer die wahre Natur von Wissen und Wirklichkeit und lassen den Frauen keine Möglichkeit, dazu beizutragen oder eigene Konzepte und Ideen zu entwickeln.

Der schlimmste Effekt der Unterdrückung ist jedoch, daß die Frauen im Laufe der Zeit ihre unmittelbare Verbindung zur *Absicht* vergessen haben. Florinda Donner-Grau betont:

> *„Sie haben vergessen, wie man sie benutzt, oder besser gesagt, sie haben den Zustand der Männer kopiert, diese Verbindung gar nicht zu haben. Über die Jahrtausende haben die Männer dafür gekämpft, sicherzustellen, daß die Frauen sie vergessen. Das Bedürfnis der Männer, andere zu beherrschen, und das fehlende Interesse der Frauen, ihr Wissen und die Art ihres Wissens zu formulieren, bildeten eine tragische Allianz. Sie hat es ermöglicht, daß Frauen vom Augenblick ihrer Geburt an gezwungen wurden, zu akzeptieren, daß die Erfüllung in Liebe, Heirat, Kinderkriegen und Selbstverleugnung liege. Frauen sind von den dominanten Formen abstrakten Denkens ausgeschlossen und zur Abhängigkeit erzogen worden. Sie sind so gründlich in dem Glauben trainiert worden, daß Männer für sie denken müssen, daß sie am Ende das Denken ganz aufgegeben haben.“*[8]

Man mag einwenden, daß diese Darstellung antiquiert sei, da es in unserer heutigen Gesellschaft viele erfolgreiche Frauen und Frauendenker gebe. Doch die wenigen, die wir zu dieser Kategorie zählen, sind nach Meinung der Zauberer meist weniger emanzipiert als schlichtweg angepaßt. Sie imitieren den männlichen Prozeß und tragen so zur Unterdrückung des Weiblichen bei, nicht nur, indem sie es in sich selbst verleugnen, sondern auch, indem sie anderen Frauen ein falsches Vorbild liefern, welches die emanzipierte Frau als den besseren Mann darstellt.[9]

Durch diesen Prozeß der Scheinemanzipation haben wir das Affentheater der Alltagswelt um den kalten Krieg der Geschlechter erweitert, in dem es nicht nur darum geht, wer in unserer Gesellschaft „die Hosen anhat“, sondern auch um die Identität der Frau an sich. Die meisten Frauen bemerken leider nicht einmal, wie die männlich dominierte Gesellschaft sie in typisch männliche Konflikte verstrickt, die sie ihre eigenen Impulse und Regungen immer mehr vergessen lassen. Sie sind so emsig damit beschäftigt, mit den Männern gleichzuziehen, daß ihnen gar nicht auffällt, daß sie diesen allein schon kraft der Tatsache, daß sie Frauen sind, immer überlegen waren und sein werden.

Das einzige, was den Mann im Sinne der Zauberer zu etwas Besonderem macht, ist seine Seltenheit. Sie sagen nämlich, daß das Universum selbst weiblich sei: eine unendliche Ansammlung von weiblichen Wesen, Welten und Energien. Und in diesem Universum stelle das Männliche als Erweiterung und Ergänzung des Weiblichen eine rare Erscheinung dar.

Als Rarität sind männliche Wesen daher äußerst begehrt und werden gewöhnlich von weiblichen Wesen umsorgt, gehegt und gepflegt – und das nicht nur im Sinne der Partnerwerbung im Rahmen des biologischen Imperativs zur Fortpflanzung. Es wird ihnen sogar aktiv nachgestellt, wie Carlos Castaneda in seinem Buch *Die Kunst des Träumens* schreibt. Dort sind es die anorganischen Wesen aus dem Zwillingsuniversum, weibliche Gestalten aus einer anderen Welt, die über die Schiene der Träume Kontakt zu Männern suchen, um an die begehrte männliche Energie zu gelangen. Wir werden später noch ausführlich auf dieses Thema eingehen.

Zunächst bleiben zwei Punkte festzuhalten. Zum einen, daß „das" Universum im Sinne unserer von Männern geprägten Sprache kein Neutrum kennt; und zum anderen, daß die Ausnahmestellung des Männlichen maßgeblich zur Überheblichkeit und eigenen Wichtigkeit der Männer beiträgt und die Frauen dazu verführt, jene zu umsorgen und zu verwöhnen. Auf energetischer Ebene geht dies so weit, daß sie – wenn auch nicht bewußt – ihre Energie an die Männer verfüttern und dadurch ihre eigenen Möglichkeiten so stark einschränken, daß die Gebärmutter nur noch als Organ der Reproduktion funktioniert und nicht mehr als kreatives Zentrum unmittelbarer Wahrnehmung und Erkenntnis dienen kann.

Dies tun sie jedoch weder aus blinder Liebe noch aus einem naiven Altruismus, denn wie die anorganischen Wesen ziehen auch die Frauen einen Vorteil aus ihrer energetischen Verbindung zu Männern. Wie in Kapitel 5 erwähnt, wird ein Mann gewöhnlich schnell abhängig von der Energie der Frau, mit der er schläft, und somit auch in gewissem Maße kontrollier- und lenkbar. Damit ist jedoch kein Drosseln oder Steigern der Energieabgabe an den

Mann gemeint, obschon solche Belohnungs- und Entzugsmechanismen im alltäglichen Aufmerksamkeitsspiel eine große Rolle spielen. Es ist vielmehr so, daß die Frau einen geradezu unheimlichen Einfluß auf den Mann gewinnt, weil sie ihn im energetischen Sinne tatsächlich *in sich trägt* und *in ihm ist*. So ist es auch kaum verwunderlich, daß sie zum Beispiel spürt, wenn ihr Geliebter fremdgeht, selbst wenn er alle Spuren äußerlich perfekt zu verwischen vermag.

Die Beeinflussung des Mannes von seiten der Frau basiert dabei weniger auf ihrem Besitzstreben oder dem Bedürfnis, andere zu beherrschen; dies sind typisch männliche Züge. Vielmehr geht es ihr um die Sicherung eines einmal erreichten sozialen Status quo, ganz gleich, wie elend dieser Zustand auch sein mag. Florinda Donner-Grau bemerkt hierzu:

> *„Es ist die große Tragödie der Frauen, daß ihr soziales Bewußtsein ihr individuelles Bewußtsein vollständig dominiert. Frauen fürchten sich davor, anders zu sein, und wollen nicht zu weit von den Bequemlichkeiten des Bekannten abweichen. Sie ziehen ihre sicheren Fesseln dem Schrecken des Neuen vor.“*[10]

Allem Anschein nach haben wir es also auf beiden Seiten mit primitiven, egoistischen Motiven zu tun. Der Mann will herrschen und besitzen, die Frau strebt nach Schutz und Sicherheit. So gibt sie sich ihm hin und opfert ihre magischen Möglichkeiten für einen fragwürdigen Schutz und eine trügerische Sicherheit. Er kümmert sich im Gegenzug um sie und verliert seine Freiheit für einen Besitz, den er nie wirklich haben, geschweige denn beherrschen wird. Am Ende gehen beide leer aus, weil ihre Wünsche unerfüllbar sind und sie im Streben nach ihrer Erfüllung auch noch das verlieren, was sie bereits ihr eigen nannten.

Dies mag im Lichte all unserer erlernten und gehüteten Normen und Wertvorstellungen wie eine krasse Entstellung der sozialen Wirklichkeit scheinen, doch die Warte, von der die Erben des Don Juan ihre Aussagen treffen, ist keine soziale oder moralische, sondern eine rein phänomenologische: Sie beschreiben die Welt lediglich so, wie sie sie *sehen*. Und diesem *Sehen* zufolge ist das Universum in energetischer Hinsicht nicht nur weiblicher, sondern auch räuberischer Natur. Alle Wesen, die in ihm existieren, sind auf die eine oder andere Weise auf ihren Vorteil bedacht und befinden sich auf der ständigen Jagd nach anderen Wesen und Energien, die ihr Überleben sichern sollen. Und auch wir selbst sind räuberische Kreaturen, die sich ausschließlich von anderen Lebewesen nähren, wobei wir nicht einmal vor unseren ach so geliebten Partnern haltmachen.

Laut Castaneda ist unser Auge das eines Raubtiers – auf der Jagd nach Beute, auf der ständigen Suche nach Nahrung oder nach einem Partner für Sex und Fortpflanzung. Damit bezieht er sich jedoch nicht bloß auf die natürlichen Triebe, die wir von unseren Ahnen geerbt haben, sondern auf eine grundlegende Struktur unserer Wahrnehmung, die sich im Verlauf der Evolution vollkommen auf ein Überleben in einem räuberischen Universum eingestellt hat.

Mit Hilfe dieser Wahrnehmung und eines entsprechenden, männlich geprägten Interpretationssystems haben wir zahllose Waffen, Tricks und Fallen ersonnen und uns die Erde im Sinne des biblischen Wortes untertan gemacht. Wir haben nicht nur unsere makroskopischen Feinde und Konkurrenten wie etwa fast alle großen Raubtiere ausgerottet, sondern wir sind auch erfolgreich gegen unsere mikroskopischen Widersacher zu Felde gezogen. Penizillin, Antibiotika und ähnliche Waffen der Moderne haben uns Macht über den Mikrokosmos der Bakterien, Pilze und Viren verliehen, denen unsere Ahnen schutzlos ausgeliefert waren. Und selbst das Reich anorganischer Materie ist für uns zur Beute und zum Terrain der Ausbeutung geworden, und zwar in einem solch exzessiven Ausmaß, daß wir die Bodenschätze und natürlichen Ressourcen unseres Planeten innerhalb weniger Jahrhunderte menschlicher Zivilisation weitgehend erschöpft haben.

Wenn man die Zerstörung unserer Umwelt betrachtet, scheint uns unser räuberisches Wesen im Zusammenspiel mit dem männlichen Paradigma von Besitzstreben und Herrschaftswahn, das auf dem Gefühl des Getrenntseins von der *Absicht* beruht, *zu* erfolgreich gemacht zu haben. Wie die Zellen eines bösartigen Tumors vernichten auch wir in unserem blinden Egoismus, der die eigene Eingebundenheit in ein größeres Ganzes nicht mehr erkennt, die Grundlage für unser individuelles und kollektives Überleben.[11]

Doch die Zauberer sagen, daß dies nicht die alleinige Ursache für unser heutiges Dilemma sein kann. Immerhin haben inzwischen unzählige Menschen erkannt, daß die Ausbeutung von Natur und Mitmenschen uns letztlich in den Untergang führen wird. Und viele versuchen mit all ihrer Kraft, die Katastrophe abzuwenden, etwa indem sie ihre räuberische Natur oberflächlich leugnen und nun zu Vegetariern, Humanisten, Feministen, Pazifisten, Öko-Extremisten oder umweltbewußten Realisten werden. Abgesehen davon, daß viele dieser Versuche zum Scheitern verurteilt sind, weil auch sie vom männlichen Paradigma des grundlegenden Getrenntseins von der Welt und der *Absicht* bestimmt sind und so lediglich in Reden über nötige Veränderungen ausarten, denen keine Taten folgen, scheint sich trotz aller Bemühungen nicht viel zu ändern.

Den Zauberern zufolge liegt dies jedoch weniger daran, daß es uns an gutem Willen, Einsicht oder Ideen, sondern vielmehr an der nötigen Energie für eine solche Veränderung mangelt. Denn sie haben *gesehen*, daß unsere Energie nicht nur in der Erhaltung unserer Alltagswelt verschwendet, sondern darüber hinaus von einer äußeren Kraft konsumiert wird, einer räuberischen Lebensform, die wir gemeinhin nicht bemerken, die aber dennoch entscheidenden Einfluß auf uns nimmt und ein aktives Interesse daran hat, daß sich die Zustände in unserer Alltagswelt nicht ändern. Wie wir im Folgenden sehen werden, ist sie sogar in mancherlei Hinsicht für ebendiese Zustände und unser globales Dilemma verantwortlich.

8. *Los Voladores:* Leben im Hühnerhaus

„Oh, wie ich das hasse, jeden Morgen ein Ei legen zu müssen", klagte das Huhn.
„Das brauchst du jetzt nicht mehr", sagte der Fuchs.

Hawky: *Frühstücksfabel*

Wir kommen nun zu einem äußerst heiklen Thema, das so brisant und ungewöhnlich ist, daß Castaneda es in seinem bisherigen Werk gänzlich ausgespart hat. Nur in seinem neuesten Buch *Tensegrity – Die magischen Bewegungen der Zauberer* finden wir Hinweise auf eine fremde Macht, die uns mehr oder weniger vollständig kontrolliert, jedoch nicht beim Namen genannt oder näher erläutert wird. Don Juan erklärt seinem verdutzten Schüler lediglich:

> *„Was du deinen Verstand nennst, ist gar nicht dein Verstand. Die Zauberer sind davon überzeugt, daß unser Verstand eine äußere Einrichtung ist, die jedem einzelnen von uns aufgepfropft wurde. Nimm dies zunächst einfach zur Kenntnis, ohne jede weitere Erklärung darüber, wer ihn uns aufgepfropft hat oder wie dies geschehen ist."*[1]

In den Vorträgen der vergangenen Jahre hat Castaneda jedoch begonnen, Einzelheiten über diese Vorgänge und die hierfür verantwortlichen Wesen preiszugeben – trotz Don Juans eindeutiger Warnung: „Wenn du damit an die Öffentlichkeit trittst, werden sie dich bestimmt verbrennen."[2] Wobei nicht ganz klar ist, ob der alte Zauberer dabei an einen Scheiterhaufen für seinen Schüler oder an eine sinnbildliche oder auch wirkliche Bücherverbrennung gedacht hat. Jedenfalls wußte er ganz genau, daß es sich bei diesem Teil seines Erbes um etwas handelte, das nicht nur niemand wissen soll, sondern auch niemand wissen will.

Insofern ist hier eine einleitende Warnung angebracht: Die folgenden Ausführungen mögen noch unglaublicher klingen als die meisten anderen in diesem Buch. Vielleicht werden sie sogar paranoid erscheinen oder Gefühle der Paranoia, Angst und Abwehr auslösen. Dies ist im Sinne der Zauberer nur natürlich und durchaus verständlich, weil der Verstand – der Kern unseres rezeptiven Alltagsbewußtseins – sich vehement dagegen wehren wird, als fremde Installation räuberischer Wesen aus einer anderen Welt hingestellt zu werden. Eine solche Aussage kommt einer Aufforderung zur Selbstüberführung gleich, und dies ist etwas, das niemand gerne oder gar leichten Herzens tut.

Darum ist es gerade in diesem Zusammenhang empfehlenswert, das eigene Urteil aufzuschieben und erst einmal zu hören, was Castaneda und seine Gefährtinnen zu sagen haben. Denn nur langsam wird deutlich werden, worum es den Erben des Don Juan eigentlich geht und welche Bedeutung ihren Offenbarungen tatsächlich zukommt. Nur so können Mißverständnisse vermieden werden, die ansonsten vorprogrammiert sind. Doch nun zu unseren Ausführungen:

Die ersten, die bemerkten, daß etwas nicht stimmte, waren die Schamanen des alten Mexikos, jene Männer und Frauen des Altertums, denen es gelungen war, Energie unmittelbar so zu *sehen*, wie sie im Universum fließt. Bei ihren Beobachtungen war ihnen nicht nur aufgefallen, daß der Montagepunkt eines Kindes zunächst noch nicht auf eine bestimmte Position festgelegt ist, sondern daß der leuchtende Kokon eines Säuglings sich auch in manch anderer Hinsicht von dem eines Erwachsenen unterscheidet. So *sahen* sie zum Beispiel, daß der Kokon eines Neugeborenen ganz von einer eigenartigen, strahlenden Hülle umgeben ist, die wie ein durchsichtiger Plastiküberzug wirkt und den Kokon besonders hell erscheinen läßt. Im Laufe der Kindheit schwindet dieser *äußere Schein* jedoch nach und nach, und bei einem Erwachsenen bleibt gewöhnlich nur ein Rest, eine Art leuchtender Pfütze zurück, die gerade mal über seine Fußsohlen reicht.

Jene Schamanen wußten intuitiv, daß es sich bei diesem äußeren Schein um die eigentliche Bewußtheit des Menschen handelt, denn sie hatten *gesehen*, daß die Höhe des Scheins den Grad der Bewußtheit der betreffenden Person genauso zwingend bestimmt, wie die Position des Montagepunkts die Natur der von der

Bewußtheit wahrgenommenen Welt vorschreibt. Beunruhigt durch die Erkenntnis, daß unsere Bewußtheit in der frühen Kindheit so stark schwindet, während wir uns doch gerade in dieser Zeit mehr und mehr bewußt zu werden scheinen, suchten sie nach einer Erklärung für diesen augenfälligen Widerspruch.

Zunächst glaubten sie, daß allein die Fixierung des Montagepunktes im Laufe der Sozialisation für den rätselhaften Schwund verantwortlich sei, weil sie die Wahrnehmung von einer Vielzahl möglicher Welten und Erfahrungen abgrenzt und uns auf eine einzige Wirklichkeit beschränkt: die Alltagswelt. Doch als sie ihr *Sehen* genauer auf den tatsächlichen Schwund richteten, bemerkten sie schattenhafte Wesen, die sie vor dem leuchtenden Hintergrund des menschlichen Energiefeldes zunächst übersehen hatten. Sie *sahen*, daß sich jene Schatten vom Schein unserer Bewußtheit nähren und ihn geradezu systematisch hinunterfressen. Und da diese räuberischen Parasiten ähnlich wie große Fledermäuse wirken und sich hüpfend oder fliegend fortbewegen, bezeichneten jene frühen Schamanen sie als *Voladores*, was soviel bedeutet wie „fliegende Wesen“ oder „Flieger“.[3]

Die Zauberer aus Don Juans Linie fanden heraus, daß die Voladores hochentwickelte, bewußte Wesen sind, die jedoch keinen Körper besitzen und daher gewöhnlich für unser Auge unsichtbar bleiben. Laut Castaneda sind sie bereits vor vielen Jahrtausenden in unsere Welt gekommen, weil sie hier auf ihrer Suche nach Nahrung auf eine exzellente Quelle gestoßen waren. Da sie sich ausschließlich von einem bestimmten Typ von Energie und Bewußtheit nähren, der dem äußeren Schein unseres leuchtenden Kokons entspricht, hatten sie im Menschen genau das gefunden, wonach sie suchten. Und so wurden wir zu ihrer bevorzugten Beute oder vielmehr, wie die Zauberer sagen, zum Haus- oder Nutztier der Voladores, welches sie nach Belieben melken.

Der energetische Schaden an unserer Bewußtheit, der dabei hervorgerufen wird, ist immens. Zwar wächst der äußere Schein ständig nach, doch die Voladores fressen ihn immer wieder bis auf eine gewisse Höhe ab – wie eine Kuh, die das Gras einer Weide kurz hält. Und so bleibt auch der Grad unserer Bewußtheit stets auf einer niedrigen Stufe, die es uns zwar erlaubt, unseren Alltag zu meistern, es uns aber nicht gestattet, unsere Situation zu prüfen oder gar zu erkennen, daß wir in gewisser Hinsicht das Schicksal unserer Haustiere teilen. Denn so wie wir Hühner in Ställen und Käfigen halten, sagt Don Juan, halten die Voladores uns in Menschenställen – mit dem Unterschied, daß wir unsere Ställe und Käfige selber zimmern.[4]

Jene Ställe, betont Carol Tiggs, sind unsere Städte, Dörfer und Häuser, wobei es keine Rolle spielt, ob wir in einem idyllischen Flecken auf dem Land oder im Zentrum einer Großstadt leben. Im Bild der Hühner macht es keinen echten Unterschied, ob wir in einer Legebatterie, in Boden- oder Freilandhaltung Federn lassen und unserer Eier beraubt werden, weil wir letztlich doch in Knechtschaft leben und sterben.

Angesichts der essentiellen Unfreiheit und Ausbeutung, der wir unterliegen, erscheint auch unsere Diskussion um die artgerechte Haltung von Haustieren in einem neuen Licht. Denn laut Carol Tiggs tun wir ihnen lediglich das an, was die Voladores uns antun. Als gelehrige Sklaven unserer Herren beuten wir unsere Haustiere schamlos aus: Wir melken, scheren und schlachten sie, stehlen ihre Eier und machen sie uns darüber hinaus auf verschiedene Weise gefügig. Wir binden sie, stecken sie in Käfige, stutzen ihre Flügel, Hörner, Krallen und Schnäbel, dressieren sie, machen sie abhängig und züchten ihnen nach und nach ihre Aggressivität und ihren natürlichen Drang nach Freiheit ab.[5]

Unser ganzes Verhalten ist zutiefst von diesen Zügen geprägt, denn wir beuten nicht nur unsere Haustiere aus, sondern die ganze belebte und unbelebte Natur – einschließlich unserer Mitmenschen. Trotz der Abschaffung der Sklaverei und des allgemeinen Kredos der modernen Welt, das Freiheit, Gleichheit und Brüderlichkeit predigt, gelten diese Bedingungen nur für die wenigen, die in der Hackordnung ganz oben stehen. Die meisten leben und arbeiten immer noch in abhängigen Verhältnissen, in denen sie mehr oder weniger willige Diener sind, wenn sie auch heute keine Kette mehr um den Hals tragen. Ihr einziger Trost besteht meist darin, daß andere noch tiefer auf der Hierarchieleiter stehen und von ihnen ausgebeutet und unterdrückt werden, ganz im Sinne des Radfahrerprinzips: nach oben buckeln und nach unten treten.

All dies betrachten die Zauberer aus Don Juans Linie nicht bloß als Folge unseres räuberischen Erbes, sondern als Produkt einer ungleichen Beziehung zwischen den Voladores als Regisseuren hinter den Kulissen des Affentheaters der Alltagswelt und den Menschen als Marionetten auf der Bühne. Wir imitieren unsere Herren in Ausbeutermentalität und Konsumverhalten, während wir ansonsten auf das Lebensnotwendige regredieren.

Die Pfütze der Bewußtheit zu unseren Füßen, die uns die Voladores gelassen haben, erlaubt uns nicht viel mehr, als von Tag zu Tag zu leben und uns in ihrer glänzenden Oberfläche zu spiegeln. Und so finden wir uns aufgrund unserer mangelnden Energie in der Lage eines modernen Narziß wieder, der in seiner begrenzten Bewußtheit nichts anderes erkennen kann als sich selbst und seine kleinlichen Probleme. Uns ist nichts geblieben, sagt Castaneda, als unsere „Sohlenbewußtheit", die Pfütze, die unsere Selbstreflexion, unseren Eigendünkel und unser Ego repräsentiert, welches unser eigentlicher Käfig ist.[6]

Dies erklärt auch den scheinbaren Widerspruch, auf den die Schamanen des alten Mexikos gestoßen waren. Trotz des zunehmenden Schwundes der eigentlichen Bewußtheit kommt im Prozeß der Sozialisation die Selbstreflexion zunehmend ins Spiel, was ein Anwachsen von Bewußtheit vortäuscht. Tatsächlich wächst aber nicht die Bewußtheit, sondern die Fähigkeit, Wahrnehmung zu interpretieren, das jeweilige Interpretationssystem sowie der Eigendünkel des betreffenden Kindes. Seher können diesen Prozeß deutlich als ein Anwachsen oder Aufblähen des Montagepunktes wahrnehmen.

Damit geht eine merkwürdige Veränderung in unserer Energie einher, die ebenfalls von den Schamanen des alten Mexikos entdeckt wurde. Sie hatten *gesehen*, daß der leuchtende Kokon eines Menschen sechs große Energiezentren besitzt, die als Lichtwirbel wahrgenommen werden können. Don Juan erklärt:

> *„Jedes Energiezentrum im Körper weist eine bestimmte Energiekonzentration auf; eine Art von Energiewirbel, der aus der Sicht eines Sehers, der in ihn hineingafft, wie ein Strudel im Gegensinn des Uhrzeigers zu rotieren scheint."*[7]

Jene Schamanen *sahen* mit Erstaunen, daß einer dieser Wirbel, der dem sechsten Zentrum am Scheitel des Kopfes entspricht, im Laufe der Sozialisation und mit dem Schwinden der allgemeinen Bewußtheit seine Bewegung ändert. Während die Energie hier bei einem Neugeborenen noch entgegen dem Uhrzeigersinn kreist, pendelt sie bei einem Erwachsenen vor und zurück – laut Don Juan eine sehr unnatürliche und abstoßende Bewegung.

Bei genauerer Untersuchung stellte sich heraus, daß diese Veränderung von den Voladores hervorgerufen wird und eine Art Implantat darstellt, eine fremde Installation, die das betreffende Opfer kontrollieren und lenken soll. Es ist, als ob ein Volador unmittelbar auf dem Kopf des Betreffenden säße und von dort nicht nur an seiner Energie sauge, sondern ihm auch souffliere, was er zu tun und zu denken habe.

Die Zauberer sagen, wie bereits eingangs erwähnt, daß unser Verstand jene fremde Installation sei – und das nicht bloß im Sinne einer bildlichen Redeweise. Denn unser alltäglicher Verstand beruhe nicht allein auf einer menschlichen Eigenleistung, sondern stelle ein Kontrollinstrument der Voladores dar, welches uns durch simple Konditionierungsvorgänge gefügig machen soll.

Diese Aussage bedarf einiger Erläuterungen. Betrachten wir zunächst, wie uns als Kindern „Verstand eingetrichtert" wird: Im Prozeß der Sozialisation bringt man uns erst Laufen und Sprechen bei, doch spätestens in der Schule sollen wir still sitzen und schweigen. Durch diese und zahllose ähnlich widersprüchliche Anweisungen lernen wir Gehorsam und bis zu einem gewissen Grade, „vernünftig" zu sein, anstatt zu selbständig denkenden Vernunftmenschen erzogen zu werden. Der „gesunde Menschenverstand", der *Common sense* der sozialen Ordnung, wird uns im Prozeß der Sozialisation einfach aufgezwungen, wobei wir als Kinder nicht einmal die Möglichkeit haben, ihre Werte und Normen zu prüfen, geschweige denn sie abzulehnen.

Denn erst bei genauerer Betrachtung dieser Werte und Normen erkennen wir den fremden Einfluß. Welchen Sinn ergeben zum Beispiel die biblischen Forderungen, „sich wie ein Lamm zur Schlachtbank führen zu lassen" oder „auch die andere Wange hinzuhalten", wenn man geschlagen wurde? Wir Menschen haben nicht gerade viel von einem solchen Verhalten, doch wenn man von der Existenz der Voladores weiß, ist nicht schwer zu erkennen, wer einen Vorteil daraus zieht. Unsere sklavische Mentalität, die uns im jüdisch-christlichen Kulturkreis auf eine Belohnung im Jenseits vertröstet, dient nicht uns Menschen, sondern einer fremden Macht, die uns im Austausch für unsere Energie mit Glaubensvorstellungen und Anschauungen entlohnt, die uns dumm halten und uns noch tiefer in die Abhängigkeit manövrieren.[8]

Wenn es sich bei diesen Vorstellungen bloß um äußere Dogmen unzeitgemäßer Religionen handeln würde, wäre dies alles gar nicht so schlimm, und wir könnten sie mit ein wenig Einsicht und Nüchternheit leicht hinter uns lassen. Das Scheitern der meisten Versuche dieser Art während der Zeit der Aufklärung oder im Rahmen der sogenannten kommunistischen Kulturrevolution hat jedoch gezeigt, daß jene Vorstellungen tiefer in uns verwurzelt sind, als wir gemeinhin glauben. Dies verweist nach Ansicht der Zauberer jedoch weniger auf die religiöse Wahrheit der betreffenden Glaubenssätze und Überzeugungen, als vielmehr auf die Tatsache, daß sie als fremdes Implantat die Kerne unseres Interpretationssystems, des Verstandes bilden, mit dem wir der Wahrnehmung unserer Welt Bedeutung verleihen.

So ist auch die Modalität unserer Zeit, das Arme-Baby-Syndrom und unsere servile Mittelstandsmentalität, ein Produkt der ungleichen Symbiose zwischen Menschen und Voladores. Wir fühlen uns als Opfer, weil wir Opfer sind, doch anstatt uns gegen unsere Herren aufzulehnen oder einfach aus unserem Gefängnis zu fliehen, verhalten wir uns wie Schafe, die auch bei geöffnetem Gatter die schützende Umzäunung nicht verlassen. Denn wir sind innerlich fest davon überzeugt – und dieser Glaube ist ein weiteres Implantat der Voladores –, daß uns jenseits der vertrauten Grenzen der böse Wolf erwartet, ein Schicksal, das uns noch viel grausamer mitspielen wird als das, was wir bereits als unseren Alltag kennen.

Und so spiegeln wir uns weiter brav in der Pfütze unserer begrenzten Bewußtheit und halten zwanghaft an dem fest, was uns geblieben ist: an unserem Ego und dem „kleinen Glück" unserer Alltagswelt. Wir klammern uns an unseren Beruf, der den meisten von uns keine rechte Freude macht, an Partnerschaften und Beziehungen, die uns schon lange nicht mehr befriedigen, und an Vorstellungen und Erinnerungen, die gar nicht der erlebten Wirklichkeit entsprechen.

Durch unser Interpretationssystem haben wir uns weitgehend von der energetischen Gegenwart abgekoppelt und mit Hilfe der Voladores die Möglichkeit zur Scheinflucht in virtuelle Szenarien geschaffen, die uns nicht erst seit dem Medien- und Computerzeitalter offenstehen. Viele von uns bevorzugen das

Schwelgen in Erinnerungen, wobei diese meist geschönt oder auf andere Weise verändert worden sind. Sie erscheinen wie die Bilder in sorgsam gehüteten Fotoalben, die Fragmente von Ereignissen zeigen, an denen wir hängen und unser Selbstbild festmachen, während alle Erinnerungen, die nicht ins Bild passen, einfach retuschiert oder verdrängt werden. Andere definieren sich durch das Planen einer mehr oder weniger realistischen Zukunft, wobei es keinen Unterschied macht, ob dies in Gestalt von Sorgen und Ängsten oder in Form von Hoffnungen und Erwartungen geschieht. Wieder andere flüchten aus jeglichem Realitäts- und Zeitbezug und leben nur noch in virtuellen Welten: in Büchern und Hobbys, in Musik, Wissenschaft oder Weltanschauung, in heilen oder unheilen Film- und Fernsehwelten, Video- und Computerspielen oder in irgendeiner spirituellen oder religiösen Fiktion. Unserer Phantasie sind in dieser Hinsicht scheinbar keine Grenzen gesetzt.

All diese Zerstreuungen der Alltagswelt dienen dazu, Zeit totzuschlagen, keine Auszeit zuzulassen, in der wir mit uns selbst allein sein und uns unserer tatsächlichen Lage bewußt werden könnten. Selbst wenn eine solche doch einmal auftritt, hindert uns das Hin und Her unseres permanenten inneren Dialogs – die Pendelbewegung jener fremden Installation – daran, die Auszeit zu nutzen und treibt uns gleich wieder in die Flucht.

Daß dies alles andere als natürlich ist, läßt sich leicht erkennen, wenn wir unser sozialisiertes Verhalten mit dem von Kindern oder anderen Säugetieren vergleichen, denen nichts lieber ist, als vollständig in die Wahrnehmung der Welt einzutauchen und ihre schlichte und doch ehrfurchtgebietende Gegenwart zu genießen. Da ist nichts von jener Getriebenheit; sie brauchen keinen Grund, kein Tun und keine Leistung, um sich in ihrer Haut und ihrer Welt wohl zu fühlen.

Es ist offenbar ein typisches Merkmal unserer sozialisierten Haustiermentalität, unseres erwachsenen *Common sense*, daß wir unser Wohlbefinden und unser Selbstwertgefühl im Sinne von Lohn und Strafe von gewissen Leistungen abhängig machen. Denn im Gegensatz zu unseren wilden Verwandten und kleinen Kindern fällt es uns schwer, uns grundlos der Existenz zu erfreuen und einfach glücklich zu sein. Ja, es erscheint uns sogar als naiv, wenn nicht gar als verantwortungslos, wenn ein erwachsener Mensch ein solches

Verhalten an den Tag legt. Vielen älteren Zeitgenossen schmeckt nicht einmal ihr Essen, wenn sie es nicht im Sinne der biblischen Forderung „im Schweiße ihres Angesichts“ verdient haben.

Man kann übrigens beobachten, daß die meisten Menschen im vorgerückten Alter mehr und mehr in die Fänge der Voladores geraten, wobei man sich jedoch vor dem Trugschluß hüten sollte, daß junge Leute dagegen immun seien. Den Großteil unserer Bewußtheit büßen wir ohnehin bereits in der frühen Kindheit ein, während wir in der Folgezeit eher zu Milchvieh der Voladores werden, das regelmäßig gemolken und so auf einem bestimmten Bewußtheitsgrad gehalten wird. Wächst die Bewußtheit jedoch aufgrund von Alter, Schwäche oder Krankheit nicht weiter oder nur verzögert nach, kommt es vor, daß die Voladores den äußeren Schein nahezu ganz konsumieren und kaum noch den Rest einer Pfütze lassen. Die Folgen sind ein eingeengter, starrer Verstand, zunehmende Vergeßlichkeit und Verwirrung, wobei auch die allgemeine Reizbarkeit, das zwanghafte Festhalten an den Werten und Normen der sozialen Ordnung sowie die eigene Wichtigkeit anwachsen – kurzum alle Symptome und Zeichen der Senilität.

Taisha Abelar berichtet in diesem Zusammenhang, daß in den Wohnungen alter Menschen, in Altersheimen, Hospizen und Krankenhäusern oft besonders viele Voladores zu finden sind, weil sie hier leicht an große Mengen ihrer Leibspeise gelangen. Diese ist nicht nur einfach Bewußtheit, sondern eine ganz spezielle Qualität derselben – denn nicht jede schmeckt ihnen gleich gut. Besonders bevorzugt wird eine egomanische, selbstmitleidige Bewußtheit, die zu Emotionsausbrüchen und zum Sichgehenlassen neigt, während Nüchternheit und Disziplin verschmäht werden.[9]

So finden sie sich gern an Orten ein, wo sich viele Menschen in emotionaler Stimmung versammeln: Kirchen, Friedhöfe und Leichenhallen gehören zu den traditionellen Plätzen, während heute zunehmend Großveranstaltungen wie Konzerte, Demonstrationen, Versammlungen, Fußballspiele und andere Sportereignisse zahlreiche nichtmenschliche Gäste anziehen, die auf ihre eigene Weise mitfeiern. In bescheidenerem Maß gilt dies übrigens genauso für öffentliche Gebäude wie Bahnhöfe, Flugplätze, Ämter und Schulen wie auch für private Feste und Bankette. Wo immer sich Menschen in einer „verdaulichen“ Stimmung sammeln, fehlen auch die Voladores nicht.

Als sichtbaren Beweis für die Existenz der Voladores zeigten die Erben des Don Juan im Jahr 1995 wiederholt das Foto eines Voladors, das kurz zuvor auf dem Frühjahrsfest der tibetischen Buddhisten in den Ruinen von Teotihuacan entstanden war. Der Fotograf war ein Bekannter Castanedas, Marco Antonio Taram, der Leiter des *Casa Tibet* in Mexico City, der auch das Fest organisiert hatte, auf dem über 90.000 christliche und buddhistische Teilnehmer unter der Leitung des Dalai Lama für den Frieden beteten. Während des Ereignisses hatte Marco Antonio – ohne es zu bemerken – einen gigantischen Schatten fotografiert, der wie eine Wolke über den Köpfen der Menge zu schweben schien, die sich zwischen den Pyramiden im Gebet versammelt hatte.

Als Marco Antonio bei der Entwicklung der Bilder auf den ungewöhnlichen Schatten stieß, der in Form und Gestalt an einen Menschen in betender Haltung erinnerte, bat er Carol Tiggs, das seltsame Bild zu begutachten. Sie war nicht wenig erstaunt und nahm gleich einen Abzug für Castaneda und ihre Gefährtinnen mit. Alle waren sich einig, daß Marco Antonio einen gewaltigen Volador abgelichtet hatte, der sich an der emotionalen Energie der versammelten Beter so satt gefressen hatte, daß er sich teilweise materialisiert hatte und sogar für die Linse der Kamera sichtbar geworden war. Sie faßten das Ereignis als Zeichen dafür auf, daß die Zeit gekommen war, auch diesen Teil ihres Wissens von seinem esoterischen Status zu befreien und ihn der Öffentlichkeit zugänglich zu machen.[10]

Was jedoch nicht bedeutet, daß wir gemeinhin keine Ahnung von der Existenz jener Wesen haben – uns fehlen lediglich die Mittel und Worte, sie im Kontext unserer Alltagswelt zu beschreiben. Die Zauberer sagen, daß Kinder, die noch nicht sozialisiert wurden, oft in der Lage sind, die Voladores zu *sehen,* und meist deutlich spüren, wie die unheimlichen Wesen an ihrem äußeren Schein parasitieren. Kein Wunder, daß sie sich vor Geistern, Monstern und Dämonen fürchten, die sich unter ihrem Bett tummeln oder im Schrank auf sie lauern. Denn da die Voladores ihr Werk am liebsten unerkannt verrichten, schreiten sie meist nachts zur Tat und verstecken sich tatsächlich gern in finsteren Ecken und Winkeln.

Und so kommt es, daß sich viele auch noch im Erwachsenenalter im Dunkeln fürchten oder von Gruselgeschichten und Horrorfilmen fasziniert sind. Klassische Erzählungen von menschenfressenden

Ungeheuern und Zyklopen, blutsaugenden Untoten und Vampiren bieten eine hervorragende Projektionsfläche für unsere unbewußte Ahnung von der Existenz und dem heimtückischen Treiben der Voladores. In jüngster Zeit erfreuen sich in dieser Hinsicht vor allem solche Geschichten großer Beliebtheit, die von der außerirdischen Invasion durch fremde Wesen erzählen, welche die Menschheit vernichten oder versklaven wollen. Sowohl die diversen Verfilmungen des Bestsellers *Die Invasion der Körperfresser* wie auch neuere Streifen à la *Alien*, *Independence Day* oder *Men in Black* waren Kassenschlager, was nur dadurch zu erklären ist, daß die Angst vor den beschriebenen Ereignissen auf einem realen Hintergrund beruht.

Vampirgeschichten und Science-fiction-Filme sind sicher kein Beweis für die Existenz der Voladores und auch kein Indiz, das einen Skeptiker zu überzeugen vermag. Sie sprechen jedoch eine deutliche Sprache, wenn wir nur bereit sind, ihre Botschaft zu entdecken – ganz wie in Oliver Stones und Bruce Wagners Serie *Wild Palms*, wo wir bei genauem Hinsehen auf der Eingangstür zu einer Kneipe mit dem bezeichnenden Namen *Hungry Ghost* („hungriger Geist") den aufgesprühten Spruch lesen: *Los Voladores: They eat your awareness* („Die Voladores: Sie fressen deine Bewußtheit"). Eine einfache Botschaft von ungeheurer Tragweite.

Wir müssen uns mit der Möglichkeit vertraut machen, daß das Affentheater unserer Alltagswelt möglicherweise nicht nur ein Irr- oder Umweg unserer Evolution vom primitiven Primaten zum Menschen darstellt, sondern daß zahlreiche seiner Merkmale einen viel unheimlicheren Ursprung haben. Der Verhaltensforscher und Nobelpreisträger Konrad Lorenz hat bereits vor Jahrzehnten auf seltsame Anzeichen der Domestikation in Physiologie und Verhalten des zivilisierten Menschen hingewiesen, die wir mit unseren Haustieren teilen und die er sich nur erklären konnte, indem er annahm, daß wir uns selbst domestizieren.[11] Aber warum sollten wir uns selbst, um ein Beispiel zu nennen, in „Nutzmenschenställe" einsperren, wie Lorenz die städtischen Wohnquartiere und Hochhäuser nennt? Welcher Vorteil würde uns daraus erwachsen – egal ob als Art oder als Individuum?

Wenn wir aber die Existenz der Voladores in Betracht ziehen, wird plötzlich einiges klar. Sicher sozialisieren wir uns selbst in unsere Alltagswelt hinein, doch die Parameter der sozialen Ordnung und des lenkenden Verstandes wurden nicht von uns selbst bestimmt, sondern von überlegenen Wesen, die uns als ihre Haustiere betrachten. Ein Erich von Däniken würde vielleicht sogar fragen: „Waren die Götter Voladores?“

Trotz ihrer Überlegenheit waren und sind die Voladores gewiß keine Götter, auch wenn sie uns eine Gottesvorstellung, die Werte und Normen einer sozialen Ordnung und im weitesten Sinne des Wortes Kultur gebracht haben. Andererseits haben wir ihnen nicht nur unser Konsumverhalten und unsere Ausbeutermentalität zu verdanken, sondern auch, daß wir uns gleichzeitig etwas darauf einbilden, arme Babys, Märtyrer und Verlierer zu sein. Und doch sind die Voladores keine Teufel oder Dämonen.

Denn es ist ebendiese Schwarzweißmalerei, die ständige Pendelbewegung zwischen kontradiktorischen Gegensätzen wie Gut und Böse, Himmel und Hölle, Gott und Teufel, Liebe und Haß, positiv und negativ, die das Wesen der fremden Installation kennzeichnet, die wir auf unserem Kopf tragen. Wenn wir uns von den Voladores und dem Verstand, der nicht unser eigener ist, befreien wollen, müssen wir zunächst den falschen Dualismus unseres Ego, die Spiegelung in der Pfütze der Bewußtheit, überwinden und die Welt wieder so betrachten, wie sie tatsächlich ist: als Energie, die weder gut noch schlecht ist.

Wenn uns dies gelingt, werden wir erkennen, daß uns jenseits des Schleiers des Bekannten und der engen Grenzen der Alltagswelt ein großartiges Universum erwartet. Sicher, es ist ein räuberisches Universum mit räuberischen Voladores und ebenso räuberischen Menschen. Doch diese einfache Tatsache bedingt keine Wertung, sondern stellt uns, die Voladores und alles andere auf eine Stufe.

Nur wenn wir uns so aus dem Geiste der Knechtschaft und dem Opfer-Täter-Schema lösen, haben wir eine echte Chance, unsere Freiheit wiederzuerlangen – eine Chance auf Freiheit vom Diktat der Voladores, vom Spiegel der Selbstbetrachtung, von den Zwängen der Alltagswelt und der Fixierung des Montagepunktes. Wenn wir uns der dualistischen Wertung entledigen und die Ereignisse um uns herum nicht länger als Fluch oder Segen, sondern als lohnende Herausforderung betrachten, haben wir den ersten Schritt auf dem Weg getan, der aus dem Gefängnis unseres alltäglichen Selbst hinausführt: dem Weg des Kriegers.

Teil III

Die Transformation der Alltagswelt

9. Der Weg des Kriegers

Nur als Krieger kann man auf dem Pfad des Wissens überleben. Denn die Kunst des Kriegers ist es, den Schrecken, ein Mensch zu sein, und das Wunder, ein Mensch zu sein, miteinander im Gleichgewicht zu halten.

Don Juan Matus[1]

Bei der Lektüre der vorangegangenen Kapitel wird viele Leser das drückende Gefühl beschlichen haben, daß es für sie keinen Ausweg aus den Fängen der Alltagswelt gebe, weil sie erkannt haben, daß sie „langweilige Nummern", eingebildete Affen oder willfährige Opfer der Ausbeutung durch die soziale Ordnung, die Männer und die Voladores sind. Es ist ein falscher, wenn auch verständlicher Eindruck, weil er nicht berücksichtigt, daß wir magische Wesen in einer magischen Welt sind und lediglich keine Ahnung von den Kräften haben, die in uns schlummern.

Der erste Schritt, diese Kräfte zu wecken und sich von dem Gefühl der Ausweglosigkeit zu befreien, ist, den falschen Dualismus des Opfer-Täter-Schemas und den Glauben, ein armes, hilfloses Geschöpf zu sein, endgültig hinter sich zu lassen und ein Krieger zu werden. Und dies ist keine Frage der Ausbildung, des Wissens oder des Könnens, sondern eine einfache Entscheidung. Taisha Abelar erklärt:

„Du kannst nicht ‚lernen', ein Krieger zu sein! Es ist lediglich eine Entscheidung, die du eines Tages für dich selbst und aus dir selbst heraus fällen mußt. Einen anderen zu bitten, dich zu lehren, ein Krieger zu sein, ist der falsche Ansatz, es ist der Ich-armes-Baby-Ansatz zur Kriegerschaft."[2]

Damit verweist sie auf die zentrale Notwendigkeit, die volle Verantwortung für unser Leben, unsere Wahrnehmung und unsere Sterblichkeit zu übernehmen. Es ist dieser transformierende Akt der bewußten Übernahme der Verantwortung, der den Krieger vom Durchschnittsmenschen unterscheidet und ihn im eigentlichen Sinne zum Krieger macht. Darum ist es zunächst wichtig, sich jenseits aller Zweifel klarzumachen, daß man ein Wesen ist, das sterben wird. Castaneda erläutert diesen ersten und entscheidenden Schritt:

> *„Übernimm die Verantwortung für die Tatsache, daß du ein sterbliches Wesen bist. Akzeptiere sie, demütig und in aller Bescheidenheit. Da gibt es nichts zu diskutieren, da ist kein Platz für Zweifel und Ausflüchte. Stelle dich mitten in der Nacht vor den Spiegel und schau hinein; betrachte das Wesen, das sterben wird. Und dann stelle dir im Angesicht deiner Sterblichkeit mit lauter und klarer Stimme folgende Fragen:* ‚Was tue ich? Was ist die Summe all meiner Handlungen?'"[3]

Dies ist natürlich nur eine von vielen Vorgehensweisen, sich der eigenen Vergänglichkeit bewußt zu werden. Alles, was uns daran erinnert, daß wir keinerlei Garantie dafür haben, über den gegenwärtigen Moment hinaus zu leben, ist geeignet, uns in einen Zustand der Nüchternheit zu versetzen, in dem all die belanglosen Gedanken und Sorgen des Alltags von uns abfallen. Denn was bedeuten die meisten unserer kleinlichen Probleme schon im Angesicht des Todes?

Die Zauberer nennen dieses Manöver *den Tod als Ratgeber nehmen*, weil es im Bewußtsein der eigenen Sterblichkeit viel leichter fällt, Entscheidungen zu treffen – egal, ob es darum geht, mit dem Auto in die Stadt zu fahren oder ein Krieger zu sein. Denn im Gegensatz zu den Normen der Alltagswelt kennt dieser Zustand keine großen und kleinen Entscheidungen. Es gibt lediglich Entscheidungen, die angesichts des Todes alle gleich gründlich getroffen werden müssen.

Das Bewußtsein der eigenen Sterblichkeit ist jedoch nicht nur der Zustand, aus dem ein Krieger seine Entscheidungen fällt, sondern auch der Geist, in dem er lebt. Seine Handlungen sind nicht nur wohlüberlegt, sondern auch präzise und zweckdienlich. Denn er weiß, daß sie im Lichte seines bevorstehenden Endes ebenso endgültig und unwiderruflich sein müssen. So gibt er stets sein Bestes, was auch bedeutet, daß er seinen Humor nicht verliert. Denn im Angesicht des Todes gibt es keinen Grund, sich die Dinge oder Handlungen zu versagen, die einem wirklich Spaß machen – gerade sie rücken oft jetzt erst in den Vordergrund oder werden zum ersten Mal bewußt genossen.

Man kann ganz allgemein sagen, daß der erste Schritt auf dem Weg des Kriegers dazu führt, daß man bewußter lebt, weil man nun die Verantwortung für den eigenen Zustand und die eigenen Handlungen selber trägt und sie nicht länger, wie in der Alltagswelt üblich, auf andere Menschen, Institutionen, widrige Umstände oder das Wetter schieben kann. Ein Krieger definiert sich selbst nicht länger als Blatt im Wind, sondern als selbständiges Wesen, das zu dem steht, was es ist oder tut.

Wenn einem dies schwerfällt, kann man sich einer weiteren Technik der Zauberer des alten Mexikos bedienen, bei der man bewußt die Kraft beschwört, die unsere Wahrnehmung und unser Schicksal regiert: die *Absicht*. Doch dieses bewußte *Herbeirufen der Absicht* darf nicht das unterwürfige Flehen eines Bettlers sein, da ein Krieger nicht um Almosen bittet, sondern lediglich sein magisches Erbe und Geburtsrecht einfordert. Castaneda empfiehlt:

> „*Rufe die* Absicht *an. Schrei ihren Namen heraus und sage dann laut, was du willst:* ‚Absicht! Ich will die Verantwortung dafür übernehmen, daß ich ein sterbliches Wesen bin! Ich will die Tatsache akzeptieren, daß ich sterben werde!‘ *Die* Absicht *wird dir zuhören und dein Ansuchen gewähren. Unsere Stimme trägt eine gewaltige Kraft in sich. Unsere Worte sind endgültig. Mache dir bewußt, daß Worte magisch sind und daß sie, im Bewußtsein der eigenen Sterblichkeit ausgesprochen, eine ganz besondere Kraft besitzen.*“[4]

Meist reicht es nicht, die *Absicht* einmal anzurufen, zumal, wenn wir keine Erfahrung damit haben und unsere Worte noch nicht mit angemessener Kraft äußern. Am besten wiederholt man daher sein

Ansuchen immer wieder, ganz gleich ob es sich dabei um die obige Bitte oder ein anderes Ansinnen handelt. Nach und nach wird man Veränderungen bemerken, die sich zunächst subtil auf unsere Stimmung auswirken und dann mehr und mehr zu unserem Lebensgefühl werden.

Diese Vorgehensweise empfiehlt sich nicht nur für Probleme mit der Übernahme der Verantwortung für unsere Sterblichkeit, unsere Entscheidungen und Handlungen, sondern auch in bezug auf die Verantwortung für unsere Wahrnehmung. Sie zu übernehmen bedeutet, sich bewußt der wertenden Interpretation des Verstandes zu enthalten und so der fremden Installation nach und nach den Boden zu entziehen. Selbst wenn dies zu Beginn völlig unmöglich erscheint, kann man sich zunächst der absoluten Relativität aller wertenden Interpretationen bewußt werden, da die Gegenstände der Wahrnehmung wie auch die Wahrnehmung selbst weder gut noch schlecht, weder positiv noch negativ, weder wahr noch falsch sein können. Sie entziehen sich den rationalen Regeln der Logik, dem dualistischen Paradigma der fremden Installation und können daher auch nicht „verstanden" werden. Castaneda betont:

> *„Vergiß den Versuch, die Dinge zu verstehen. Frage nicht nach dem* Warum. *Es gibt keine rationale Erklärung. Denn wann sind wir schon einmal in der Lage gewesen, irgend etwas um uns herum wirklich zu verstehen? Nichts kann erklärt werden."*[5]

Die in unserer Alltagswelt vergötterte Logik gilt nur innerhalb der strengen Syntax des Interpretationssystems, weil sie als inhärenter Teil desselben über die Einhaltung ihrer eigenen Regeln wacht. Sie bezieht sich lediglich auf Aussagen innerhalb des Systems und nicht auf die Gegenstände der Wahrnehmung, die im energetischen Sinne unabhängig vom Interpretationsvorgang existieren. Ein Baum als Gegenstand der Wahrnehmung kann zum Beispiel weder wahr noch falsch sein; er existiert in einem Bereich, der vor jeder Interpretation gelegen ist und daher auch nicht rational verstanden oder erklärt werden kann.

Der Fluß der Energie, der das Universum bildet, wird somit keineswegs von der Macht der Interpretation und deren innerer

Logik beeinflußt, auch wenn wir uns das im Alltag gerne einbilden oder einreden lassen. Den Zauberern zufolge existiert dieser scheinbare Einfluß nur deshalb, weil die Worte selbst Macht besitzen; die Macht, die *Absicht* herbeizurufen und so die spärlichen Sinnesdaten unserer Wahrnehmung in ein komplexes Wunder zu verwandeln – in eine Welt mit einer Überfülle von Details und Bezügen, die wir gemeinhin als selbstverständlich hinnehmen.

Ein Krieger ist sich der Tatsache bewußt, daß diese Welt alles andere als selbstverständlich ist und einem Akt schierer Magie entspringt. Daher meidet er einerseits jegliche Wertung und zieht sich auf eine Position zurück, die von den Zauberern der *Zeuge* genannt wird. Er konzentriert sich mehr und mehr auf die Eigenschaft, die uns vor jeder Interpretation auszeichnet und als empfindende Wesen definiert: die Wahrnehmung. Andererseits errichtet er seine eigene Welt, indem er die *Absicht* bewußt herbeiruft und der Wahrnehmung so einen neuen Sinn verleiht, der seinen Bedürfnissen und seiner Natur mehr entspricht als die Interpretationen der Alltagswelt. In gewisser Weise interpretiert er die Sinnesdaten ohne den Einfluß des Verstandes neu und erschafft so eine neue Welt, die vom Alltäglichen und Selbstverständlichen befreit ist, sowie den Zugang zu anderen Welten, die genauso detailliert und wirklich sind wie die Welt, in der wir leben.

Für all dies benötigt er jedoch Energie – jene Energie, die für die Erhaltung und Interpretation der Alltagswelt verbraucht wird. Einen großen Teil davon hält er bereits zurück, indem er die Position des Zeugen einnimmt und sich der wertenden Interpretation mehr und mehr enthält. Doch dies reicht im allgemeinen nicht, um die Ecksteine der Alltagswelt ins Wanken zu bringen, weshalb ein Krieger sich bewußt bemüht, die Energie von jenen fundamentalen Pfeilern abzuziehen. Dazu dient ihm vor allem die Technik der Rekapitulation, eine Art umfassender Inventur des eigenen Lebens und Verhaltens, welche wir in Kapitel 11 ausführlich beschreiben werden. Doch es gibt auch einfache und wirksame Tricks, mit deren Hilfe man die Verankerung der Ecksteine lockern kann.

In bezug auf den ersten Eckstein – die Präsentation und Verteidigung des Selbst – gilt es zunächst, sich der Faktoren bewußt zu werden, die wir verteidigen. Dabei hilft uns nicht nur die Bestandsaufnahme der Rekapitulation, sondern auch ein einfaches

Beobachten unseres Verhaltens. Wenn wir uns zum Beispiel gekränkt fühlen, sollten wir nicht in diesem Gefühl verharren, sondern uns auf die Position des Zeugen zurückziehen und uns fragen, was wir zu verteidigen haben: *Welcher Aspekt meines Selbstbildes, meiner Maske wurde durch die Kränkung angekratzt oder ins Wanken gebracht? Ist meine Reaktion in Anbetracht meiner Sterblichkeit gerechtfertigt?*

Wenn wir dies beständig tun, werden wir uns immer mehr aus dem Maskenball der gekränkten Eitelkeiten und dem Einflußbereich des ersten Ecksteins zurückziehen. Dies bedeutet jedoch nicht, vor der Welt oder der Gesellschaft anderer Menschen zu fliehen; im Gegenteil, ein Krieger lebt inmitten der Alltagswelt, ohne ein Teil von ihr zu sein. Wenn dies auch abstrakt klingen mag, ist es doch die pragmatische Umsetzung der Position des Zeugen auf der Bühne des Alltags. Dazu sei jedem Interessierten angeraten, einmal nicht die Hauptrolle spielen zu wollen und eine Woche lang die Worte „ich", „mein", „mir" und „mich" bewußt zu vermeiden.

Denn laut Don Juan sind wir gewöhnlich nicht einmal fähig, die kleinste Geschichte oder Erinnerung zu erzählen, ohne uns selbst gleich zum Protagonisten zu machen. Selbst wenn jemand anderes etwas erzählt, gehen wir gar nicht auf dessen Geschichte oder Thema ein, sondern reden von uns: „*Mir* ist neulich sogar ... Also, wenn das *mir* passiert wäre ... Wenn du *meine* Meinung hören willst ..." Wir beharren hartnäckig auf unserem monotonen „*ich, ich, ich*", mit dem wir uns in den Vordergrund drängen und jede echte Verständigung im Keim ersticken. Florinda Donner-Grau konfrontiert uns hingegen mit dem Standpunkt ihres Lehrers, der eine probate Kriegerkur gegen diese Egomanie darstellt:

> *„Don Juan war daran interessiert, Geschichten und Ereignissen ihren eigenen Lauf, sie sich selbst entwickeln zu lassen. Denn dann werden sie in jeder Hinsicht unendlich viel reicher, weil sie sich selbst öffnen. Betrachte das Zeuge-sein als eine Übung, die du in jeder alltäglichen Situation praktizieren kannst; sei einmal nicht der Hauptdarsteller. Es ist bemerkenswert, was sich dann alles auftut."*[6]

Und es ist ebenso bemerkenswert, was einem dann alles auffällt – auch hinsichtlich unserer Einbindung in den zweiten Eckstein der Alltagswelt, in die Rituale der Paarung und Partnerwerbung. Denn trotz des natürlichen Primats des biologischen Imperativs zur Fortpflanzung sind die meisten von uns gar nicht so „geil", wie sie gemeinhin glauben oder vorgeben.

Die Zauberer behaupten, daß nahezu alle zivilisierten Menschen von Natur aus prüde seien – und dies nicht nur aufgrund der Tatsache, daß die meisten als „langweilige Nummern" zur Welt gekommen sind und nicht genug Energie für wirklich interessanten Sex mitbringen. Zudem sei bei fast allen ein Energiestrang beschädigt, der sich bei Frauen in Form eines geraden Balkens und bei Männern in Gestalt einer schwanenhalsartigen Kurve durch den leuchtenden Körper zieht und unter anderem für das Erleben von energetisch lustvoller Sexualität verantwortlich ist. Laut Castaneda ist die Beschädigung dieses Stranges nahezu universell und auf ein weiteres Manöver der Voladores zurückzuführen, die uns auch auf diese Weise unter Kontrolle halten und dafür sorgen, daß eine neue Generation „langweiliger Nummern" und „armer Babys" unseren Platz im Hühnerhaus einnehmen wird.[7]

Viele Leser werden diesen Aussagen zunächst widersprechen, weil sie von sich selbst eher den Eindruck haben, vor sexueller Energie zu bersten. Meist ist dies jedoch ein sehr oberflächlicher Eindruck, der auch von der äußeren Fassade unserer Gesellschaft gestützt wird, die mit sexuellen Motiven nicht gerade geizt. In Werbung und Medien wird eine regelrechte Sexbesessenheit gepredigt, die inzwischen geradezu groteske Formen angenommen hat. Dabei spielt es keine Rolle, ob es sich um die allseits hopsenden Busen und wackelnden Hüften oder um die leidigen Diskussionen um sexuellen Mißbrauch handelt, wo ebenfalls immer nur das Sexuelle im Vordergrund steht.

Laut Castaneda entstammt diese individuelle und kollektive Gereiztheit jedoch weniger einem echten sexuellen Verlangen oder dem biologischen Imperativ zur Fortpflanzung, als vielmehr unserer modernen Ernährung. „Wir sind keine psychologischen Kreaturen", sagt er nachdrücklich, „unsere Neurosen sind ein Nebenprodukt dessen, was wir in unseren Mund stecken."[8] Dabei weist er vor allem auf den übermäßigen Zuckerkonsum hin, der uns gewaltige Energiereserven und Potentiale vorgaukelt, über die wir gar nicht verfügen.

Zucker stellt die reinste Form gebundener Lichtenergie dar und entsteht im Pflanzenreich als Produkt der Photosynthese, bei der das Licht der Sonne eingefangen und in Form von Glucose, Saccharose oder Fructose gespeichert wird. Vor allem die ersten beiden, die heute in fast allen industriell gefertigten Lebensmitteln im Übermaß vorhanden sind oder die wir in Gestalt von Süßigkeiten, Limonaden und anderen Getränken fast in Reinform konsumieren, werden von unserem Körper unmittelbar in Energie verwandelt und erzeugen so einen Zustand der Erregung und Unruhe, der leicht mit einem natürlichen Antrieb oder tatsächlicher Kraft verwechselt werden kann. In Wirklichkeit sind wir jedoch nur aufgeputscht und fallen gleich wieder in uns zusammen, wenn unserem Körper die Droge vorenthalten wird.

Es ist auf jeden Fall einen Versuch wert, den Konsum von zuckerhaltigen Nahrungsmitteln und Getränken vorübergehend einzustellen oder zumindest einzuschränken, um zu sehen, wie das eigene sexuelle Verlangen dadurch beeinflußt wird. Die meisten von uns – und vor allem die „langweiligen Nummern" – werden schnell erkennen, daß sie ohne die Droge Zucker nicht nur weniger „geil", sondern auch allgemein weniger gereizt und gestreßt sind, weil ihr Körper nun auf der Basis eines realistischeren Energiehaushalts operiert. Und sie werden durch diese einfache Maßnahme leichter in der Lage sein, ihre sexuelle Energie zu sammeln, um mit den wenigen Glücklichen gleichzuziehen, die bei ihrer Zeugung mit mehr Energie ausgestattet wurden.

Dieser einfache Trick hat übrigens oft noch einen weiteren positiven Effekt, wenn man ihn dahin gehend ausweitet, daß man nicht nur den Zucker, sondern alle süßen Nahrungsmittel inklusive künstlicher und natürlicher Süßstoffe meidet. Denn laut Castaneda ist der süße Geschmack ein fester Bestandteil des Armen-Baby-Syndroms, weil wir fast alle im Rahmen unserer Sozialisation mit Süßigkeiten getröstet oder belohnt wurden. Und so ist „Süß" für die meisten von uns ein bewährter Tröster oder eine Instant-Energie-Belohnung, die uns suggeriert, daß alles in Ordnung sei, während unsere Lage in Wirklichkeit genauso trostlos ist wie zuvor.

Offenbar ist unsere Vorliebe für Süßes nicht nur ein Erbstück, welches uns von unseren behaarten Ahnen überkommen ist, die wie alle Primaten süße, energiereiche Früchte besonders schätzten, sondern auch ein Mittel, mit dem wir in der Alltagswelt kontrolliert werden und uns selbst unter Kontrolle halten. Dies ist ganz im Interesse der Voladores, und man kann sagen, daß der Zucker im Bild des Hühnerhauses eine Art Kraftfutter darstellt, mit dem wir einerseits gemästet werden und das andererseits die Eigenschaft hat, uns abhängig zu machen und dafür zu sorgen, daß wir in den Grenzen der Normen bleiben oder zumindest immer wieder in ihren Bannkreis zurückkehren. Vielleicht ist dies die ganze Botschaft des bekannten Spruches: „Gib dem Affen Zucker!"

Doch zurück zum zweiten Eckstein der Alltagswelt und dem Weg des Kriegers. Es ist generell zu empfehlen, das eigene sexuelle Verhalten in energetischer Hinsicht zu prüfen und gegebenenfalls zu verändern. Worauf man dabei vor allem achten muß, ergibt sich aus unseren Erläuterungen in Kapitel 5. So sollte man sich zunächst einmal Klarheit darüber verschaffen, wie man gezeugt wurde und wieviel sexuelle Energie einem demnach zur Verfügung steht. Denn für eine „langweilige Nummer" gilt, daß sie sich besser für ein eher gemäßigtes Sexualleben entscheiden sollte, wenn sie auf dem Weg des Kriegers fortschreiten will, während dies für eine energetisch gezeugte Person keine derart große Rolle spielt.

Dennoch sollten sich auch diese Menschen bewußtmachen, daß Sexualität von der Natur nicht als Belustigung, sondern zum Zweck der Fortpflanzung gedacht ist und daher energetische Mechanismen aktiviert, die einem das kurze Vergnügen hinterher durchaus vergällen können. In diesem Sinne sollten vor allem Frauen sich bewußtmachen, daß sie jenseits des Risikos einer Schwangerschaft einen besonders hohen Preis für den Geschlechtsverkehr bezahlen: die energetische Verbindung zu ihren Lasten, die durch die Energiewürmer zustande kommt, welche die Männer beim vaginalen Verkehr in ihnen zurücklassen. Und vor der Übertragung dieser Würmer, fügt Florinda Donner-Grau ernüchternd hinzu, schützen weder Kondome noch ein Coitus interruptus.[9]

Welche praktischen Konsequenzen dies für das individuelle Sexualleben hat, bleibt allerdings ganz dem Ermessen und der Verantwortung des einzelnen überlassen. Denn der Weg des Kriegers ist weder eine moralische Richtschnur noch ein allgemeingültiger Kodex, nach dem man zu leben hätte. Er verweist lediglich auf energetische Fakten, die für das Leben und Wohlergehen des Kriegers von Bedeutung sind.

Man kann daher zum Beispiel nicht sagen, daß ein zölibatäres Leben allgemein erstrebenswert sei, obschon es im Einzelfall angebracht und von Vorteil sein könnte. Man sollte sich jedoch in jedem Fall davor hüten, sich selbst zum Zölibat oder zu anderen asketischen Verrenkungen zu zwingen, weil es noch fataler sein kann, sich etwas zu versagen, als seine Neigungen bewußt und kontrolliert auszuleben und sie einfach zu genießen. Eine erzwungene Askese führt nämlich meist bloß zu einer Aufblähung des Montagepunkts und der eigenen Wichtigkeit, weil man sich ja schließlich von der großen Masse abhebt und nicht so primitiv ist wie der Rest der Menschheit: „*Ich*, der große Krieger!"

Damit sind wir beim dritten und letzten Eckstein der Alltagswelt angelangt, der Tatsache, daß wir uns alle selbst zu wichtig nehmen. Dabei spielt es, wie bereits erwähnt, keine Rolle, ob sich unser Eigendünkel in Geltungswahn und Arroganz oder in Selbstmitleid und Märtyrerkomplexen manifestiert. Wir sollten uns seiner auch nicht schämen oder ihn künstlich überdecken. Taisha Abelar betont:

> „*Überdecke deinen Eigendünkel nicht, indem du Stolz durch falsche Demut oder falsche Bescheidenheit ersetzt. Entscheidend ist, zu erkennen, daß du weder* mehr *noch* weniger *wichtig bist als jedes andere Lebewesen. Anders zu denken würde bedeuten, wie die Ameise in einem Haufen zu sein, die eine besonders große Last trägt und deshalb denkt, sie sei die Größte, die beste Ameise überhaupt, während ich im nächsten Moment auf sie und all ihre Kumpel trete und sie alle in ihrem Tod gleich sein werden. Irgend etwas wird eines Tages auf jeden von uns ‚treten', genau wie einer von uns auf einen Ameisenhaufen treten mag.*"[10]

Damit verweist Abelar auf das Manöver, den Tod als Ratgeber zu nehmen und in seinem Angesicht zu begreifen, daß wir nichts Besonderes oder Einzigartiges sind. Das Bewußtsein der eigenen Sterblichkeit versetzt den Krieger auf eine Stufe mit allem anderen und hilft ihm so, seinen Eigendünkel zu überwinden.

Nun ist dies meist leichter gesagt als getan, vor allem, weil der Eigendünkel eine Kraft ist, die ihren eigenen Gesetzen gehorcht. Das liegt unter anderem daran, daß er eng mit unserer Selbstbetrachtung verbunden ist, der Spiegelung in der Pfütze der Bewußtheit, die uns die Voladores gelassen haben. Zur Überwindung des Eigendünkels benötigen wir daher nicht nur Mittel, mit denen der Spiegel der Selbstbetrachtung wirksam zerbrochen werden kann, sondern auch etwas, das verhindert, daß die Voladores weiter am äußeren Schein unseres leuchtenden Kokons parasitieren und so unsere Bewußtheit auf einer Stufe halten, auf der wir uns nur wichtig vorkommen können. Und es ist in diesem Zusammenhang mehr als interessant, daß es eine ganze Reihe von Methoden gibt, den Spiegel der Selbstbetrachtung zu zerbrechen, aber nur einen einzigen Weg, den Voladores den Appetit zu verderben. Konzentrieren wir uns hier zunächst auf das vermeintlich leichtere Unterfangen.

Ein vorzügliches Mittel, den Eigendünkel loszuwerden und den Spiegel der Selbstbetrachtung zu zerbrechen, ist, unseren Blick von uns selbst abzuwenden und auf etwas anderes zu richten. Dies kann zum Beispiel bedeuten, daß man sich mit Leib und Seele um das Wohlergehen eines anderen Menschen, eines Tieres oder einer Pflanze kümmert. Wichtig ist jedoch, daß man das betreffende Wesen nicht selbst auswählt, sondern es von der *Absicht* beziehungsweise vom „Zufall“ bestimmen läßt. Denn wenn wir es selbst wählen würden, wäre die Gefahr einfach zu groß, daß bereits diese Wahl von egoistischen Motiven bestimmt wäre, was das ganze Manöver von vornherein zum Scheitern verurteilen würde.

Man beginnt das Manöver, indem man die *Absicht* mit lauter Stimme herbeiruft und um ein Wesen bittet, das einem helfen wird, den Eigendünkel zu überwinden. Dann hält man Augen und Ohren offen und wartet, bis es unseren Weg kreuzt. Und egal, ob es sich bei dem Wesen um einen Vogel mit gebrochenem Flügel oder um einen stinkenden alten Stadtstreicher handelt, wir müssen uns persönlich und mit ganzem Herzen darum kümmern und sein Wohl über unser eigenes stellen.

Dabei sollten wir uns jedoch vor dem Helfersyndrom hüten, das ebenfalls eine Variante des Eigendünkels ist. Helfen bedeutet für einen Krieger nicht, dem anderen das zu geben, was er in unseren Augen braucht, sondern ihm zu helfen, sich selbst zu helfen. Das heißt, ihn aktiv in allem zu unterstützen, was er selber will – auch wenn es unseren Vorstellungen zuwiderläuft. Selbst wenn eindeutig abzusehen ist, daß der andere einen selbstzerstörerischen Kurs eingeschlagen hat, darf man nicht eingreifen; die einzige Freiheit, die dem Krieger in einem solchen Fall bleibt, ist zu schweigen und den anderen in dieser Hinsicht nicht zu unterstützen.

Wenn man aufmerksam ist, wird man übrigens spüren, wann es Zeit ist, das Manöver zu beenden. Denn ein Krieger ist weder ein Pfadfinder, der durch die Welt zieht, um gute Taten zu vollbringen, noch geht es ihm darum, sich an andere Wesen zu binden. Sein Ziel ist die Freiheit, und dieses Manöver dient weniger dem guten Zweck als der *Absicht*, sich selbst aus den Klauen der Selbstbetrachtung zu befreien, auch wenn dies egoistisch klingen mag. Den Eigendünkel zu überwinden kann schließlich nicht bedeuten, den Trieb zur Selbsterhaltung zu leugnen, was uns nicht zur Freiheit, sondern nur früh ins Grab führen würde. Ein Krieger will jedoch nicht nur überleben, sondern er tut dies auf die bestmögliche Weise.

In diesem Sinne kann man die Selbstbetrachtung auch auf andere Art durchbrechen, wenn auch die obige Methode aufgrund ihrer Härte besonders gut geeignet ist, dem Eigendünkel einen echten Dämpfer zu verpassen. Genausogut kann man sich aber auf eine beliebige Aufgabe konzentrieren, die man ebenfalls von der *Absicht* bestimmen läßt. Dabei gilt wie im Fall des vorherigen Manövers: Je schwieriger und unangenehmer die Aufgabe, um so besser für den Krieger. Denn nur dadurch erhält er die Möglichkeit, den Eigendünkel zu überwinden, den Spiegel der Selbstbetrachtung zu zerbrechen und über seine Grenzen hinauszureichen.

Carol Tiggs hat diese Geisteshaltung des Kriegers – seine echte Demut, die keine Unterwürfigkeit ist, und seine Bescheidenheit, die alles auf seinem Weg mutig als Herausforderung annimmt – in folgendem Gebet zusammengefaßt:[11]

Gib mir, o Gott, was Du noch hast,
gib mir, worum Dich niemand bittet.
Ich bitte Dich nicht um Reichtum oder Erfolg,
nicht einmal um Deine Hilfe.
Die Leute bitten Dich so oft darum,
daß Dein Vorrat erschöpft sein muß.
Gib mir, o Gott, was Du noch hast:
Ich bitte um Unsicherheit und Unruhe,
ich bitte um endlose Mühe und Qual.
Und wenn Du sie mir gibst, o Gott,
gib sie mir ein für allemal,
denn ich werde nicht immer den Mut finden,
Dich um das zu bitten, was Du noch hast.

Es ist meist nicht schwer, den Kriegergeist in uns hervorzulocken; die eigentliche Schwierigkeit besteht darin, ihn zu halten. Dazu benötigen wir vor allem *Disziplin* – eine Disziplin, die jedoch wenig mit dem zu tun hat, was wir gemeinhin darunter verstehen. Taisha Abelar erklärt:

„*Mit Disziplin ist nicht das gemeint, was von katholischen Mädchen im Kloster praktiziert wird, und auch nicht das, was von den Nonnen* früher einmal *praktiziert wurde. Sie hat auch nichts damit zu tun, früh aufzustehen, um vor der Arbeit Aerobics zu machen, noch damit, einen festen Stundenplan einzuhalten oder sich vernünftig zu ernähren. Dies alles sind bloß Routinen, Gewohnheiten und nicht die Disziplin eines Kriegers.*“[12]

Für einen Krieger bedeutet Disziplin nicht das sture Einhalten eines Verhaltensmusters, sondern das unbeugsame Festhalten an einem abstrakten Ziel. Daher fordert die praktische Ausführung der Disziplin einerseits äußerste Flexibilität und Beweglichkeit, so daß man die wandelnden Anforderungen einer lebendigen Welt erfüllen kann, und andererseits eine unnachgiebige Entschlossenheit, die von den Zauberern als *unbeugsame Absicht* bezeichnet wird. Dies sind jedoch nur die äußeren Merkmale der Disziplin und ist nicht ihr wahrer Kern, der im Kriegergeist wurzelt. Niemand hat dies besser zum Ausdruck gebracht als Don Juan:

„Zauberer begreifen Disziplin als die Fähigkeit, unerwarteten und widrigen Umständen mit Gleichmut entgegenzutreten. Für sie ist Disziplin ein vorsätzlicher Akt, der sie befähigt, alles, was ihren Weg kreuzt, ohne Bedauern und ohne Erwartungen in sich aufzunehmen. Für Zauberer ist Disziplin eine Kunst: die Kunst, der Unendlichkeit ins Auge zu blicken, ohne mit der Wimper zu zucken – und dies nicht, weil sie mit Verwegenheit, sondern weil sie mit Ehrfurcht erfüllt sind. Zusammenfassend kann man also sagen: Disziplin ist die Kunst, Ehrfurcht zu empfinden."[13]

Wir brauchen zum Beispiel keine strenge Diät und keine falsche Disziplin, wenn wir Ehrfurcht vor dem Leben, vor unserer Nahrung und uns selbst empfinden, weil die Ehrfurcht verhindern wird, daß wir uns überfressen und mehr Lebewesen töten, als für unser Überleben nötig sind. Dasselbe gilt für unzählige andere Bereiche, und man kann ohne Übertreibung sagen, daß die Disziplin des Kriegers das beste Mittel gegen unser Sichgehenlassen ist, ganz gleich, ob es sich dabei um unser äffisches Verhalten, unsere sexuellen Exzesse, unseren Eigendünkel oder um das kollektive Arme-Baby-Syndrom handelt.

Laut Don Juan ist Disziplin sogar das einzige Mittel, den Verstand zu bezwingen und sich so von der fremden Installation der Voladores zu befreien. Die Zauberer haben nämlich *gesehen*, daß Disziplin die Struktur der Bewußtheit, die den äußeren Schein unseres leuchtenden Kokons bildet, ändert und ihr so einen anderen „Geschmack" verleiht, den die Voladores offenbar nicht mögen. Jedenfalls lassen sie von der disziplinierten Bewußtheit eines Kriegers ab, die sich dadurch nach und nach regenerieren kann.

Um sich jedoch dauerhaft von den Voladores zu befreien, muß man ständig in einem disziplinierten Zustand verharren, weil jedes Sichgehenlassen den Geschmack unserer Bewußtheit für deren Empfinden aufbessert und man leicht erneut zum Opfer wird. In diesem Fall bleibt einem nichts anderes übrig, als wieder bei Null anzufangen und das disziplinierte Leben eines Kriegers zu führen. Irgendwann wird ein Punkt erreicht sein, an dem die Bewußtheit einen kritischen Grad überschreitet und die fremde Installation endgültig ihren Geist aufgibt. Die Zauberer aus Don Juans Linie haben *gesehen*, daß das sechste Energiezentrum oberhalb unseres Scheitels in diesem Moment der Befreiung von seiner unnatürlichen Pendelbewegung wieder in die ursprüngliche Rotation gegen den Uhrzeigersinn zurückkehrt.

Dies ist sicher ein gewaltiger Sieg, doch selbst wenn es einem Krieger gelungen ist, die Ecksteine der Alltagswelt auszuhebeln, den Spiegel der Selbstbetrachtung zu zerbrechen, den Eigendünkel zu überwinden und sich von der fremden Installation der Voladores zu befreien, bleiben immer noch Aufgaben zu erledigen, bevor er sich mit seiner neugewonnenen Energie und Bewußtheit auf den Weg in andere Welten und zur endgültigen Befreiung machen kann. Denn zunächst gilt es, seine Schulden zu bezahlen.

Die Zauberer sagen, daß man durch die einfache Tatsache, daß man etwas empfängt, automatisch in der Schuld des Gebers steht und so eine energetische Verbindung etabliert. In diesem Sinne sind wir alle sowohl unseren Mitmenschen als auch der Welt und der *Absicht* verpflichtet. Und man kann sich aus diesen Verstrickungen nur befreien, indem man die Schulden abträgt und so die Verbindungen löst. Taisha Abelar bemerkt hierzu:

> *„Ein Krieger ist dabei sehr großzügig. Er betrachtet die Welt nicht hinsichtlich dessen, was andere ihm schulden. Er betrachtet sie vielmehr hinsichtlich von Gelegenheiten, seine eigene Schuld zu begleichen, damit er nicht für immer gebunden bleibt.“*[14]

Es gibt unzählige Möglichkeiten, die eigenen Schulden zu begleichen, und der Phantasie des Kriegers sind da keine Grenzen gesetzt. Wir können uns mit einer Einladung, einer Reise, einem Geschenk oder einer netten Geste bei Menschen bedanken, denen wir etwas schulden. Ja, selbst wenn diese Leute nicht mehr leben, haben wir die Möglichkeit, etwas zu tun, von dem wir wissen oder annehmen, daß es ihnen gefallen hätte. Man sollte jedoch darauf achten, daß man nicht mit dem Abakus an die Aufgabe herangeht; Krieger sind keine Merkantilisten und Schulden nicht immer materieller Art. Wichtig ist, daß das Gefühl stimmt – selbst wenn es uns unangenehm sein sollte, wie Taisha Abelar sagt:

„Wenn dich jemand wirklich verletzt hat, muß auch dies zurückgezahlt werden. Das Konzept vom Zurückzahlen der Schulden ist keine sentimentale Schrulle, die darauf beschränkt wäre, nur die guten Verbindungen zu erwidern. Es geht darum, alle Verbindungen zu lösen. *Wenn du mit jemandem verbunden bist, der dich wirklich verletzt hat, kann es durchaus nötig sein, die Verletzung zurückzuzahlen, um die Verbindung zu durchtrennen. Mithin ist das Zurückzahlen der Schulden auch keine moralische Angelegenheit – es geht in beide Richtungen.“*[15]

Nachdem wir nun die wichtigsten pragmatischen Aspekte vom Weg des Kriegers besprochen haben, wollen wir uns auf die Manöver der Zauberer konzentrieren, die dazu dienen, die Bewußtheit zu steigern, Energie zu speichern, den Montagepunkt zu verschieben und den Zugang zu anderen Welten und Erfahrungen zu schaffen. Dabei legen Castaneda und seine Gefährtinnen besonderen Wert auf neun synergetisch verschachtelte Pfade der Praxis, in denen ihre Vorgänger sie unterwiesen hatten. Diese *neun Pfade der Zauberei* zeichnen sich vor allem dadurch aus, daß sie zu einer harmonischen Verschiebung des Montagepunktes führen und für den Praktiker denkbar ungefährlich sind, wenn sie in der vorgegebenen Reihenfolge erlernt und praktiziert werden:[16]

1. Die magischen Bewegungen
2. Die Rekapitulation des Lebens
3. Das Nicht-tun
4. Die kleinen Tyrannen
5. Das Gaffen
6. Innere Stille
7. Disziplin und makellose Handlungen
8. Die Kunst des *Träumens*
9. Die Kunst des Pirschens

Diese Reihenfolge ergibt sich aus dem Grad der Bewußtheit, der für eine gefahrlose Praxis und die echte Bewältigung des jeweiligen Pfades erforderlich ist. Für die ersten beiden Pfade – die magischen Bewegungen und die Rekapitulation – ist es nicht einmal unbedingt nötig, daß der Praktizierende ein Krieger ist. Sie sind so konzipiert, daß sie auch von Menschen mit wenig Energie und geringer Bewußtheit geübt werden können, weshalb wir ihnen die folgenden Kapitel gewidmet haben. Sie erlauben jedem Interessierten einen detaillierten Einblick in die Welt der Zauberei, ohne sich ihr gleich mit Haut und Haaren verschreiben zu müssen. Und sie ermöglichen es sowohl dem Durchschnittsmenschen als auch dem Krieger, auf einfache und direkte Weise vom Vermächtnis des Don Juan zu profitieren und zu gesteigerter Bewußtheit und Energie sowie zu körperlichem und geistigem Wohlbefinden zu gelangen.

10. Die magischen Bewegungen der Zauberer

Die magischen Bewegungen steigern die Bewußtheit unabhängig davon, als was du sie betrachtest. Dennoch wäre es klug, sie als das zu sehen, was sie sind: magische Bewegungen, die den Praktiker durch ihre bloße Ausführung dazu bringen, die Maske der Sozialisation fallenzulassen.

Don Juan Matus[1]

Die Zauberer des alten Mexikos, denen es bereits vor Jahrtausenden gelungen war, den Schleier des Bekannten zu durchdringen und das Universum als Energiestrom zu *sehen*, verbrachten einen Großteil ihrer Zeit damit, neue und bislang ungenutzte Möglichkeiten der Wahrnehmung zu erkunden. Hierzu entwickelten sie unter anderem die Kunst des *Träumens*, mit deren Hilfe sie ihren Montagepunkt vorsätzlich verschieben und ganz gewöhnliche Träume in gangbare Brücken zu anderen Welten verwandeln konnten – Welten, die genauso fest und wirklich sind wie unsere Alltagswelt.

Auf ihren Erkundungsfahrten durch die neuen Gefilde erlebten jene Zauberer unglaubliche Dinge und entdeckten so manches Wunder, doch was ihre Aufmerksamkeit von Anfang an fesselte, waren die außerordentlichen Zustände der Kraft und des Wohlbefindens, in die sie in ihrem *Träumen* gelangten. Zunächst glaubten sie, daß diese allein durch die Konfrontation mit den neuen Welten hervorgerufen würden, doch bei genauerer Untersuchung fanden sie heraus, daß sie mit bestimmten Körperhaltungen und Bewegungen korrespondierten, die sie im *Träumen* eingenommen oder ausgeführt hatten. Und zu ihrer großen Freude stellten sie fest, daß sich diese Zustände auch im Wachzustand herstellen ließen, indem man die entsprechenden Haltungen und Bewegungen in der Alltagswelt wiederholte.

Im Laufe der Zeit entdeckten und entwickelten sie so eine Unzahl von *magischen Bewegungen*, deren Magie nicht nur in ihrem geheimnisvollen Ursprung, sondern auch in ihrer außerordentlichen Wirksamkeit liegt. Diese machte sie zu einem äußerst begehrten Instrument der Zauberei, welches den Eingeweihten einen Vorteil gegenüber ihren Zeitgenossen und somit auch eine gewisse Macht verlieh. Daher hüteten die Zauberer des alten Mexikos ihre magischen Bewegungen wie einen Schatz. Sie umgaben sie mit Ritualen und allem möglichen Blendwerk und reichten sie nur unter strengsten Sicherheitsvorkehrungen und dem Siegel absoluter Verschwiegenheit an ihre Nachfolger weiter.

Auf diese Weise wurden auch Castaneda und seine Gefährtinnen in die Kunst der magischen Bewegungen eingeführt, wenn auch Don Juan und seine unmittelbaren Vorgänger nicht mehr an Macht und Ritualen interessiert waren und die Bewegungen bereits von allem überflüssigen Hokuspokus befreit hatten. Das Schweigegebot blieb, und Don Juan wies seine Schüler nachdrücklich an, nicht einmal untereinander über die magischen Bewegungen zu reden. Und wie wir aus Teil I wissen, haben sie dieses Gebot befolgt, bis die unerwartete Rückkehr von Carol Tiggs das Ende der Tradition besiegelte und das Schweigegebot seinen Sinn verlor.

Der Grund für Don Juans restriktive Handhabung der magischen Bewegungen hatte jedoch nicht nur in seiner Treue zur Tradition gelegen, sondern auch darin, daß diese bislang in individuellen Formen gelehrt und in allen Einzelheiten auf die energetische Konfiguration des jeweiligen Schülers zugeschnitten worden waren. Castaneda lernte also ganz andere Bewegungen als Donner-Grau, Abelar oder Tiggs, und daher hätte eine Verständigung über die magischen Bewegungen zur damaligen Zeit bestenfalls Verwirrung gestiftet. Doch nun verfügten sie über vier individuelle Sätze von Bewegungsfolgen, die, um einer breiten Öffentlichkeit zugänglich gemacht zu werden, erst einmal in eine allgemeingültige Form gegossen werden mußten.

Dies gelang, wie bereits beschrieben, mit Hilfe der Chacmools, der Energy Trackers und der Elements, die unter Anleitung der Erben des Don Juan in einem fortwährenden Prozeß *Tensegrity* schufen, ein komplexes Bewegungssystem, das von jedem Interessierten gleich effizient praktiziert werden kann.

Den Begriff *Tensegrity* hat Castaneda aus dem Bereich der Architektur entlehnt, wo *Tensegrität* ein Strukturprinzip bezeichnet, das nicht nur in architektonischen, sondern auch in natürlichen Stützstrukturen Anwendung findet. Buckminster Fuller, der geniale Ingenieur und Architekt, der den modernen Begriff der Tensegrität geprägt hat, wies unter anderem nach, daß dieses Prinzip für die Tragfähigkeit des menschlichen Skeletts und die Stabilität unserer Wirbelsäule verantwortlich ist.[2]

Wie in einer architektonischen Tensegritätsstruktur basieren die Tragfähigkeit unseres Skeletts und die Stabilität der Wirbelsäule nicht auf fest aufeinander ruhenden Elementen, die wie Bauklötze gestapelt wären, sondern auf einer Vernetzung von unterbrochenen Druck- und verbindenden Spannungselementen, von Stäben und Spanndrähten, wobei im Skelett die Knochen den Stäben und die Muskeln, Sehnen und Bänder den Drähten entsprechen. Wie in jeder künstlichen Tensegritätsstruktur werden auch hier Stabilität und Tragfähigkeit allein durch die korrekten Winkel der Stäbe zueinander und die ausgleichende Spannung der Drähte bestimmt, welche den Großteil der Traglast auffangen.

Ein Knochen würde zum Beispiel bei jeder Belastung sofort aus der Gelenkpfanne gleiten, wenn ihn nicht die Spannkräfte der Muskeln, Sehnen und Bänder an seinem Platz hielten und seine Dreh- und Schwenkbewegungen kontrollierten. Mithin dienen die Knochen des Skeletts wie auch die Streben einer künstlichen Tensegritätsstruktur weniger als Lastträger denn als Abstandhalter; es sind die Spanndrähte, die Muskeln, Sehnen und Bänder, welche den Großteil der Traglast in Form größerer Spannung in sich aufnehmen und so das knöcherne Skelett entlasten.

Auf diese Weise erzeugt das Prinzip der Tensegrität maximale Stabilität mit minimalem materiellem Aufwand und ermöglicht es unserem Körper darüber hinaus, daß all seine Elemente – Knochen, Muskeln, Sehnen, Bänder etc. – denkbar effizient und ökonomisch zusammenarbeiten. Alles Attribute, die auch auf die moderne Version der magischen Bewegungen der Zauberer zutreffen, was Castanedas Entscheidung erklärt, sie *Tensegrity* zu nennen. Er sagt:

„Ein solcher Begriff ist am ehesten in der Lage, die Natur dieses neuen Bewegungssystems zu umschreiben. Denn es geht darum,

zunächst bestimmte Areale des Körpers anzuspannen und dann zu entspannen und diesen Wechsel von An- und Entspannung nach und nach auf den gesamten Körper auszudehnen. Unser erklärtes Ziel ist es, auf diese Weise dieselben Wirkungen zu erzielen wie die Zauberer der Vorzeit, jene Männer und Frauen, welche die magischen Bewegungen ursprünglich entdeckten."[3]

Er versteht Tensegrität also ganz im Sinne des Wortes, welches sich aus *Tension* (Spannung) und *Integrität* (Zusammenhalt, Einheit) zusammensetzt. Nur wenn das komplexe Wechselspiel von Knochen, Muskeln, Sehnen und Bändern reibungslos funktioniert, sind die Gesundheit und das Wohlbefinden unseres Körpers gewährleistet. Wenn aber zum Beispiel nur eine einzelne Sehne im unteren Rücken zu fest sitzt oder „eingerostet" ist, kann sich dies bereits stark auf die strukturelle Integrität der Wirbelsäule wie auch auf die Funktionstüchtigkeit des gesamten Körpers auswirken. Die magischen Bewegungen wirken einem solchen Ungleichgewicht entgegen, indem sie es uns gestatten, unseren Körper bewußt als konkrete Einheit zu erfahren und zu trainieren.

Castaneda weist jedoch immer wieder darauf hin, daß es sich bei Tensegrity trotz des starken körperlichen Bezuges nicht um ein Fitneßprogram oder um Gymnastik für Krieger handelt. Sicher ist es ein vordringliches Ziel der Bewegungen, den Körper in einen optimalen Zustand der Beweglichkeit und des Wohlbefindens zu versetzen, doch handelt es sich dabei keineswegs um einen Selbstzweck. Denn das Prinzip der Tensegrität gilt nicht nur auf der physischen Ebene, die ja nur ein Ausdruck der zugrundeliegenden energetischen Wirklichkeit ist, sondern es ist ein energetisches Grundprinzip, welches sowohl für den Zusammenhalt unseres leuchtenden Kokons als Konglomerat von Energiefeldern wie auch für die Kohäsion aller anderen energetischen Strukturen im Universum verantwortlich ist. Castaneda erklärt:

„Im Rahmen seiner naturwissenschaftlichen Forschung hat der moderne Mensch herausgefunden, daß es eine bindende Kraft gibt, welche die Teilchen eines Atoms zusammenhält. Auf ähnliche Weise werden die Bestandteile einer Zelle von einer Kraft

zusammengehalten, welche die Zellen offenbar auch dazu zwingt, sich zu Geweben und Organen zu verbinden. Don Juan sagte, daß die Seher des alten Mexikos bereits Jahrtausende zuvor wußten, daß wir Menschen als Konglomerat von Energiefeldern nicht von irgendwelchen energetischen Hüllen oder Bändern zusammengehalten werden, sondern von einer Art Schwingung, die alles gleichzeitig belebt und an seinem Platz hält: eine Art von Kraft oder Energie, die durch ihre Vibration jene Energiefelder zu einer einzigen energetischen Einheit zusammenschweißt."[4]

In übergeordneter Hinsicht geht es bei Tensegrity also darum, sich jener Kraft bewußt zu werden und sie physisch zu spüren. Nur so kann es uns unter anderem gelingen, Gesundheit und Wohlbefinden auf der grundlegenden Ebene der Energie zu gewährleisten oder wiederherzustellen. Und dies ist genau die Ebene, auf der die magischen Bewegungen der alten Zauberer und ihre modernen Abwandlungen ansetzen.

Dabei sind die einzelnen Bewegungen oder Bewegungsfolgen recht unterschiedlich, was allein schon auf ihren Ursprung im *Träumen* und auf die Tatsache zurückzuführen ist, daß ihre Entdecker keinerlei Interesse daran hatten, sie zu systematisieren. Sie kannten lediglich gewisse Serien magischer Bewegungen, die mehr oder weniger lose von der inhärenten *Absicht* zusammengehalten wurden. Erst Castaneda und seine Gefährtinnen fügten sie mit Hilfe der neuen Kriegerformationen zu einem vollständigen Bewegungssystem zusammen und schufen mit Tensegrity einen Rahmen, in dem die einzelnen Bewegungsfolgen in echten Serien praktiziert werden können, die ganz spezifischen Zwecken dienen.

Wenn es um die konkrete Praxis von Tensegrity und der magischen Bewegungen geht, kann das vorliegende Buch jedoch unmöglich als Anleitung dienen; zum einen, weil wir dazu weder autorisiert noch qualifiziert sind, und zum anderen, weil es ein unmögliches Unterfangen wäre, die zahlreichen Bewegungsfolgen von *Carlos Castaneda's Tensegrity* im Rahmen eines Kapitels auch nur anzuschneiden, geschweige denn sie nachvollziehbar zu beschreiben. So werden wir uns im Folgenden auf spezifische Hinweise und allgemeine Erläuterungen zu den bereits vorhandenen

Medien beziehen, die in diesem Zusammenhang wärmstens empfohlen werden.

Jeder, der an der Praxis von Tensegrity interessiert ist, sollte sich zunächst mit den Bewegungen der drei bislang erschienenen Übungsvideos und des Buches *Tensegrity – Die magischen Bewegungen der Zauberer* vertraut machen und auch ernsthaft in Erwägung ziehen, eines der Seminare der Zauberer zu besuchen, solange diese Möglichkeit besteht. Denn dies ist der beste Weg, die Bewegungen zu erlernen und einen unmittelbaren Eindruck von der treibenden Kraft und *Absicht* zu erlangen, die in Tensegrity steckt.

Eine ergänzende Möglichkeit besteht darin, eine der Tensegrity-Übungsgruppen zu besuchen, die sich inzwischen überall in der Welt und auch in Deutschland gebildet haben. Die Adressen dieser Gruppen findet man auf den entsprechenden Seiten von *Carlos Castaneda's Tensegrity* im Internet, wo man auch erfährt, welche Bedingungen die einzelnen Gruppen an die Teilnahme knüpfen.[5] Die Übungsgruppen verlangen zwar gemeinhin weder Eintritt noch Gebühren, doch in vielen wird die Teilnahme an mindestens einem Tensegrity-Workshop oder auch ausgiebige Erfahrung mit den Bewegungen der Videos vorausgesetzt.

Ansonsten sollte man eher vorsichtig sein, wenn Leute, die nicht ausdrücklich von Castaneda oder *Cleargreen* autorisiert sind, vorgeben, Tensegrity zu lehren. Denn es bedarf einer wesentlich größeren Könnerschaft, Bewußtheit und Kraft, die magischen Bewegungen an einen anderen weiterzugeben, als sie selbst zu praktizieren. Dennoch tauchen immer wieder selbsternannte Lehrer auf, die vorgeben, magische Bewegungen zu lehren, während sie im besten Fall äußere Formen vermitteln, denen die innere *Absicht* der entsprechenden Bewegung fehlt, weil sie diese – selbst wenn sie sie auf einem Seminar der Zauberer vermittelt bekommen haben – noch nicht beherrschen.

Dies ist übrigens auch ein vertrautes Problem der Tensegrity-Übungsgruppen, denn auch dort „lernt" man im eigentlichen Sinne keine magischen Bewegungen, sondern praktiziert sie bestenfalls in Gemeinschaft mit anderen. Da es dort keine „Lehrer" und erst recht keine „Meister" gibt, ist es allein der Konsens der Gruppe und der Bewegung, der es einem erlaubt, sich an ihn anzuschließen und sich auf diese Weise neue magische Bewegungen anzueignen. Wenn auch der Lerneffekt in einer solchen Gruppe geringer ist als auf einem regulären Tensegrity-Workshop, wo nicht nur qualifizierte Lehrer anwesend sind, sondern auch die Masse der Teilnehmer einen wesentlich stärkeren Konsens hervorbringt, ist die gemeinsame Übung doch ein effektiver Weg, sich an die *Absicht* einer jeweiligen Bewegung anzuschließen.

Andererseits birgt gerade die Arbeit in der Gruppe die Gefahr in sich, daß der Konsens die gemeinsame Übung übersteigt und sich eine Art Mini-Subkultur bildet – ein Zerrbild der Alltagswelt, in der die sozialen Masken lediglich einen neuen Anstrich bekommen, während in Wirklichkeit jeder im vertrauten Aufmerksamkeitsspiel von eigener Wichtigkeit und sexueller Partnerwerbung schwelgt. Wenn es einem schwerfällt, die eigene Maske an der Garderobe des Übungsraumes abzulegen, oder die ganze Gruppe entsprechende Merkmale aufweist, sollte man es lieber vorziehen, allein zu üben, was die Wirksamkeit der magischen Bewegungen keineswegs schmälert.

Wenn man zum ersten Mal mit Tensegrity zu tun hat, sollte man sich außerdem vor vorschnellen Vergleichen hüten. Das Bedürfnis vieler Neulinge, die oft bereits Erfahrungen mit fernöstlichen Systemen gesammelt haben, Tensegrity mit Yoga, Chi Gong, Tai Chi oder Kampfsport zu vergleichen, steht im krassen Widerspruch zur eigentlichen Intention der magischen Bewegungen. Ihre *Absicht* liegt darin, uns von den Ketten der Sozialisation und solchen Akten mentaler Masturbation zu befreien, die fremde Installation zu überwinden und zu *innerer Stille* zu gelangen. Wenn wir jedoch versuchen, Tensegrity in ein Schema zu pressen oder als etwas Altbekanntes abzustempeln, hindern wir uns nur selbst daran, etwas Neues zu erfahren, und vereiteln jede Chance, über den Tellerrand unseres Alltags hinauszublicken. Daher ist es das beste, einen solchen Impuls als Widerstand des Verstandes zu erkennen und sich auf die Position des Zeugen zurückzuziehen; denn nur so wird man die wahre Natur von Tensegrity erkennen und durch die magischen Bewegungen zu wirklich neuen Erfahrungen gelangen.

Wenden wir uns nun den Übungsvideos und der Praxis von *Carlos Castaneda's Tensegrity* zu. Teil eins, *Zwölf grundlegende Bewegungen zur Sammlung von Energie und Förderung des*

Wohlbefindens, ist eine vorzügliche praktische Einführung.[6] Die Bewegungen dieses Videos reichen von einfachen bis zu komplexen Formen, die auch für den Anfänger leicht nachvollziehbar sind. Gleichzeitig zeigen sie bereits ein breites Spektrum von Wirkungen, die für die Praxis von Tensegrity typisch sind.

So werden durch fast alle magischen Bewegungen Drüsen oder Drüsensysteme des Körpers angeregt, was zum Teil auch in den Namen der Übungen Ausdruck findet, wie etwa *Den Fluß des Immunsystems fördern* oder *Die Drüsen um die Schulterblätter massieren*. Eine solche Anregung findet aber auch durch jene Bewegungen statt, bei denen dies nicht explizit erwähnt wird.

Diese Anregung ist Teil einer Erweckung des gesamten Körpers, eines Prozesses, der durch die bloße Ausführung der magischen Bewegungen zustande kommt. Dies liegt laut Castaneda daran, daß der Körper und jeder seiner Teile ihr eigenes Bewußtsein und Gedächtnis besitzen, welche jedoch bei den meisten zivilisierten Menschen kaum entwickelt sind, weil sie im Rahmen der Sozialisation zugunsten der Selbstreflexion vernachlässigt werden. Tensegrity beendet diesen Mißstand, indem es die schlafenden *Sekundärfunktionen* des Körpers und seiner Organe erweckt und es ihnen erlaubt, sich nach und nach zu entwickeln.

Eine besondere Rolle spielen hierbei die Muskeln, Bänder und Sehnen, denen wir im Alltag außer im Fall von Zerrungen und Verletzungen nur wenig Aufmerksamkeit schenken. Wie bereits erwähnt, spielen sie eine bedeutende Rolle im Gleichgewicht der Tensegrität unseres Körpers, weil sie die Hauptlastträger sind – auch wenn wir gemeinhin glauben, daß diese Funktion von den Knochen des Skeletts erfüllt würde. Die Praxis von Tensegrity macht es uns jedoch physisch klar, daß dem nicht so ist und daß wir ein äußerst mangelhaftes Körperbewußtsein besitzen. Sie verdeutlicht uns zudem, daß die Muskeln, Sehnen und Bänder neben dieser Primärfunktion eine entscheidende Sekundärfunktion besitzen: Sie sind die eigentlichen Träger des *kinästhetischen Gedächtnisses* und Leitbahnen einer besonderen Kraft, welche die Zauberer mangels eines passenderen Namens als *Sehnenenergie* bezeichnen.

Das kinästhetische Gedächtnis ist es, das es uns ermöglicht, komplexe Bewegungsabläufe nachzuvollziehen, ohne über sie nachzudenken. Es handelt sich dabei jedoch nicht um einen vom

Gehirn gesteuerten Automatismus, wie dies in den kopflastigen und hirnzentrierten Kreisen der Humanmedizin angenommen wird, sondern es beruht unmittelbar auf der Erinnerungsfähigkeit der Moleküle, Zellen und Organe unseres Körpers. Dies mag zunächst ungewöhnlich klingen, doch wenn man bedenkt, daß heute in der biochemischen und physikalischen Forschung immer mehr von der Erinnerungsfähigkeit von Molekülen, Eiweißen und Metallen die Rede ist, sollte man sich ernsthaft mit der Möglichkeit anfreunden, daß unser Körper ein vom Nervensystem unabhängiges, älteres Gedächtnis besitzt, das durch entsprechende Reize aktiviert, entwickelt und bewußtgemacht werden kann.

Ebensolche Reize vermitteln die magischen Bewegungen, indem sie Stöße von Sehnenenergie durch die Gewebe und Organe des Körpers senden und sie auf diese Weise aktivieren. Laut Castaneda ist die Sehnenenergie dabei nichts anderes als der spürbare Aspekt jener geheimnisvollen Vibrationskraft, die uns als Konglomerat von Energiefeldern und auch als komplexe Struktur von Molekülen, Zellen und Organen zusammenhält. Als buchstäbliche Lebenskraft ist sie daher nicht nur in der Lage, das kinästhetische Gedächtnis der Muskeln, Bänder und Sehnen zu erwecken, sondern sie besitzt auch die Fähigkeit, alle anderen Teile unseres Körpers in einen optimalen Zustand des Gleichgewichts und Wohlbefindens zu versetzen.

Wer jenseits der Theorie wissen will, was die Zauberer unter Sehnenenergie verstehen, sollte einen Versuch mit der zweiten Bewegung des ersten Tensegrity-Videos machen, dem *Langustenschlag*. Bei dieser Bewegung kann man deutlich spüren, daß die Kraft, mit der hier jeweils ein Arm nach vorne geschnellt wird, weder aus den Armen noch aus den Schultern kommt. Wenn der Langustenschlag korrekt ausgeführt wird, fühlt man, daß bei jedem Stoß eine Art Explosion im Bereich des Solarplexus stattfindet, die sich blitzschnell durch den ganzen Körper ausbreitet und die eigentliche Stoßbewegung initialisiert.[7]

Vergleichbare Explosionen finden auch bei den meisten anderen magischen Bewegungen statt, so etwa bei der letzten Übung des ersten Videos, welche den bezeichnenden Namen *Die Antennen* trägt. Hier kommt jedoch zudem eine äußere Kraft ins Spiel, die für die Zauberer von besonderer Bedeutung ist: die Energie sterbender oder bereits erloschener Sterne. Mit Hilfe der Antennen wird diese besondere Energie eingefangen und dazu genutzt, den von den Voladores abgefressenen äußeren Schein des leuchtenden Kokons wiederherzustellen. Damit bildet diese Bewegung den Höhepunkt und krönenden Abschluß der Serie zur Sammlung von Energie und Förderung des Wohlbefindens, weil sie es uns erlaubt, den Grad unserer Bewußtheit zu steigern und mehr von der Welt und uns selbst wahrzunehmen, als uns die engen Grenzen der Alltagswelt und der Spiegel der Selbstbetrachtung gemeinhin gestatten.

In diesem Zusammenhang weist Taisha Abelar übrigens darauf hin, daß bestimmte Sterne oder planetarische Nebel besonders gute Quellen dieser Energie darstellen: der Stern Aldebaran im Stier, ein Objekt in der Konstellation Corona Borealis sowie der Katzenaugen-Nebel im Drachen und der Orion-Nebel im Schwert des Orion, wobei sich die Energie der letzten beiden besonders gut durch die Antennen einfangen läßt. Taisha Abelars Lehrer Emilito wies seine Schülerin wiederholt dazu an: „Ziehe das Schwert aus dem Gürtel des Orion und benutze es, um deinen Eigendünkel zu erschlagen.“[8]

Sicher ist diese Aussage Emilitos einerseits eine Metapher dafür, den Spiegel der Selbstbetrachtung zu zerbrechen, indem man die unpersönliche Energie eines kosmischen Nebels dazu nutzt, die eigene Bewußtheit zu steigern. Andererseits ist sie eine konkrete Anweisung, die sich mit den entsprechenden astronomischen Kenntnissen leicht in die Praxis umsetzen läßt. Das heißt, man kann die magische Bewegung der Antennen auf die entsprechende Sternenkonstellation ausrichten, wenn man weiß, wo sie gerade am Himmel steht. Dadurch wird nicht nur der Effekt der Übung gesteigert, sondern wir lernen auch etwas über das Universum, dessen Dimensionen ebenfalls bestens geeignet sind, unsere eigene Wichtigkeit zu bekämpfen, weil sie uns verdeutlichen, wie klein und unbedeutend wir im Angesicht kosmischer Weiten sind.

Dies soll jedoch keine Aufforderung sein, die Antennen unter freiem Himmel zu praktizieren – etwas, das gerade Anfänger vermeiden sollten. Es ist zunächst generell besser, Tensegrity in geschlossenen Räumen zu üben und jeden Luftzug zu vermeiden, weil wir uns durch die magischen Bewegungen stark öffnen und nicht jeder Windhauch das ist, was er vorgibt zu sein. Castaneda erklärt, daß es sich bei plötzlichen Luftbewegungen manchmal um anorganische Wesen handele, die wir als Wind interpretieren, und daß es daher besser sei, die Praxis im Freien zu meiden, bis wir in der Lage seien, das eine vom anderen zu unterscheiden. Daher sollten wir uns zunächst innerhalb eines geschlossenen Raumes in Richtung der entsprechenden Sterne oder Nebel orientieren, zumal es im energetischen Sinne ohnehin keine große Rolle spielt, ob wir diese während der Bewegung tatsächlich sehen.

Dasselbe gilt für die letzte magische Bewegung des zweiten Videos, *Das Zurückführen verstreuter Energie*,[9] bei der ebenfalls die Energie der Sterne genutzt wird, wenn auch zu anderen Zwecken. Diese Bewegung, die idealerweise in Richtung des Sterns Aldebaran oder der Konstellation Corona Borealis ausgeführt wird, trägt den bezeichnenden Namen *Die Sternenluke* und dient dazu, mit Hilfe stellarer Kräfte jene interne Energie zu lösen und zurückzuführen, die wir im alltäglichen Auf und Ab der Emotionen aus den vitalen Zentren unseres leuchtenden Kokons auf die inneren Ränder desselben projiziert haben. Dort bildet sie nun Ablagerungen und Krusten, welche die Spannung und Integrität unserer energetischen Hülle gefährden, während unsere vitalen Zentren völlig erschöpft sind, was sich in unserem alltäglichen Zustand widerspiegelt.

Allgemeine Erschöpfung, leichte Ermüdbarkeit, mangelnde Spontaneität und Reaktionsfähigkeit, emotionale Überreizung sowie die Unfähigkeit, sich auf langfristige Ziele zu konzentrieren, sind einige der typischen Symptome des Energiemangels in den vitalen Zentren und der inneren Verkrustung unserer energetischen Hülle. Weshalb dies so ist, wird leicht ersichtlich, wenn wir die sechs großen Energiezentren betrachten, die wir bislang nur am Rande erwähnt haben.

Diese sechs großen Energiewirbel, welche als Reservoire für bestimmte Zwecke angesehen werden können, stehen in enger Beziehung zu inneren Organen und Drüsen des physischen Körpers: Auf der rechten Vorderseite des leuchtenden Kokons befindet sich das *Zentrum für spontane Aktion und schnelle Reaktion*, welches unmittelbar über Leber und Gallenblase lokalisiert ist. Auf der linken Front liegt das *Zentrum des Gefühls*, das über dem unteren Rand des Brustkorbs zu finden ist und mit Bauchspeicheldrüse und Milz assoziiert wird. Die Rückseite bietet hingegen zwei identische Wirbel, die gemeinsam als *Zentrum für dauerhafte und zielgerichtete Aktion* angesehen werden und mit Nieren und Nebennieren verbunden sind.[10]

Die magischen Bewegungen des zweiten Videos dienen vor allem dazu, die verkrustete Energie innerhalb der Hülle, die nicht wirklich verloren, sondern lediglich nicht verfügbar ist, wieder in diese drei Zentren zurückzuführen und uns so zu mehr Spontaneität, besserer Reaktionsfähigkeit, echten Gefühlen sowie zu mehr Beständigkeit in unseren Handlungen und Zielen zu befähigen. Mithin sind sie auch die beste Vorbereitung für weitere Schritte auf dem Weg des Kriegers und die energetische Wiederherstellung der übrigen Energiezentren, die meist ebenfalls erschöpft sind.

Das vierte Energiezentrum ist eine rein weibliche Angelegenheit, weil es sich dabei um den energetischen Aspekt der Gebärmutter als *Zentrum der Kreativität* handelt. Auch dieser Energiewirbel ist bei den meisten Frauen erschöpft, jedoch nicht so sehr aufgrund der Projektion von Energie an die Peripherie der Hülle, als vielmehr infolge der Einbindung in die Sexualität und die Absorption von Energie durch die leuchtenden Würmer, welche die Männer beim Geschlechtsverkehr hinterlassen haben.

Dieses Problem läßt sich nicht unmittelbar durch die Praxis der magischen Bewegungen lösen, wenn es auch einen Weg gibt, die lästigen „Mitesser" im Rahmen der Rekapitulation zu beseitigen, die wir im nächsten Kapitel besprechen werden. Es gibt jedoch eine Serie von Bewegungen, die dem vierten Zentrum Energie zuführt und der Frau helfen kann, aus dem Zyklus der Fortpflanzung auszusteigen, indem sie die sekundären Funktionen der Gebärmutter erweckt und diese so in ein echtes Zentrum der Kreativität und ein Organ des *Träumens* verwandelt. Diese *Serie für die Gebärmutter* beschreibt Castaneda in seinem Buch *Tensegrity – Die magischen Bewegungen der Zauberer*, wo er auch ausführlich auf andere Aspekte der *Befreiung der Gebärmutter* eingeht.[11]

In diesem Werk beschreibt er auch zum ersten Mal das fünfte große Energiezentrum, das wenige Fingerbreit unterhalb des Kehlkopfes in der V-förmigen Vertiefung am Ansatz des Brustbeins gelegen ist. Aufgrund dieser Form bezeichnet Castaneda es als *V-Punkt* und sagt, daß dies das *Zentrum für Entscheidungen* sei. Ihm zufolge ist es besonders geschwächt, weil uns im Prozeß der Sozialisation von vornherein jegliche Verantwortung abgesprochen wird und alle Entscheidungen auf die eine oder andere Art sabotiert werden. Dies führt zu einer völligen Verdrängung aller Energie aus dem fünften Zentrum, was sich unter anderem darin widerspiegelt, daß wir unfähig sind, Entscheidungen zu treffen. Wie ließe es sich sonst erklären, daß wir einen so gewaltigen Staats- und Verwaltungsapparat brauchen, um uns zu sagen, was wir zu tun und zu lassen haben? Castaneda betont:

> *„Die Schamanen haben schon seit Jahrhunderten auf die Unfähigkeit des Menschen hingewiesen, Entscheidungen zu treffen. Sie haben darauf hingewiesen, daß wir gigantische Institutionen geschaffen haben, die uns die Verantwortung für unsere Entscheidungen abnehmen. Wir entscheiden nicht für uns selbst, sondern lassen die soziale Ordnung für uns entscheiden und fügen uns dann obendrein auch noch in die Entscheidungen, die in unserem Namen getroffen wurden.“*[12]

Zum Glück gibt es eine Gruppe magischer Bewegungen zur Stärkung des Zentrums für Entscheidungen, die Castaneda in seinem jüngsten Werk im Rahmen der *Westwood-Serie* beschreibt. Diese Bewegungen sind nach eigenen Erfahrungen ausgesprochen wirksam, und es kann nur jedem geraten werden, sie möglichst täglich zu praktizieren, weil unsere Entscheidungen ansonsten leere Worte bleiben und wir uns letztlich doch in das vorprogrammierte Schicksal des Alltags und ein verantwortungsloses Haustierdasein fügen.

Die Stärkung des Zentrums für Entscheidungen ist nämlich auch deshalb von besonderer Bedeutung, weil es in Verbindung mit der Kräftigung der unteren vier vitalen Zentren der einzige Weg ist, das sechste Zentrum auf unserem Scheitel von der fremden Installation der Voladores zu befreien und es in seine ursprüngliche Rotationsbewegung zurückzuführen. Insofern führt die Praxis von Tensegrity nicht nur zu einer Wiederherstellung der Spannung und Integrität unseres leuchtenden Kokons, zur Steigerung der Bewußtheit und zur Stärkung unserer vitalen Zentren, sondern auch dazu, uns aus den Fesseln der Knechtschaft zu befreien.

Darüber hinaus bietet *Carlos Castaneda's Tensegrity* noch eine Reihe weiterer Möglichkeiten, auf die wir jedoch nicht im einzelnen eingehen können, weil sie den Rahmen dieses Kapitels sprengen würden. Der Vollständigkeit halber seien hier aber zumindest die weiteren Serien magischer Bewegungen genannt, die durch die bislang veröffentlichten Medien frei zugänglich sind.

Da ist zum einen der dritte Teil der Videoreihe, der den bezeichnenden Titel *Der energetische Wechsel von einem biologischen Stamm zum anderen* trägt. Mit den magischen Bewegungen dieser Serie kann es einem tatsächlich gelingen, die Wahrnehmung weit über die Grenzen des Vorstellbaren zu steigern und ein unglaubliches Manöver zu vollbringen: unseren Montagepunkt so zu manipulieren, daß wir die Welt nicht mehr aus unserer angestammten Perspektive eines Wirbeltiers, sondern aus der ungewohnten Warte eines Insektes wahrnehmen.

Zum anderen sind da die weiteren Serien aus Castanedas Übungsbuch, die weniger spektakulär, doch nicht minder wirksam sind: die *Serie zur Vorbereitung der Absicht*, die *Hitze-Serie*, die *Männlichkeits-Serie*, weitere Gruppen der *Westwood-Serie* sowie magische Bewegungen, die mit speziellen *Hilfsmitteln* durchgeführt werden und es einem erleichtern, in einen Zustand der inneren Stille einzutreten.[13]

Eine besondere Erwähnung verdient hier eine weitere Gruppe der *Westwood-Serie*, die magischen Bewegungen zur Unterstützung der Rekapitulation, die uns im folgenden Kapitel beschäftigen wird. Diese Bewegungen sind nicht nur ausgesprochen effektiv, sondern sie betonen auch einen Aspekt von Tensegrity, den wir bislang vernachlässigt haben: die Atmung. Castaneda bemerkt hierzu:

> *„Don Juan war davon überzeugt, daß viele der gegenwärtigen Gesundheitsprobleme des modernen Menschen leicht durch eine tiefe Atmung gelöst werden könnten. Sie seien ohnehin nur entstanden, weil die Menschen heutzutage sehr oberflächlich atmeten. Eines der Ziele der Zauberer des alten Mexikos war es, ihre*

Körper durch die magischen Bewegungen wieder dazu zu erziehen, tief ein- und auszuatmen.«[14]

Daher sollten wir bei der Praxis von Tensegrity bewußt darauf achten, die empfohlenen Atemfolgen einzuhalten und wirklich tief ein- und auszuatmen. Es lohnt sich aber nicht minder, einmal genau zu beobachten, wie wir im Alltag atmen und uns der Atmung zunehmend bewußt zu werden. Dann werden wir erkennen, daß die Atmung keine beiläufige Angelegenheit, sondern eine der fundamentalsten Regungen des Lebens ist. Wir könnten Wochen ohne Nahrung, Tage ohne Wasser, aber nur wenige Minuten ohne die Luft leben, die wir ständig atmen. Atmen heißt leben.

So fußt der zweite Pfad der Zauberei, die Rekapitulation, rein auf einer uralten Atemtechnik, die gleichzeitig eine magische Bewegung ist. Mit ihrer Hilfe vollbringen die Zauberer ein weiteres Meisterstück: die Trennung ihrer Lebenskraft von den Lebenserfahrungen, die letztlich dazu führt, daß die Zauberer am Ende ihres Lebens keinen gewöhnlichen Tod sterben, sondern eine endgültige Reise der Wahrnehmung antreten – eine Möglichkeit, die uns allen offensteht, wenn wir unser Leben rekapitulieren.

11. Rekapitulation und der innere Seher

Carlos Castaneda bekam neulich einen Brief: „Ich habe letzte Nacht rekapituliert. Kann ich mich jetzt eurem Trupp anschließen?" Die Rekapitulation dauert ein ganzes Leben, nicht bloß eine Nacht.

Taisha Abelar[1]

Wenn uns jemand nach dem Sinn des Lebens fragt, werden wir entweder ehrlich antworten, daß wir ihn nicht kennen, oder unsere Unwissenheit und Unsicherheit hinter religiösen Dogmen oder blankem Zynismus verbergen. Wir wissen nicht, warum wir auf dieser Welt sind oder ob unsere Existenz und das Leben an sich irgendeinen Zweck über sich selbst hinaus erfüllen.

Für die Zauberer des alten Mexikos, denen es gelungen war, hinter die Oberfläche der Erscheinungen zu dringen und das Universum als Energiestrom zu *sehen*, war die Antwort auf die Sinnfrage hingegen so offensichtlich, daß sie nie auf die Idee gekommen wären, sie überhaupt zu formulieren. Denn sie hatten auch die Quelle *gesehen*, aus der alle Energie entspringt und zu der sie in veränderter Form wieder zurückkehrt.

Ihr *Sehen* interpretierten sie in Form eines Mythos, der erzählt, wie der Adler als Ursprung aller Energie jedem lebenden Wesen bei der Geburt einen Funken Bewußtheit verleiht, den es durch seine Lebenserfahrungen mehren soll. Und im Moment des Todes kassiert der Adler die Leihgebühr, indem er die durch die Erfahrungen gemehrte Bewußtheit verschlingt und sich selbst einverleibt.

Jenseits der metaphorischen Umschreibung eines räuberischen Universums zeichnet der Mythos vom Adler das Bild eines unbewußten Schöpfers, der sich durch den Prozeß der Schöpfung seiner selbst bewußt wird, das Bild eines dunklen Universums, welches die Sterne nur geschaffen hat, um seine eigene Tiefe mit Licht zu durchdringen. In einem solchen Universum ist der Sinn des Lebens mehr als evident und besteht darin, Bewußtheit zu mehren, Erfahrungen zu sammeln und zu lernen, um Licht in das Dunkel bloßer Existenz zu bringen.

Doch um den Preis des Lebens? Die Zauberer sahen nicht ein, warum sie erst sterben mußten, um ihre Aufgabe zu erfüllen, und ersannen die Rekapitulation als eine Technik, dem Adler bereits zu Lebzeiten zu geben, was ihm zusteht, und dafür das eigene Leben im Moment des Todes nicht einzubüßen. Castaneda erklärt:

> *„Die Zauberer des alten Mexikos glaubten, daß sie dem Adler durch die Rekapitulation das gaben, wonach er suchte: unsere Lebenserfahrungen. Doch sie gaben sie ihm unter kontrollierten Bedingungen, die es ihnen erlaubten, Bewußtheit und Leben zu trennen. Sie waren überzeugt, daß Bewußtheit und Leben nicht untrennbar miteinander verwoben seien, sondern nur der Umstände halber zusammenfielen. Der Adler wolle uns gar nicht das Leben nehmen, beteuerten sie, er sei lediglich an unseren Lebenserfahrungen interessiert. Doch aufgrund mangelnder Disziplin sei der Mensch gewöhnlich nicht in der Lage, seine Lebenskraft von der Kraft seiner Lebenserfahrungen zu trennen, und daher büße er sein Leben ein, während er eigentlich nur die Kraft seiner Lebenserfahrungen hätte einbüßen sollen.“*[2]

Die Rekapitulation ist demnach eine Technik, mit deren Hilfe man die Lebenskraft von den Lebenserfahrungen trennt, was dadurch bewerkstelligt wird, daß man sein Leben bis ins kleinste Detail erinnert und so eine Kopie der Lebenserfahrungen erstellt, die dem Adler als Ersatz für die eigentliche Bewußtheit angeboten wird. Auf diese Weise gelingt es den Zauberern, ihre Schuld gegenüber dem Schöpfer zu begleichen, ohne im Moment des Todes unwiderruflich ausgelöscht zu werden.

Dies bedeutet jedoch nicht, wie wir später noch sehen werden, daß die Zauberer dadurch zu ewigem Leben gelangen oder unsterblich werden – zumindest nicht in dem Sinne, wie wir dies gemeinhin verstehen. Es ist vielmehr so, daß ein Mensch, der eine vollständige Kopie seiner Bewußtheit und seiner Lebenserfahrungen erstellt hat, im Moment des Todes nicht ausgelöscht, sondern in reine Energie verwandelt wird, in eine Energie, die sich aber dennoch der Individualität ihres früheren Seinszustands bewußt bleibt. Castaneda erinnert sich in diesem Zusammenhang an eine Metapher, mit der Don Juan ihm einst erklärte, wie er sich einen solchen alternativen Tod vorzustellen habe:

> *„Er versuchte, mir dies sinnbildlich zu erklären, indem er sagte, daß wir im Laufe unseres Lebens aus einer Anzahl ‚einzelner Nationen' zusammengesetzt seien. Wir bestünden aus der Nation der Lungen, der Nation des Herzens, der Nation des Magens, der Nation der Nieren etc., und all diese Nationen würden zu gewissen Zeiten unabhängig voneinander arbeiten, doch im Moment des Todes würden sie alle zu einem einzigen Wesen verschmelzen. Diesen Zustand nannte er* totale Freiheit."[3]

Insofern gelingt es den Zauberern mit Hilfe der Rekapitulation, ihr endgültiges Ziel zu erreichen und den Tod zu transzendieren, der für sie nicht länger der gefürchtete Zerstörer, sondern eine vereinigende Kraft ist, der sie sich zu gegebener Zeit freiwillig öffnen. Sie verbrennen am *Feuer von innen* und verschwinden vom Antlitz der Erde, als hätten sie nie existiert, und die vereinte Bewußtheit aller „Nationen" tritt ihre endgültige Reise ins Unvorstellbare an.

Neben diesem transzendenten Ziel dient die Rekapitulation einer Reihe von untergeordneten Zwecken, die gewissermaßen Stufen auf dem Weg zur endgültigen Befreiung darstellen, jedoch auch für sich erstrebenswert sind. In dieser Hinsicht sind vor allem das Zurückholen der Energie, die wir im Laufe des Lebens in der Welt gelassen haben, und das Abgeben fremder Energie zu nennen, die andere Menschen in uns hinterlassen haben. Dies geschieht durch eine besondere Atemtechnik, die den Prozeß der Rekapitulation begleitet und den einfachen Akt der Erinnerung in eine magische Angelegenheit verwandelt.

Bevor wir zur Beschreibung dieser Atemtechnik kommen, die im eigentlichen Sinne eine magische Bewegung ist, müssen jedoch zunächst einige Voraussetzungen der Rekapitulation erläutert werden, die für deren Praxis unabdingbar sind. So müssen wir zum einen eine *schriftliche Liste* sämtlicher Personen erstellen, die wir in unserem Leben gekannt haben. Und zum anderen sollten wir uns über den *räumlichen* und *zeitlichen Rahmen* der eigentlichen Rekapitulation Klarheit verschaffen.

Am besten beginnt man mit dem Erstellen der Liste. Hierbei empfiehlt es sich, systematisch vorzugehen, indem man die eigene Vergangenheit in bestimmte Bereiche gliedert. In der Praxis hat sich dabei das Anlegen eines Ringbuchs oder Ordners bewährt, in dem man Bereiche wie Sex, Familie, Freunde, Nachbarn, Schule, Arbeit etc. gesondert führt und gegebenenfalls weiter unterteilt. So kann man zum Beispiel die eigene Schulzeit leicht in Klassen gliedern, die einem später die Erinnerung an bestimmte Personen und Ereignisse erleichtern. Gleichzeitig empfiehlt es sich, Unterabteilungen für Ereignisse einzurichten, an denen zahlreiche Menschen beteiligt waren und die daher nur schwer bestimmten Personen zuzuordnen sind, wie dies im Beispiel der Schulzeit für Klassenfahrten und Ausflüge, Schulfeste oder Erlebnisse auf dem Schulhof gilt.

In diese unterschiedlichen Sparten trägt man die Namen aller Personen ein, mit denen man in der Vergangenheit Kontakt hatte – von flüchtigen Begegnungen bis hin zur intimsten Freundschaft. Wenn einem die Namen bestimmter Personen entfallen sein sollten, umschreibt man sie einfach mit wenigen Worten, anhand derer man sie in der Erinnerung wiederfinden kann. Auch beim Notieren von Ereignissen ist es von Vorteil, nicht zu weitschweifig zu sein und überflüssige Kommentare zu vermeiden, da uns die Liste nur als Landkarte unserer persönlichen Geschichte dienen soll, anhand derer wir uns später auf dem Weg durch die Details unserer Erinnerungen orientieren.

Schon das Erstellen der Liste ist eine gewaltige Herausforderung, vor allem, wenn wir in unserem Leben die Bekanntschaft von Tausenden Menschen gemacht haben. Es ist jedoch wichtig, gerade in dieser Phase nicht aufzugeben oder zu verzweifeln, weil in ihr die eigentliche *Absicht* zur Rekapitulation gesetzt wird. Durch das Erstellen der Liste legen wir nämlich zum ersten Mal Rechenschaft über unser gesamtes Leben ab und gewinnen einen Eindruck von dem, was die Zauberer „die Summe all unserer

Handlungen“ nennen und was wir dem Adler schulden. Gleichzeitig verhilft uns diese vorbereitende Übung zu einem Mindestmaß an Entschlossenheit, Konzentration und Geduld – alles Eigenschaften, die für die eigentliche Praxis der Rekapitulation unerläßlich sind.

Noch während wir an der Liste arbeiten, sollten wir uns nach einem geeigneten Ort für die Rekapitulation umsehen. Dies muß keine abgelegene Höhle sein, wie sie Taisha Abelar in der *Zauberin* beschreibt; jeder ruhige Platz, an dem man bequem sitzen kann, ist dazu geeignet. Es ist jedoch von Vorteil, wenn er sich abdunkeln läßt und durch eine gewisse räumliche Enge Druck auf die Hülle unseres leuchtenden Kokons ausübt.

Aus diesem Grunde bauten die Zauberer in früheren Zeiten regelrechte Rekapitulationskästen oder benutzten Erdsärge, die nicht nur den Vorzug einer nahezu vollständigen Reizabschirmung boten, sondern auch den nötigen physischen Druck lieferten, um Körper und Geist in einen optimalen Zustand für die Rekapitulation zu versetzen. Die Kombination von Reizabschirmung und Druck bewirkt nämlich eine eigenartige Gemütslage, in der man einerseits hellwach und konzentriert, jedoch gleichzeitig ruhig und entspannt ist – ein Gefühl der Dringlichkeit, die keine Eile kennt, und ein Gefühl der Sicherheit, das weder Nachlässigkeit noch Schläfrigkeit ist. Um diesen idealen Zustand zu erreichen, brauchen wir jedoch meist gar keine besonderen Vorrichtungen, weil ein Kleiderschrank, eine Kiste oder eine gepolsterte Duschkabine in dieser Hinsicht genauso effektiv sind wie ein kostspieliger Samadhi-Tank.

Wenn wir unsere Liste erstellt und einen geeigneten Ort gefunden bzw. hergerichtet haben, beginnt die eigentliche Rekapitulation. Dabei ist zu empfehlen, zunächst sämtliche sexuellen Interaktionen zu rekapitulieren, weil wir in diesem Bereich meist besonders viel Energie verloren haben, die wir nun zurückholen. Dies versetzt uns nicht nur einen energetischen Schub, der uns die weitere Rekapitulation erleichtert, sondern erlaubt es uns zugleich, die energetischen Bande zu ehemaligen Partnern zu kappen, die aufgrund der in Kapitel 5 beschriebenen „Energiewürmer“ immer noch aktiv sind. Das gilt übrigens nicht nur für Frauen, die so den ständigen Energieverlust stoppen können, ohne sieben Jahre lang enthaltsam zu sein, sondern auch für Männer, die sich nur durch die Rekapitulation von der unterschwelligen Beeinflussung durch die Energie ehemaliger Partnerinnen befreien können. Man sollte es jedoch bewußt vermeiden, eine aktuelle oder erwünschte Beziehung zu rekapitulieren, weil sonst die Gefahr besteht, daß sie durch die Auflösung der energetischen Bande zerbricht.

Man nimmt also den Teil der Liste, der sich auf die sexuellen Interaktionen bezieht, und begibt sich an den Ort, den man für die Rekapitulation vorgesehen hat. Dort setzt man sich bequem und mit möglichst geradem Rücken hin und beginnt mit einem *einleitenden Atemzug*. Dazu dreht man den Kopf ganz nach rechts, bis sich das Kinn über der rechten Schulter befindet, und atmet langsam durch die Nase ein, während man den Kopf bedächtig nach links dreht. Man stoppt mit dem Kinn über der linken Schulter und atmet durch den Mund aus, während man den Kopf wieder in eine entspannte Stellung nach vorne bringt.

Diesen einleitenden Atemzug wiederholt man zu Beginn jeder Sitzung wie auch vor jeder neuen Person, die man rekapituliert. Dabei ist wie auch im Folgenden darauf zu achten, daß man tief in das Zwerchfell atmet und den Kopf nicht zu weit dreht, um die empfindlichen Strukturen der Halswirbelsäule nicht zu verletzen.

Dann nimmt man den ersten Namen auf seiner Liste und erinnert sich an die letzte Begegnung – in diesem Fall an die letzte sexuelle Interaktion – mit jener Person. Man konzentriert sich jedoch nicht gleich auf die Handlung oder die eigenen Gefühle, sondern beginnt mit dem *Arrangieren der Szene*, einem Akt der Visualisation, bei dem die äußeren Umstände des Ereignisses vor dem inneren Auge möglichst detailgetreu reproduziert werden.[4]

Zunächst visualisiert man die weitere Umgebung, zum Beispiel die Straße und das Haus, in der das zu rekapitulierende Ereignis stattfand, bevor man in seiner Vorstellung das Gebäude und den Raum des Geschehens betritt, ganz so, als ob man tatsächlich in das betreffende Zimmer einträte. Dabei achtet man auf jedes Detail, auf den Fußboden, die Möbel, die Tapeten, die Bilder an den Wänden, auf alle möglichen Kleinigkeiten und Umstände, die aus der Erinnerung rekonstruiert werden können. Dasselbe gilt für die Kleidung und das Aussehen der beteiligten Personen, die man im nächsten Schritt in die Vorstellung integriert.[5] Man sollte in dieser Phase auch verstärkt auf nichtvisuelle Sinneseindrücke achten: Welche Musik wurde gespielt? Welches Parfum oder Rasierwasser trug der Partner an jenem Abend?

Erst wenn man die Kulisse in allen Details arrangiert hat, startet man die *eigentliche Rekapitulation* des Ereignisses, indem man der Erinnerung freien Lauf läßt – ganz so, als ob man das eingefrorene Standbild eines Filmes per Knopfdruck zu neuem Leben erweckt. Nur daß man hierzu keine Fernbedienung, sondern den Atem benutzt, mit dessen Hilfe man vollständig in die Erinnerung eintauchen kann.

Während man sich an das Ereignis erinnert – an Gespräche, Küsse, Zärtlichkeiten, das Vorspiel, den Beischlaf etc. –, atmet man tief in das Zwerchfell, wobei der Kopf in einer fegenden Bewegung langsam hin- und hergedreht wird. Auch dieser *Fegeatem* beginnt mit dem Kinn über der rechten Schulter. Während des Einatmens dreht man den Kopf nach links, wobei man sich vorstellt, all die Gefühle, die man einst in das Ereignis investiert hat, mit dem Atem zurückzuholen. Über der linken Schulter beginnt nach kurzem Halt eine Ausatmung, mit der man alle unerwünschten und fremden Gefühle hinwegbläst, während der Kopf an seinen Ausgangspunkt über der rechten Schulter zurückkehrt und die ganze Bewegung von neuem beginnt.

Als echte magische Bewegung bewirkt dieser Fegeatem nicht nur, daß wir die in unserer Vergangenheit gefangene Energie befreien und mit dem Einatmen in die Gegenwart zurückholen bzw. fremde Energien mit dem Ausatmen zurückgeben, sondern auch, daß sich die Details unserer Erinnerung mit jedem Atemzug weiter entfächern. Daher ist es zu empfehlen, den Fegeatem während der ganzen Rekapitulation eines Ereignisses zu praktizieren. Man beendet ihn erst, wenn sämtliche Details und Gefühle wiedererlebt und durch den Atem geklärt worden sind, was man daran erkennt, daß die betreffende Szene „leer" beziehungsweise von allen bindenden Emotionen befreit ist.

Wenn man während der Rekapitulation spürt, daß der Körper zu stark an dem Erinnerungsvorgang Anteil nimmt oder sich sogar Herzrasen, Übelkeit, Krämpfe oder Schweißausbrüche einstellen, sollte man den Kopf gelegentlich, ohne zu atmen, hin- und herbewegen, bis die Attacken vorüber sind. Diese Fegebewegungen lockern und entwirren nämlich die verantwortlichen Energiefasern und erlauben es uns so, Blockaden zu überwinden und problemlos tiefer in die Erinnerung einzutauchen.

Zudem ist es zu empfehlen, die Rekapitulation des Beischlafs und vor allem die des Orgasmus durch eine weitere magische Bewegung zu ergänzen, mit der man die durch die Energiewürmer etablierte Verbindung zwischen Mann und Frau durchtrennen kann. Dies geschieht mit Hilfe eines kurzen, entschlossenen Handkantenschlags der linken Hand, welcher unmittelbar vor der Körpermitte bzw. vor der Gebärmutter ausgeführt wird. Dabei weist die Handinnenfläche zum Körper, ohne ihn jedoch zu berühren. Die Hand gleitet lediglich durch das Energiefeld und durchtrennt die energetischen Bande, die nun ein für allemal der Vergangenheit angehören.

Mit Hilfe dieser Techniken arbeitet man den gesamten Bereich sexueller Interaktionen sowie alle anderen Bereiche der Liste auf, indem man eine Person nach der anderen rekapituliert und seine Energie mehr und mehr aus der Vergangenheit befreit. Dabei empfiehlt es sich, zunächst Ereignisse aus jüngster Vergangenheit zu rekapitulieren, weil diese gewöhnlich zugänglicher sind und unsere Konzentration und unser Gedächtnis auf heiklere Aufgaben vorbereiten. In dieser Hinsicht sollte man sich die härtesten Nüsse ganz bis zum Schluß aufsparen: Mutter und Vater sowie die Erinnerungen an unsere früheste Kindheit, in der uns ein Platz angewiesen und unser Verhalten programmiert wurde. Nur mit der entsprechenden Rekapitulationserfahrung kann es uns gelingen, die Effekte der Sozialisation energetisch unwirksam zu machen und unseren Montagepunkt endgültig aus seiner Fixierung zu befreien.

Das soll jedoch nicht heißen, daß die Rekapitulation erst in dieser fortgeschrittenen Phase merkliche Effekte hervorbrächte. Die minuziöse Wiederholung unserer persönlichen Geschichte führt nämlich bereits früh dazu, daß wir die Monotonie unseres eigenen Verhaltens und unsere Einbindung in die Ecksteine der Alltagswelt durchschauen. Wir erkennen, daß wir uns in der Interaktion mit anderen Menschen ständig selbst präsentieren und verteidigen, wobei wir meist bloß über ein oder zwei Tricks verfügen, mit denen wir uns in den Vordergrund drängen und um Aufmerksamkeit heischen. Gleichzeitig wird uns klar, wie sehr wir vom biologischen Imperativ zur Fortpflanzung und vom Eigendünkel gelenkt werden, die uns ebenfalls in nahezu jeder Erinnerung entgegentreten.

Die Rekapitulation ist dabei jedoch alles andere als eine Psychoanalyse oder analytische Selbsthilfetechnik, auch wenn diese ebenfalls Erkenntnisse aus der Untersuchung der Vergangenheit ziehen. Castaneda warnt vor diesem naheliegenden Mißverständnis, weil rationale Analysen die Rekapitulation nur beeinträchtigen würden. Beim Rekapitulieren denkt man nicht über die eigene Vergangenheit nach – man beurteilt sie nicht, sondern durchlebt sie in der Erinnerung ein zweites Mal. Und durch dieses bewußte Wiedererleben gewinnt man unmittelbare Erkenntnisse, *echte Einsichten*, die allein auf unseren körperlichen und energetischen Erfahrungen, nicht aber auf dem falschen Dualismus der fremden Installation beruhen, die wir „unseren" Verstand nennen.[6]

Diese Einsichten kommen ganz konkret dadurch zustande, daß wir uns im Prozeß der Rekapitulation der energetischen Ebene all unserer Interaktionen bewußt werden und bemerken, wo wir zuviel Energie in der Welt lassen und wo uns andere mit Emotionen überhäufen. Es sind körperliche Erkenntnisse, die im Gegensatz zu analytischen Folgerungen augenblicklich wirksam sind und unser Verhalten von Grund auf ändern, weil sie sich direkt auf die Wahrnehmung des Alltags übertragen.

Wenn wir in der Rekapitulation zum Beispiel erkannt haben, mit welchen Tricks wir uns ständig selbst in den Vordergrund drängen, bleibt es nicht aus, daß wir sie auch in all unseren alltäglichen Interaktionen bemerken und uns unmittelbar bewußt wird, daß wir damit bloß Energie verschwenden. Insofern ist die Rekapitulation nicht nur das beste Mittel, unser Verhalten zu ändern, sondern auch der einzige Weg, dies ganz ohne die Vermittlung des wertenden Verstandes zu tun, dem man in dieser Hinsicht kaum trauen kann. Auch dies wird uns im Laufe der Rekapitulation klar, weil wir erkennen, daß eine tiefe Kluft zwischen Denken und Handeln liegt und „unser" Verstand sich offenbar gar nicht an unseren tatsächlichen Bedürfnissen orientiert.

Im abstrakten Verständnis der Zauberer sind diese unmittelbaren Einsichten hingegen das Ergebnis minimaler Verschiebungen des Montagepunktes, die dadurch zustande kommen, daß wir uns im Prozeß der Rekapitulation ständig zwischen seiner gegenwärtigen Position und der Position, die er zur Zeit des rekapitulierten Ereignisses eingenommen hatte, hin- und herbewegen. Im Zusammenspiel mit der zurückgewonnenen Energie und Bewußtheit bewirkt dies einerseits eine zunehmende Lockerung des Montagepunktes, die uns zu mehr Flexibilität in unserem alltäglichen Verhalten verhilft. Andererseits entsteht eine *Phantomposition des Montagepunktes*, eine alternative Warte, aus der wir sowohl die Ereignisse der Vergangenheit als auch die erlebte Gegenwart beobachten können. Taisha Abelar erklärt:

> „*Im abstrakten Sinne errichtet die Rekapitulation eine alternative Plattform, von der du ausgehen kannst, weil du an zwei Orten gleichzeitig arbeitest. Du bewegst dich von hier nach dort, von deinem momentanen Zustand zu der Erinnerung an die damalige Wirklichkeit deiner selbst, an das, was deine Welt einst konstituiert hat. Und du siehst, wie sich die Muster wiederholen. Du hörst, was deine Eltern zu dir sagten, und erkennst die energetischen Zusammenhänge – du* siehst *sie. Plötzlich und unvermittelt* siehst *du, aber was ist es, das* sieht? *Nicht dein alltägliches Selbst, sondern jenes andere Wesen, der Seher. Don Juan nannte es den* inneren Seher, *der erwacht. Du aktivierst jene Phantomposition des Montagepunkts, die wir alle unabhängig davon besitzen, daß es uns der Konsens der Alltagswelt verbietet, ihre bloße Existenz anzuerkennen, geschweige denn sie zu nutzen.*“[7]

In der Rekapitulation schaffen wir also eine neutrale Warte, aus der wir uns selbst und die Welt unvoreingenommen betrachten können. Zunächst handelt es sich hierbei tatsächlich um eine Phantomposition, die jedoch durch die ständige Praxis des Durchtrennens aller energetischen Verbindungen zur Vergangenheit erstarkt und so eine echte Alternative zur Position der Alltagswelt wird: zur Position des Zeugen, die wir bereits im Zusammenhang mit dem Weg des Kriegers beschrieben haben.

Im täglichen Leben bedeutet dies nicht nur, daß wir durch die Rekapitulation lernen, in der Gegenwart zu sein und unsere Welt ohne die Wertungen des Verstandes wahrzunehmen, sondern auch, daß wir nicht mehr auf dessen Erkenntnismechanismen angewiesen sind. Die Position des Zeugen ist nämlich weniger eine Fliehburg passiver Wahrnehmung als ein selbständiger Aktivposten, der über seine eigene Erkenntnis verfügt. Diese ergibt sich jedoch nicht aus einem weiteren, aufgepfropften Interpretationssystem, sondern aus der unmittelbaren Interpretation der Wahrnehmung durch unseren Körper, durch das *Sehen* der Zauberer.

So lernen wir mit Hilfe der Rekapitulation zum Beispiel, die Menschen unserer Vergangenheit in einem neuen Licht zu *sehen*, weil wir uns der energetischen Ebene aller zwischenmenschlichen Beziehungen bewußt werden. Während des Fegeatems spüren wir mitunter, daß uns bestimmte Personen, von denen wir zuvor eine hohe Meinung hatten, ständig mit energetischem Müll überschüttet oder wie Vampire an unserer Energie parasitiert haben. Und natürlich spüren wir auch, daß wir selbst unter Vorspiegelung falscher Tatsachen und untadeliger Motive andere genauso besudelt oder ausgebeutet haben.

Nun ist es jedoch weniger so, daß wir dies nicht gewußt hätten – wir haben es lediglich ignoriert. Taisha Abelar betont, daß jeder im Besitz jener Phantomposition des Montagepunktes ist, die den inneren Seher genauso hervorbringt, wie die Position des Alltags unser alltägliches Selbst erzeugt. Wir alle verfügen über einen inneren Seher, einen Zugang zum unmittelbaren Wissen unseres Körpers, der uns ständig über das informiert, was er *sieht*.

Als älterer Teil unserer selbst sagt er uns zum Beispiel, wenn wir wieder einmal dabei sind, unsere Erfüllung in anderen Menschen zu suchen. Der innere Seher warnt uns, lange bevor wir uns in eine hoffnungslose Affäre stürzen, und erinnert uns an unsere Erfahrungen. Doch wir ignorieren ihn und bauen Luftschlösser, bis uns die Wirklichkeit einholt und wir aus allen Wolken fallen – scheinbar überrascht von der Wende, die der innere Seher in allen Einzelheiten vorhergesagt hatte.

Unzählige Erfahrungen dieser Art haben dazu geführt, daß die Verbindung zum inneren Seher bei den meisten von uns völlig abgerissen ist. Selbst wenn wir noch eine dunkle Ahnung von der inneren Stimme haben, wollen wir meist nichts von ihr wissen, weil sie uns den Spaß an unserem Sichgehenlassen verdirbt und uns ständig zu diszipliniertem und verantwortlichem Handeln aufruft. Wir sind lieber taub und blind, als uns bewußt der nackten Wirklichkeit zu stellen. Und die Stimme des Sehers wird aufgrund einer verständlichen Frustration leiser und leiser, bis sie schließlich ganz verstummt.

Die Rekapitulation ist die beste Methode, diesen Trend umzukehren, sich wieder mit dem inneren Seher anzufreunden und sich sogar Schritt für Schritt auf seine Warte zurückzuziehen. Dies ist keine leichte Aufgabe, sondern ein lebenslanges Unterfangen, da ständig die Gefahr besteht, daß wir uns wieder im Sichgehenlassen und dem Spiegel der Selbstbetrachtung verfangen, was uns im Handumdrehen aller Energie beraubt und uns wieder an den Ausgangspunkt zurückbefördert.

Nicht nur aus diesem Grund endet die Rekapitulation für einen Krieger auch dann nicht, wenn er nach Jahren der Praxis seine Liste erschöpft hat. Er beginnt eine zweite, eine dritte und vierte Rekapitulation, wobei er sich ganz von der *Absicht* und dem inneren Seher leiten läßt, die ihm sagen, wie er vorzugehen hat. Dies kann zum Beispiel bedeuten, daß er einfach das Tagesgeschehen rekapituliert oder sich von aktuellen Verstimmungen zu deren Ursprung in der Vergangenheit hinarbeitet, indem er den entsprechenden Energielinien mit dem Atem folgt und sie an ihren Wurzeln auflöst.

Man kann sich übrigens auch schon in der ersten Rekapitulation vom inneren Seher leiten lassen und ihre Modalitäten nach seinen Anweisungen gestalten, obschon es natürlich gerade zu Beginn von Vorteil ist, sich an die beschriebene formelle Methode zu halten, eine Liste zu erstellen und das eigene Leben vom gegenwärtigen Augenblick bis zum Moment der Geburt systematisch zu rekapitulieren. Auch der Fegeatem ist ein essentieller Bestandteil, wobei es jedoch nicht so wichtig ist, ob man nach links ein- und nach rechts ausatmet. Dies ist zu betonen, weil viele Leser durch die Tatsache verwirrt waren, daß die Erben des Don Juan in ihren Büchern und Vorträgen manchmal auch die umgekehrte Richtung empfohlen hatten.

Auch die umgekehrte Richtung ist laut Florinda Donner-Grau praktikabel und ebenso wirksam, wenn man das Einatmen mit der *Absicht* verknüpft, seine eigene Energie zurückzuholen, und das

Ausatmen in der *Absicht* geschieht, fremde Energie zurückzugeben. Wichtig ist nicht die Richtung des Atmens, sondern der Effekt: die Energie mit dem Atem zu fühlen. Wenn man damit genügend Erfahrung gesammelt hat, braucht man auch nicht länger in einem Kasten zu sitzen, sondern kann auch rekapitulieren, während man den Abwasch macht oder im Zug sitzt. Donner-Grau berichtet in diesem Zusammenhang, daß sie den Großteil ihres Lebens auf langen Busfahrten durch Mexiko rekapituliert hat, weil ihre klaustrophobischen Neigungen es ihr unmöglich machten, dies in einem Kasten oder in einer Höhle zu tun.[8]

Immerhin geht es bei der Rekapitulation wie auch bei allen anderen Unternehmungen der Zauberer um ein pragmatisches Unterfangen, in dem Rituale und Formalitäten Nebensächlichkeiten, wenn nicht gar überflüssige Gewohnheiten sind, derer man sich besser entledigen sollte. Und genau damit beschäftigt sich das *Nicht-tun*, ein weiterer Pfad der Zauberei, mit dem wir das nächste Kapitel beginnen wollen.

12. Nicht-tun, Gaffen, die Welt anhalten

Die Welt ist so-und-so, nur weil wir uns sagen, daß die Welt so-und-so ist. Wenn wir aufhören, uns zu sagen, daß die Welt so-und-so ist, dann wird die Welt aufhören, so-und-so zu sein. Im Augenblick, glaube ich, bist du auf einen so plötzlichen Schlag nicht vorbereitet, darum mußt du anfangen, die Welt langsam aufzulösen.

Don Juan Matus[1]

Im Prozeß der Rekapitulation wird uns früher oder später klar, daß wir langweilige Wesen sind, die sich ständig wiederholen. Die Muster all unserer Aktionen und Reaktionen sind im wesentlichen vorprogrammiert: Routinen, die sich im Laufe unseres Lebens so festgefahren haben, daß wir uns nur innerhalb ihrer starren Grenzen bewegen können und zu Sklaven eines geregelten Alltags geworden sind. Wir sind so abhängig von unseren Routinen, daß wir bereits ausrasten, wenn wir unser Besteck nicht in der dafür vorgesehenen Schublade oder unsere Schlüssel nicht an ihrem gewohnten Platz finden. Augenblicklich machen sich Gefühle der Verzweiflung und Panik breit.

Zum Glück macht uns die Praxis der Rekapitulation nicht nur ruhiger, sondern auch flexibler, indem sie uns hilft, den eisernen Griff der Gewohnheiten zu lockern. Sie hilft uns, wie Taisha Abelar sagt, die Handvoll Samen loszulassen, an die wir uns mit aller Kraft klammern:

„Das Loslassen ist äußerst schmerzhaft, weil man uns ein Leben lang gelehrt hat, zu greifen und um jeden Preis festzuhalten: je fester unser Griff, um so stärker unser Ego, um so größer unser Ansehen als Person. Die Zauberer lehren das Gegenteil, und sie bezeichnen ihre Praktiken als Nicht-tun, *weil sie nicht länger*

an irgend etwas festhalten und daher auch nichts Bestimmtes tun. Sie verwandeln lediglich das, was man uns zu tun gelehrt hat, in ein Nicht-tun.“[2]

Jeder Automatismus ist im Sinne der Zauberer ein *Tun*, eine feste Sequenz von Handlungen oder Elementen, die unabhängig vom Zweck stur eingehalten wird. *Nicht-tun* ist hingegen die bewußte Vermeidung aller Automatismen, indem man ihre Sequenzen unterbricht und es sich selbst erlaubt, neue Erfahrungen zu machen und zu echter Spontaneität zurückzufinden.

Daher kann das Nicht-tun auch nicht in feste Regeln gefaßt oder systematisch gelehrt werden, weil es hierdurch augenblicklich wieder zum Tun und zur leeren Routine würde. Insofern fordert der dritte Pfad der Zauberei viel Energie und Einfallsreichtum vom Praktiker, der in diesem Bereich ganz auf seine eigene Phantasie angewiesen ist. Wir können in dieser Hinsicht nur Beispiele liefern, welche die erstaunliche Bandbreite des Nicht-tuns verdeutlichen, aber keineswegs „Methoden“ oder „Standardverfahren“ darstellen, welche in diesem Bereich nicht existieren.

Eine echte Hilfe ist hingegen die Rekapitulation, weil sie uns das gesamte Inventar unseres Tuns, die spezifischen Sequenzen all unserer Aktionen und Reaktionen bewußtmacht und es uns so erlaubt, bestimmte Elemente der Sequenzen durch andere zu ersetzen, welche das ganze Tun in sich zusammenbrechen lassen.

Wenn man zum Beispiel jeden Morgen dieselbe Strecke mit dem Auto zur Arbeit fährt und dabei gleich wie ein Zombie hinter dem Steuer versinkt, kann man die Fahrt in ein Nicht-tun verwandeln, indem man täglich neue Wege sucht und wenn möglich öfter mal auf das Fahrrad oder öffentliche Verkehrsmittel umsteigt. Auf diese Weise bleibt man stets aufmerksam und nimmt sich von vornherein jede Möglichkeit, bereits auf dem Weg zur Arbeit in die alltägliche Trance zu versinken und von einem Automatismus in den nächsten zu gleiten.

Natürlich kann man auch schon die Morgentoilette oder das Frühstück in ein Nicht-tun verwandeln, aber das Beispiel wurde bewußt gewählt, um zu verdeutlichen, daß die Praxis der Zauberei nicht bloß in der mexikanischen Wüste oder in einem fiktiven Aussteigerszenario stattfinden kann. Wir können in der Alltagswelt leben, ohne ihr Sklave zu sein, indem wir Tun in Nicht-tun verwandeln. Wenn wir, um im Beispiel der Arbeit zu bleiben, unseren Job nicht länger als notwendiges Übel betrachten, sondern ihn ganz im Geiste des Kriegers als Herausforderung annehmen, wird auch er zum Nicht-tun, zu einem bewußten Akt, der uns Kraft verleiht, anstatt uns zu erschöpfen.

Jedes Nicht-tun verleiht uns Kraft, weil ungewohntes Verhalten den Montagepunkt lockert und bislang ungenutzte Fasern in seinem Umkreis aktiviert. Gleichzeitig steigert es unsere Bewußtheit, indem es uns eine Ahnung von der Flexibilität echter Disziplin verleiht, unsere Wahrnehmung aus der Anziehung des Spiegels der Selbstbetrachtung befreit und sie auf die Welt zurücklenkt.

Am besten beginnt man mit Kleinigkeiten, die sich auch mit geringer Energie und Bewußtheit bewältigen lassen. So kann man zum Beispiel für einige Tage den Gürtel verkehrt herum schnallen, mit den Füßen am Kopfende des Bettes schlafen, die Zähne mit den Fingern putzen, sich mit einer Gabel kämmen, kalten Kaffee aus einem Sektglas schlürfen oder warme Cola aus einem Suppenteller löffeln.

All unsere täglichen Routinen können auf solche Weise zum Nicht-tun werden, wobei man jedoch darauf achten sollte, es möglichst unauffällig zu praktizieren und keine Show daraus zu machen. Wer im Winter halbnackt zur Arbeit erscheint und womöglich noch eine Kette mit Knoblauchzehen um den Hals trägt, praktiziert kein Nicht-tun, sondern spielt lediglich eine Variante des Aufmerksamkeitsspiels, mit der er weniger Kraft als vielmehr Spott ernten wird. Beim Nicht-tun geht es nicht darum, den Konsens des Tuns öffentlich anzugreifen, sondern sich seiner bewußt zu werden. Wir müssen jenseits der intellektuellen Erkenntnis begreifen, daß unser Tun auf einer willkürlichen Vereinbarung beruht und problemlos durch andere Verhaltensweisen ersetzt werden kann.

Dies gilt nicht nur für konkrete Handlungen, sondern auch für Ideen, Konzepte und Gedanken, die ebenfalls nichts anderes als Routinen sind. Wie in Kapitel 9 beschrieben kann man zum Beispiel die Vorstellung von der eigenen Wichtigkeit mit Hilfe einfacher Methoden nachhaltig bekämpfen. Der Tod als Ratgeber oder die Übernahme der vollen Verantwortung für unser Leben und Erleben gehören nicht zu unserem alltäglichen Inventar und sind in diesem Sinne Praktiken des Nicht-tuns, die den Eigendünkel neutralisieren und wirkungsvoll ersetzen können; unzählige belanglose Gedanken, Sorgen, Ängste und Erwartungen fallen von uns ab, wenn wir uns der eigenen Sterblichkeit bewußt werden und uns nicht länger an all diesen Unsinn klammern.

Andererseits bestimmen unsere Konzepte, Gedanken und Vorstellungen all unsere Handlungen, und wir können unser routiniertes Verhalten in Nicht-tun verwandeln, indem wir uns ihrer bewußt werden und den Teufelskreis des Tuns auf dieser grundlegenden Ebene durchbrechen. So kann man zum Beispiel die gesellschaftlichen Konzepte, welche die Modalität unserer Zeit prägen, mittels einer einfachen Übung *anpirschen*:

Man nimmt sich dazu ein paar Zeitschriften oder Magazine und durchsucht sie systematisch nach Auslösern, die auf das Arme-Baby-Syndrom und die zugehörigen Automatismen zielen. Man markiert sie und nimmt sie dann genauer unter die Lupe: Wo und in welcher Form wird hier an unser Selbstmitleid appelliert? Welche Reaktionen sollen getriggert werden? Wie verändern sich unsere Reaktionen durch die Tatsache, daß wir ihre Auslöser nun bewußt betrachten?

Auf vergleichbare Weise kann man das Fernsehen oder andere Medien nutzen, indem man zum Beispiel darauf achtet, wie in der Werbung unser Trieb zur Selbstdarstellung manipuliert oder das bürgerliche Konzept der Pause verherrlicht wird. Mit Sätzen wie „Sie haben es sich verdient" wird hier der Urlaub als Belohnung für tüchtige und brave Sklaven propagiert – eine Ironie, die uns vollkommen entgeht, wenn wir uns von der Werbung einfangen lassen und uns leichtfertig mit ihrer Botschaft identifizieren.

Durch diese Übungen werden wir darüber hinaus erkennen, daß all unsere sozialisierten Automatismen von der Sprache diktiert werden, von einfachen Sätzen, welche die Zauberer *syntaktische Befehle* nennen. Wir lenken uns und andere mit sprachlichen Kommandos, die uns zum Beispiel durch Lob und Tadel in das Tun der gesellschaftlichen Hierarchie einbinden und unser Selbstbild prägen: *Begreifst du das nicht? Du bist doch nicht blöd. Das ist doch ganz einfach. Ich kann das nicht. Ich muß das schaffen.*

Entschuldige. Kein Problem. Laß mich das machen. Ich bin der Beste. Ich bin der Schlechteste. Nicht mit mir. Alles klar?[3]

Wir sind voll von solchen Sprüchen, die allerdings wesentlich mehr als Gemeinplätze oder abgegriffene Floskeln sind. Durch sie rufen wir die *Absicht* des Tuns auf den Plan und definieren so unseren Platz in der Alltagswelt. Wenn wir dies ändern wollen, müssen wir uns ihrer nicht nur bewußt werden, sondern sie aktiv in ein Nicht-tun verwandeln, indem wir eine alternative *Absicht* setzen.

Dazu legt man am besten zunächst ein Inventar der wichtigsten syntaktischen Befehle an, die unseren inneren Dialog prägen. Man schreibt sie auf, und versucht sie dann auf typische Kommandos zu reduzieren. Dabei sollte man es jedoch möglichst vermeiden, sie zu analysieren oder zu bewerten. Die Übung des Nicht-tuns besteht allein darin, diese Kommandos für eine gewisse Zeit bewußt in ihr Gegenteil zu verkehren.

Wenn wir uns also zum Beispiel gewöhnlich einreden, dumm zu sein, sagen wir uns nun bewußt, daß wir klug sind, bis der neue Befehl Wirkung zeigt und wir tatsächlich beginnen, uns für klug zu halten. Ist dieser Punkt erreicht, halten wir aber nicht daran fest, sondern machen uns bewußt, daß unser Selbstbild die Folge willkürlicher Kommandos ist und es letztlich keine Rolle spielt, ob wir uns für dumm oder klug halten.

Auf diese Weise reduzieren wir unser Selbstbild mit jedem Kommando, das wir in ein Nicht-tun verwandeln, auf das, was wir wirklich sind: wahrnehmende Wesen, die nur im Bewußtsein ihrer Sterblichkeit in der Lage sind, die Magie der syntaktischen Befehle zu beherrschen und mit ihrer Hilfe eine eigene Welt zu errichten. Und selbst wenn dies zunächst zu hoch gegriffen sein mag, lernen wir doch zumindest, unsere eigene Stimmung zu wählen, ohne uns länger von Kommandos gängeln zu lassen, die wir nicht selbst bestimmt haben, sondern die uns im Rahmen der Sozialisation aufgezwungen wurden.

Andere Übungen des Nicht-tuns unterbrechen den Konsens des Tuns und die Muster der Sozialisation, indem sie uns neue Möglichkeiten der Wahrnehmung und ein neues Körperbewußtsein vermitteln. So handelt es sich auch bei den magischen Bewegungen um praktische Beispiele des Nicht-tuns, weil wir uns in ihrer Ausführung der „Tensegrität" unseres Körpers, des kinästhetischen Gedächtnisses und der Sehnenenergie bewußt werden. Darüber hinaus räumt die Praxis von Tensegrity auch mit vielen falschen Vorstellungen auf, die wir in bezug auf unsere Körperlichkeit hegen und derer wir uns gewöhnlich nicht bewußt sind.

So gehen wir gemeinhin davon aus, daß unsere Arme über die Schulterkugeln mit dem Skelett verbunden sind und auch dort beginnen. Die Praxis von Tensegrity macht uns jedoch unmittelbar mit der anatomischen Tatsache vertraut, daß unsere Arme in Wirklichkeit am V-Punkt an der Spitze des Brustbeins ansetzen und die Schlüsselbeine die eigentlichen „Oberarme" bilden. Dies ist keine rationale Erkenntnis, sondern eine körperliche Einsicht, die dazu führt, daß die Region um den V-Punkt, die bei den meisten zivilisierten Menschen völlig erstarrt ist, wieder beweglich wird, was in energetischer Hinsicht einer Reaktivierung des Zentrums für Entscheidungen entspricht.

Neben einer Unzahl ähnlicher körperlicher Einsichten führt die Praxis von Tensegrity als Nicht-tun auch zu rein energetischen Offenbarungen, indem sie die Wahrnehmung unserer eigentlichen Natur als Konglomerat von Energiefeldern erweitert. Von besonderer Bedeutung sind hierbei die magischen Bewegungen der *Hitze-Serie*, welche uns einen unmittelbaren Eindruck von dem großen Unterschied zwischen der Energie der linken und rechten Körperhälfte vermitteln – einem Unterschied, der so gravierend ist, daß die Zauberer aus der Linie des Don Juan nicht von der linken und rechten Seite des Körpers, sondern vom linken und rechten Körper sprechen. Ihrem *Sehen* zufolge ist unser physischer Körper nämlich eine Verschmelzung zweier gegensätzlicher Energieströme, wobei die Energie des rechten Körpers unser gesamtes Wesen dominiert.[4]

Dies ist übrigens kein natürlicher Zustand, sondern das Ergebnis einer weiteren Intervention der Voladores, die der Installation des Verstandes vorhergeht und bereits im Säuglingsalter die Basis für unsere endgültige Versklavung legt. Dazu muß man wissen, daß der rechte Körper der jüngere und neugierigere, aber auch der friedlichere Teil unserer Ganzheit ist. Er ist der Entdecker und Forscher, der Ordnung in das Chaos des Universums bringen will. Der linke Körper ist hingegen genauso alt und weise wie auch kraftvoll und aggressiv. Er ist der Wissende, der Seher, der den Strom der Energie erkennt und ihn so akzeptiert, wie er ist.

Dieser fundamentale Unterschied spiegelt sich auch in der energetischen Bewegung beider Körper wieder: Die Energie des linken Körpers wogt wie ein aufgewühlter Ozean und erzeugt gewaltige Ausbrüche, die an die Protuberanzen der Sonne erinnern; die Energie des rechten Körpers bewegt sich hingegen in mehr oder weniger friedlichen Wirbeln, die wie die Strudel eines Flusses ständig einwärts kreisen.[5]

Nun ist dies aber genau die Art von Bewegung, die all unsere vitalen Zentren kennzeichnet, ganz gleich, ob sie auf der linken oder rechten Seite lokalisiert sind. Das bedeutet, der rechte Körper dominiert unser gesamtes Wesen, was nicht nur dazu führt, daß wir uns mit dem Entdecker identifizieren und die Existenz des inneren Sehers leugnen, sondern auch, daß wir unsere ganze Existenz in Form kreisförmiger Abläufe erleben, in denen sich alles wiederholt. Dies macht uns eintönig und berechenbar, was das Interesse der Voladores erklärt, dem rechten Körper zu seiner Dominanz zu verhelfen. Gleichzeitig mußten sie den linken Körper vollständig unterdrücken, weil der innere Seher ihre Manöver augenblicklich durchschauen und den ganzen Spuk in einem Gewaltakt beenden würde.

Aus diesem Grund legen die Zauberer so großen Wert auf das Wiedererwecken des inneren Sehers, der mithin nicht nur eine Phantomposition des Montagepunktes, sondern ein Ausdruck eines unterdrückten Teils unserer Ganzheit ist. Die Erweckung oder Emanzipation des linken Körpers kann dabei jedoch nicht nur durch die Rekapitulation und die magischen Bewegungen der *Hitze-Serie* vorangetrieben werden, sondern auch durch zahlreiche andere Praktiken des Nicht-tuns, welche die Dominanz des rechten Körpers durchbrechen und den linken Körper aktivieren.

Hierzu empfiehlt es sich, eine einfache Übung auszuführen, die uns mit den unterschiedlichen Energieformen der beiden Körper vertraut macht und gleichzeitig die angenehme Nebenwirkung hat, daß unsere Energie bei dauernder Praxis nicht mehr so stark an die Peripherie unserer leuchtenden Hülle verdrängt wird. Die Übung basiert auf der Beobachtung der Zauberer, daß der linke Körper aufgrund seiner aggressiven Natur die Eigenschaft hat, die Energie anderer Wesen zu zerstreuen und sich dadurch selbst zu festigen, während der rechte Körper rezeptiver Natur ist und bei jeder energetischen Konfrontation zugunsten des jeweiligen Gegenübers zerstreut wird.

Erstaunlicherweise – und man sollte dies einmal bei sich selbst prüfen – schieben wir uns in einem Gedränge meist mit der rechten Seite voran, was zu einer energetischen Erschöpfung führt. Nicht umsonst hassen die meisten von uns überfüllte Kaufhäuser, Märkte und Einkaufspassagen. Die Übung des Nicht-tuns besteht nun darin, sich bewußt mit der linken Seite voran durch derartige Ansammlungen zu bewegen. Dabei ist es nicht einmal nötig, den Oberkörper stark zu drehen, sondern es reicht bereits aus, wenn die linke Schulter ein wenig vorgeschoben wird, während wir andere Menschen passieren. Auf diese Weise zentrieren wir unsere eigene Energie und vermeiden von vornherein die Erschöpfung, die uns sonst im alltäglichen Gedränge schnell überkommt.[6]

Es lohnt sich, einen direkten Vergleich anzustellen und sich einmal mit der rechten und kurze Zeit später mit der linken Seite durch eine überfüllte Einkaufspassage oder eine vergleichbare Ansammlung zu kämpfen. Wie unterscheiden sich die Gefühle während und nach dem jeweiligen Gang? Fühlen wir uns erschöpft oder aufgeladen? Und was sagen unsere Empfindungen unmittelbar über den Unterschied zwischen linkem und rechtem Körper?

All die bislang beschriebenen Manöver – die magischen Bewegungen, die Rekapitulation und die Praktiken des Nicht-tuns – helfen uns, den linken Körper zu erwecken und das ursprüngliche Gleichgewicht unserer Ganzheit wiederherzustellen. Damit schaffen sie gleichzeitig die Voraussetzungen für das Fortschreiten auf den weiteren Pfaden der Zauberei, wobei wir im Folgenden kurz auf den fünften und sechsten Pfad, das *Gaffen* und das *Anhalten der Welt*, eingehen wollen, welche unmittelbar an den Pfad des Nicht-tuns anschließen beziehungsweise selbst fortgeschrittene Praktiken des Nicht-tuns sind.

Wer sich für die Praxis des vierten Pfades interessiert, in dem es um die *kleinen Tyrannen* des Alltags geht, mit deren Hilfe die Zauberer sich in echter Disziplin üben und ihren Eigendünkel bekämpfen, sei auf die Originalliteratur verwiesen.[7] Leider reicht der Platz hier nicht aus, um die zahllosen Techniken der Zauberer auch nur in ihren Ansätzen zu schildern. Daher kann jedem Interessierten nur geraten werden, die Bücher von Castaneda, Donner-Grau und Abelar im Licht der Praxis zu studieren und ihren Anregungen zu folgen, wo immer eine bestimmte Technik für einen selbst brauchbar und nützlich erscheint.

Dies gilt auch für die Manöver des *Gaffens*, bei denen es vor allem darum geht, das Vorurteil unserer alltäglichen Sicht zu durchbrechen, daß sich die Welt aus dreidimensionalen, festen Objekten zusammensetze. Dieses Vorurteil beruht nach Ansicht der Zauberer weniger auf der visuellen Wahrnehmung als vielmehr auf der Interpretation derselben, auf Grundsätzen, die wir im Rahmen der Sozialisation als wirklich wahrzunehmen und zu verteidigen gelernt haben, während uns die eigentliche Wirklichkeit, der unaufhörliche Strom der Energie, völlig entgeht.

Unser alltägliches Schauen steht also im krassen Gegensatz zum unmittelbaren *Sehen* der Zauberer, weil es nicht nur weit von der eigentlichen Wahrnehmung, sondern noch weiter von der energetischen Wirklichkeit entfernt ist. Wir betrachten die Welt meist nur sehr oberflächlich, und der größte Teil unseres Bildes von der Welt kommt durch die Interpretation der spärlichen Sinnesdaten zustande, die wir mehr oder weniger beiläufig aufgefangen haben. Wann nehmen wir uns schon einmal die Zeit, wirklich hinzusehen und wie ein Kind ohne jede Interpretation in die Wahrnehmung einzutauchen? Wir wissen meist gar nicht mehr, was Wahrnehmung ist, weil unsere Interpretation ein so fundamentales Tun, ein so grundlegender Automatismus ist, daß wir ihr Inventar mit der Welt verwechseln und sie für die eigentliche Wirklichkeit halten.

In dieser Hinsicht stellt das Gaffen ein Nicht-tun dar, welches uns über die einfache Schiene der Betrachtung zur reinen Wahrnehmung zurückführen soll. Die einfachste Methode besteht darin, ein bestimmtes Objekt oder Phänomen einfach anzustarren oder den Blick langsam über seine Konturen wandern zu lassen, bis sich die Wahrnehmung desselben zu verändern beginnt. Dies kann recht plötzlich geschehen, so daß man den Eindruck gewinnt, das „gegaffte" Objekt verliere seine Dreidimensionalität oder werde für kurze Zeit unsichtbar. Oft scheint sich auch der Hintergrund in den Vordergrund zu verkehren, so daß das Bild invertiert erscheint.

Es ist schwer, die Effekte des Gaffens besser zu beschreiben, weil sie weder in unser Interpretationssystem noch in die vorgefertigten Schablonen der Sprache passen. Es geht auch gar nicht um die Beschreibung, sondern allein um die Erfahrung der reinen Wahrnehmung. Diese kann man dadurch vertiefen, daß man den inneren Dialog während des Gaffens beruhigt, indem man langsam und tief in das Zwerchfell atmet und sich gleichzeitig darauf konzentriert, wie die Luft durch die Nase ein- und ausströmt.

Man kann im Grunde genommen alles gaffen, wobei es sich jedoch gerade zu Beginn empfiehlt, unbelebte Dinge wie Sand, Kiesel, Steine oder trockene Blätter vorzuziehen. Auch alltägliche Gegenstände oder technische Geräte sind hierzu geeignet. Taisha Abelar erzählt, wie Don Juan sie einst dazu ermutigt hatte, den Fernseher zu gaffen, weil sie ohnehin mehrere Stunden am Tag vor dem Gerät verbrachte. Er sagte: „Na gut, schau in die Glotze, aber schalte sie nicht ein."[8] Auf diese Weise erteilte er ihr eine Lektion im lebendigen Pragmatismus der Zauberer, der es versteht, mehrere Fliegen mit einer Klappe zu schlagen und selbst das Fernsehgucken in eine Übung des Gaffens und des Nicht-tuns zu verwandeln.

Beim Gaffen von Lebewesen sollte man hingegen vorsichtig sein. Auch Pflanzen und Tiere besitzen ihre eigenen Kräfte und können unter Umständen feindselig reagieren, wenn wir uns nicht bereits im Vorfeld mit ihnen vertraut machen. Wir sollten uns zunächst mit ihnen anfreunden, bevor wir sie gaffen, was sich am einfachsten dadurch erreichen läßt, daß man mit ihnen spricht. Wenn wir dies mit lauter und klarer Stimme sowie mit aufrichtigen Gefühlen tun, kann es uns gelingen, die Barriere zwischen den Arten zu überwinden und zu einer echten Verständigung mit dem jeweiligen Tier oder der betreffenden Pflanze zu gelangen. Da es sich hierbei um ein Nicht-tun handelt, dürfen wir jedoch keine verbale Kommunikation erwarten, sondern vielmehr einen Austausch von Gefühlen, der auf der energetischen Ebene stattfindet.

Dieser Austausch wird durch das Gaffen intensiviert, und daher warnt Taisha Abelar davor, Bäume oder andere Lebewesen zu gaffen, wenn man krank oder in schlechter Laune ist. Sicher ist es auf diese Weise möglich, Krankheiten oder Verstimmungen auf ein anderes Wesen zu übertragen, doch man sollte in einem solchen

Fall lieber auf das Meer oder den Horizont ausweichen, die eher in der Lage sind, unsere Stimmungen zu absorbieren, ohne selbst Schaden zu nehmen. Man gafft sie einfach an, wobei man seine Gefühle frei fließen läßt, bis sie sich in der Weite des Meeres oder des Horizonts verloren haben.[9]

Der Anfänger sollte sich jedoch davor hüten, Nebel, Regen, Wolken oder fließende Gewässer zu gaffen, weil diese Phänomene unsere Gefühle so stark absorbieren können, daß sie unsere Energie erschöpfen. Es kann sogar passieren, daß sie unsere gesamte Bewußtheit mit sich reißen und es schwer ist, in den Körper und in die Alltagswelt zurückzukehren. Das Gaffen von Gewitterwolken, Blitzen oder Sternen ist ebenfalls tabu, weil diese Phänomene uns energetisch sehr leicht überlasten, krank machen und unter Umständen sogar töten können. Man sollte sich auf keinen Fall an sie heranwagen, bevor man nicht genügend Erfahrung mit all den anderen Phänomenen gesammelt hat und es einem mit Hilfe des Gaffens gelungen ist, zur reinen Wahrnehmung zurückzukehren und die Welt anzuhalten.

Unter dem *Anhalten der Welt* verstehen die Zauberer einen Zustand *völliger innerer Stille*, in dem nicht nur der innere Dialog, sondern jeglicher Interpretationsvorgang zum Stillstand gekommen ist. Sobald dies erreicht ist, hört die Welt des Alltags buchstäblich auf zu existieren, und es bleibt nur die unmittelbare Wahrnehmung von Energie, von leuchtenden Wesen in einer leuchtenden Welt. Mit anderen Worten: Der Montagepunkt löst sich aus seiner Fixierung, wenn er nicht länger festgehalten wird, und springt abrupt auf eine neue Position, die eine alternative Wahrnehmung zur Folge hat. Der Seher ist vollständig aus seinem Schlaf erwacht, und wir *sehen* nun alles durch die Augen des linken Körpers, der für einen Moment die ihm angestammte Führung über unsere Ganzheit übernimmt.

Dies ist auch das Ziel des sechsten Pfades der Zauberei, in dem es um das Ansammeln von Momenten innerer Stille geht, bis wir mit ihnen gesättigt sind und eine Schwelle erreicht ist, an der jede Interpretation zum Erliegen kommt und die Wahrnehmung der Alltagswelt zusammenbricht. Wie in Kapitel 3 beschrieben, ist diese Schwelle individuell verschieden und liegt bei den meisten von uns zwischen wenigen Minuten und einer Stunde. Taisha

Abelar erzählt, daß sich ihr Montagepunkt bereits nach 5 Minuten innerer Stille verschob, während Florinda Donner-Grau 8 Minuten und Carol Tiggs 23 Minuten ansammeln mußten, um zum *Sehen* zu gelangen.[10]

Die einzige Möglichkeit, dies für sich selbst herauszufinden, ist, sich der Schwelle Schritt für Schritt anzunähern und Momente der Stille zu sammeln, bis sich der Montagepunkt aus seiner Fixierung löst. Alle Pfade der Zauberei führen zu solchen Momenten: die magischen Bewegungen, die Rekapitulation und vor allem die Praktiken des Nicht-tuns und Gaffens. Es gibt jedoch auch spezielle Methoden, die uns helfen, den inneren Dialog zu beruhigen oder zu unterbrechen, so zum Beispiel die Techniken, die Castaneda gegen Ende von *Tensegrity – Die magischen Bewegungen der Zauberer* beschreibt. Hier wird mit Hilfe eines ledernen Briefbeschwerers und der Finger Druck auf spezifische körperliche Zentren ausgeübt, was das Erreichen innerer Stille fördert.[11]

Taisha Abelar empfiehlt ein besonderes Nicht-tun, das ebenfalls äußerst wirksam ist. Dazu legt man zunächst den Zeigefinger der linken Hand in die Vertiefung zwischen Nasenwurzel und Stirn und läßt ihn unter leichtem Druck vibrieren. Dies macht man einige Sekunden lang, wechselt die Hand und drückt den Punkt für eine vergleichbare Zeit mit dem Zeigefinger der rechten Hand. Dann greift man mit Zeigefinger und Daumen eine Energielinie, zieht sie wenige Zentimeter hinaus und läßt sie zurückschnellen. Gleichzeitig sollte man diese Linie visualisieren und sich auf das Gefühl konzentrieren, welches durch die Übung hervorgerufen wird.[12]

Genausogut kann man jedoch meditieren, das Licht einer Kerze gaffen, sich auf seine Atmung konzentrieren oder auf die Geräusche der Welt lauschen. Alles, was uns hilft, den inneren Dialog zu beruhigen, kann unabhängig von seiner Herkunft oder Ideologie verwendet werden. Der Gebrauch von Drogen ist hingegen nicht zu empfehlen, weil er energetische Schäden hervorruft, die in keinem Verhältnis zu seinem Nutzen stehen. Die Erben des Don Juan warnen in dieser Hinsicht immer wieder vor Mißverständnissen, die sich aus Castanedas ersten Büchern ergeben. Sie erklären, daß nur die Erfahrungen, die wir aus eigener Kraft gewinnen, von echtem Wert sind, weil sie uns Disziplin lehren und es uns ermöglichen, die Welt des Alltags zu transformieren, ohne auf fremde Hilfe angewiesen zu sein und ohne unseren Körper zu schädigen.

Wenn wir den überflüssigen Ballast aus unserem Leben entfernen, unnötige und schädliche Gewohnheiten beiseite lassen, werden wir genügend Zeit und Kraft freisetzen, um die Pfade der Zauberei zu beschreiten. Und wenn wir täglich ein paar Stunden für die Praxis der magischen Bewegungen, der Rekapitulation, des Nicht-tuns und des Gaffens aufbringen, werden wir genügend Bewußtheit und innere Stille ansammeln, um die Welt anzuhalten, Energie zu *sehen*, den Montagepunkt zu verschieben und aus dem Gefängnis der Alltagswelt auszubrechen. Dann sind wir bereit für neue Erfahrungen: neue Welten, die genauso wirklich und einnehmend sind wie unsere Alltagswelt, und neue Aspekte unseres Selbst, von denen wir vorher nicht einmal zu träumen gewagt haben.

Teil IV
Jenseits von Alcatraz

13. *QUE NI TE JODAN:* DER DOPPELGÄNGER

Als leuchtende Wesen haben wir alle einen Doppelgänger. Wir alle! Ein Krieger lernt lediglich, sich dessen bewußt zu sein. Es gibt anscheinend unüberwindliche Schranken, die dieses Bewußtsein versperren. Doch gerade diese Schranken machen das Erreichen eines solchen Bewußtseins zu einer so einzigartigen Herausforderung.

Don Juan Matus[1]

Auf den Pfaden der Zauberei gelangen wir schnell zu der Einsicht, daß die traditionellen Dualismen von Geist und Materie, Körper und Seele, Gut und Böse, Gott und Teufel etc. irrige Konzepte sind, die uns im Rahmen der Sozialisation aufgepfropft wurden und die in keiner Weise unserer unmittelbaren Erfahrung entsprechen. Sie sind vielmehr Produkte einer fremden Installation, das Ergebnis der Spiegelung in der Pfütze unserer Restbewußtheit und der Identifikation mit einem von der Welt getrennten Ego, das seinen Zustand auf alles und jedes projiziert.

Wenn wir den Spiegel der Selbstbetrachtung zerbrechen und sich unsere Bewußtheit zu regenerieren beginnt, erkennen wir jedoch zunehmend, daß alles mit allem verbunden ist und daß die kontradiktorischen Konzepte des Verstandes nicht auf der energetischen Wirklichkeit beruhen, sondern ein Grundmuster unseres Interpretationssystems darstellen. Der alltägliche Blick fällt stets durch den Filter der Interpretation, durch eine Art Brille, die uns die Welt nicht in einem übergangslosen Spektrum, sondern lediglich im Kontrast von Schwarz und Weiß wahrnehmen läßt.

Das bedeutet jedoch nicht, daß die Zauberer in ihrem *Sehen* nicht mehr fähig wären, Unterscheidungen zu treffen, oder daß es keine Unterschiede gäbe. Auch sie sprechen von einem universellem Dualismus zweier Kräfte, die jedoch weniger kontradiktorischer als vielmehr komplementärer Natur sind, vom Tonal und Nagual, dem einzig echten Paar, das allem Sein zugrunde liegt. So sind auch wir ein Produkt dieser Urkräfte, die sich im Dualismus von linkem und rechtem Körper manifestieren und innerhalb unseres leuchtenden Kokons zu einem einzigen Wesen verschmelzen: unserem alltäglichen Selbst.

Ein solcher Dualismus mag manchem Leser vertraut vorkommen, da er an das naturwissenschaftliche Konzept von den Hemisphären des Gehirns erinnert, denen ebenfalls komplementäre Eigenschaften nachgesagt werden. Die Aussagen der Zauberer beruhen jedoch weder auf analytischen Schlußfolgerungen noch auf rationalen Konzepten, sondern allein auf ihrem unmittelbaren *Sehen*. Insofern stellt das Paradigma von den Hemisphären unseres Gehirns für die Zauberer bestenfalls eine beschränkte Interpretation des grundlegenden Dualismus zwischen linkem und rechtem Körper, aber keinesfalls eine Erklärung für denselben dar. Es ist ausgesprochen wichtig, sich dies klarzumachen, weil wir ansonsten wieder auf vereinfachende Interpretationen verfallen, die uns auf Mechanismen und Modelle reduzieren und uns für die eigentlichen Mysterien unseres Daseins blind machen.

Eines dieser Mysterien ist, daß wir Menschen einem noch viel eigentümlicheren Dualismus unterliegen, für den es in unserem modernen Denken keinerlei Entsprechungen gibt. Die Zauberer des alten Mexikos hatten bereits vor Jahrtausenden herausgefunden, daß ein jeder von uns einen energetischen Zwilling besitzt, der ein exaktes Ebenbild des Konglomerats von Energiefeldern darstellt, welches wir als unseren Körper kennen. Da sich dieser Zwilling jedoch im Gegensatz zu unserem alltäglichen Selbst nicht in einem physischen Körper materialisiert, sondern als reine Energie existiert, nannten ihn die Zauberer den *Energiekörper*. Sie bezeichneten ihn auch als den *Traumkörper*, den *Doppelgänger*, das *andere Selbst* oder kurz als den *Anderen*, wobei all diese Namen mißverständlich sind und einiger Erläuterungen bedürfen.

Eigentlich ist der Energiekörper gar kein „anderer" und auch kein „Doppelgänger", zumindest nicht in dem Sinne, wie wir dies gemeinhin verstehen. Die Zauberer betrachten den physischen Körper und den Energiekörper, das Selbst und das andere Selbst als eine Einheit, die gemeinsam gezeugt und geboren werden, jedoch bereits bei der Geburt durch äußere Kräfte voneinander getrennt werden, so daß wir heute meist nicht die geringste Ahnung von der Existenz unseres Gegenstücks haben.[2]

Im alten Mexiko war das Wissen um unseren energetischen Zwilling hingegen Gemeingut. Interessanterweise finden wir auf präkolumbianischen Fresken die mythische Gestalt des *Xolotl*, dessen Name soviel wie *Doppelgänger* oder *leuchtender Zwilling* bedeutet, meist in Form einer Nachgeburt oder Plazenta.[3] Da die alten Mexikaner jedoch entgegen der landläufigen Meinung keine Götter kannten, liegt die Vermutung nahe, daß es sich dabei um ein einfaches Ideogramm handelt, mit dem sie sich auf den Energiekörper bezogen, indem sie ihn in seiner ursprünglichen Gestalt darstellten.

Wenn dem so ist, waren sie offenbar der Überzeugung, daß der Energiekörper der energetische Aspekt der Nachgeburt sei, eines Teiles von uns selbst, der nach seinem physischen Tod als reine Energie weiterbesteht und mit dem alltäglichen Selbst verbunden bleibt. So wird *Xolotl* auf antiken Fresken häufig mit der Nabelschnur dargestellt, die ihn mit dem Kulturheros *Quetzalcoatl* verbindet, der wiederum als ein Ideogramm für den inkarnierten Menschen gelten kann. Und auch die Zauberer aus der Linie des Don Juan sprechen von einem ätherischen Band, welches das Selbst und das andere Selbst während unseres ganzen Lebens wie eine Nabelschnur verbindet. Castaneda erinnert sich in diesem Zusammenhang an die Aussagen seines Lehrers:

> „*Wenn der physische Körper und der Energiekörper nicht unmittelbar miteinander verbunden seien, erklärte Don Juan weiter, seien sie durch ein ätherisches Band verknüpft, welches manchmal so dünn sei, daß es kaum zu existieren scheine. Er war davon überzeugt, daß der Energiekörper im Laufe unseres Lebens immer weiter von uns weggetrieben werde und daß der Tod letztlich als Folge des Abreißens jener flüchtigen Verbindung eintrete.*“[4]

Bevor wir uns jedoch mit Möglichkeiten befassen, wie wir diese fatale Trennung verhindern und den Energiekörper wieder näher an unseren physischen Körper heranbringen können, wollen wir hier zunächst auf die Entstehung jenes seltsamen Zwillings eingehen. Dazu lohnt es sich, den Hinweisen der alten mexikanischen Fresken zu folgen und sich näher mit Schwangerschaft und Geburt auseinanderzusetzen. Kehren wir also noch einmal zu dem entscheidenden Moment unserer Zeugung zurück:

Bei der Zeugung entsteht ein Keim, der sich beim Menschen bereits in den ersten Tagen nach der Einnistung in die Gebärmutter in zwei klar abgegrenzte Bereiche zu teilen beginnt: in die Eihüllen, die später die Plazenta hervorbringen, sowie in den eigentlichen Embryo, der sich zum physischen Körper entwickelt. Dabei erfüllen die Hüllen, die in den ersten Wochen der Schwangerschaft schneller wachsen als der Embryo, nicht nur eine schützende Funktion, sondern stellen auch die eigentliche Verbindung zwischen Mutter und Kind dar. Vor allem die äußere Hülle, das Chorion, welches wiederum über die Nabelschnur mit dem Embryo verbunden ist, bildet zahlreiche Zotten aus, die Nährstoffe und Sauerstoff aus der Gebärmutter aufnehmen sowie auf umgekehrtem Weg Abfallstoffe und Kohlendioxid abgeben.

Neben dieser primären Stoffwechselfunktion übernimmt das Chorion zunehmend die sekundäre Funktion einer Drüse, die den Ablauf der Schwangerschaft steuert. Gleichzeitig verwächst es ab dem dritten Monat an einer Seite mit der Siebhaut der Gebärmutter und bildet so die Plazenta, die ein formloses Gegenstück zum Embryo darstellt, der in diesem Entwicklungszustand von den Medizinern als Fötus bezeichnet wird. Fötus und Plazenta sind bis zur Geburt durch die Nabelschnur verbunden und werden erst in diesem einschneidenden Moment voneinander getrennt.

Der moderne Mensch nimmt heute an, daß die Plazenta einfach absterbe, nachdem die Nabelschnur durchtrennt wurde und sie als Nachgeburt das Licht der Welt erblickt hat. Sie wird meist achtlos in den Müll geworfen oder an die Pharma- oder Kosmetikindustrie verkauft, die aus ihr Zusätze für Medikamente, Augentropfen und Schönheitscremes herstellt. Doch die Hebammen früherer Zeiten behandelten sie mit größtem Respekt und begruben sie wie einen frisch Verstorbenen unter einem Baum, von dem sie sagten, daß er nun untrennbar mit dem Leben des Neugeborenen verknüpft sei.

In manchen Regionen existiert ein Relikt dieses Brauchs, bei dem der frischgebackene Vater einen Lebensbaum für sein Kind pflanzt. Das Begraben der Plazenta und das Wissen um die Magie dieses Akts sind bei uns jedoch völlig in Vergessenheit geraten. Nur bei manchen Naturvölkern existieren noch vergleichbare Kulte, so etwa bei den Yanomama-Indianern, welche die Plazenta wie einen Toten verbrennen und sie bezeichnenderweise den *Anderen* nennen.[5]

Wie dem auch sei, die Zauberer aus Don Juans Linie haben *gesehen*, daß der Energiekörper und der physische Körper bis zur Geburt noch untrennbar miteinander verbunden sind. Doch bereits kurz nach der Durchtrennung der Nabelschnur findet eine erste Scheidung statt, welche aufgrund äußerer Umstände immer stärker wird. Diese Umstände, welche sich heutzutage zum Beispiel in dem oben beschriebenen Umgang mit der Plazenta spiegeln, sind – wie nicht anders zu erwarten – wieder einmal Machenschaften der Voladores, die mit all ihrer Kraft versuchen, den Energiekörper von uns zu trennen, solange ihnen dies noch möglich ist.

Denn der Energiekörper entwickelt sich wie sein physisches Pendant im Laufe der Zeit weiter; er wächst und sammelt Bewußtheit, die jedoch aufgrund der fehlenden Sozialisation für die Voladores unverdaulich ist. Dies ist auch der Grund dafür, daß ein Seher die leuchtende Kugel des Energiekörpers leicht von der Kugel des alltäglichen Selbst unterscheiden kann, obschon sie eigentlich identisch sind. Erstere strahlt immer noch im Licht vollständiger Bewußtheit, während letztere ihres äußeren Scheins beraubt ist und einen trostlosen Anblick bietet. Ein ausgewachsener Energiekörper wäre das Verderben der Voladores, weil er ihre Manöver sofort durchschauen und wirksam durchkreuzen würde. Ihnen bleibt also keine andere Wahl, als die Zwillinge in einem möglichst frühen Stadium zu trennen und dafür zu sorgen, daß der eine die Existenz des anderen vergißt.

Dies ist ihnen so gründlich gelungen, daß wir gewöhnlich keine Ahnung von der Existenz unseres Energiekörpers haben, der sich laut Castaneda inzwischen oft so weit von uns entfernt hat, daß er sich buchstäblich auf einem anderen Kontinent wie zum Beispiel in Australien befinden könnte. Dennoch ist die Verbindung nicht ganz abgerissen, und wir können über das hauchdünne Band, das uns mit ihm verknüpft, Kontakt aufnehmen und ihn wieder in unsere Nähe locken. Dies gelingt den Zauberern durch dieselben Methoden, mit denen sie den Voladores den Garaus machen – durch die entschlossene Praxis der Pfade der Zauberei.

So bewirken zum Beispiel die Stöße von Sehnenenergie, die wir bei der Ausführung der magischen Bewegungen durch unseren Körper senden, nicht nur eine Erweckung des kinästhetischen Gedächtnisses und der sekundären Organfunktionen. Sie aktivieren und stärken überdies das Band zwischen Körper und Energiekörper und wirken gleichzeitig wie Klopfsignale an einem gespannten Kabel, die unweigerlich die Aufmerksamkeit unseres Zwillings erregen und ihn so in unsere Nähe locken.

Ähnliche Effekte bewirkt auch die Rekapitulation, die uns im energetischen Sinne immer weiter zurück zu unseren Ursprüngen führt, was auch bedeutet, daß wir mit jedem Atemzug unseren Energiekörper näher an uns heranziehen. Und nicht nur das, wir übertragen mit Hilfe des Fegeatems auch unsere Erinnerungen auf unseren Zwilling, der so an unseren Erfahrungen teilhat und uns früher oder später auch an seinen Erfahrungen teilhaben läßt. Diese offenbaren sich in der fortgeschrittenen Praxis der Rekapitulation in Form merkwürdiger Erinnerungen, die plötzlich aus dem Nichts aufzutauchen scheinen und nicht so recht in den linearen Ablauf unserer alltäglichen Erfahrungen passen wollen.

Wenn solche Erinnerungen gehäuft auftreten, wissen wir, daß unser Energiekörper sich wieder in unserer Nähe befindet und daß wir für die Praxis der fortgeschrittenen Pfade der Zauberei bereit sind: die Kunst des *Träumens* und die Kunst des Pirschens, welche uns in den folgenden Kapiteln beschäftigen werden.

Dies bedeutet aber nicht, daß man die Praxis der anderen Pfade vernachlässigen sollte, denn nur die Disziplin, die wir durch ihr beständiges Training erreichen, hält unsere Bewußtheit auf einem Niveau, das es uns ermöglicht, wirklich von den Künsten der Zauberei zu profitieren, ohne gleich wieder von den Voladores auf ein erbärmliches Maß zurückgestutzt zu werden. Sie ist die Essenz des siebten Pfades der Zauberei, der keine Methoden oder Praktiken kennt, sondern einzig und allein darin besteht, daß wir die ersten sechs Pfade zwanglos und flüssig üben und den Weg des Kriegers zu unserem Lebensweg machen.

Auf diesem Weg zählt nur die Makellosigkeit, die uns davor schützt, erneut in die Fänge der Alltagswelt zu geraten und uns wieder in den Tanz sozialer Eitelkeiten einzureihen. Dabei ist das Kriterium für Makellosigkeit laut Carol Tiggs ausgesprochen einfach: „Deine Taten sind makellos, wenn du sie nur für deine eigenen Augen begehst.“ Und Taisha Abelar fügt hinzu: „Wenn du dir vorstellst, allein im Wald zu sein, und es auch dann tust – dann sind deine Handlungen makellos.“[6]

Die durch Disziplin und Makellosigkeit gesteigerte und gehärtete Bewußtheit erlaubt uns im Zusammenspiel mit der Nähe des Energiekörpers einige unvorstellbare Manöver. So bietet sie uns die Möglichkeit, in unserem *Träumen* die Warte der Beobachtung zu wechseln und ganz aus dem Energiekörper heraus wahrzunehmen. Auf diese Weise wird er zu unserem *Traumkörper*, den wir, wie wir im nächsten Kapitel zeigen werden, als Vehikel für Reisen in andere Welten nutzen können, für die unser Körper noch nicht bereit ist.

Man mag sich nun fragen: Kann unser physischer Körper je wirklich bereit sein, mit Haut und Haaren in andere Welten zu reisen? So daß er aus der Alltagswelt verschwindet und ganz in das Unbekannte eintritt? Es ist tatsächlich möglich, weil die Festigkeit unseres Körpers nur eine Übereinkunft ist, das Ergebnis unseres beständigen Tuns. Die einfache Tatsache, daß es sich bei unserem Körper und dem Energiekörper um identische Zwillinge handelt, ermöglicht eine vollständige Transformation des einen in den anderen.

Wenn es uns gelungen ist, den Energiekörper wieder in unsere Nähe zu locken, ist es laut Castaneda ab einer gewissen Entfernung möglich, ihn in den *Anderen*, in den *Doppelgänger* zu verwandeln: eine identische Kopie unseres Körpers, die nicht nur genauso fest und dreidimensional wie dieser ist, sondern die auch dessen Platz in der Alltagswelt einnehmen und an seiner Stelle handeln kann. Umgekehrt können wir auch unseren physischen Körper in eine Kopie des Energiekörpers verwandeln – in ein Konglomerat von Energiefeldern, welches nicht länger durch die Grenzen unserer Übereinkunft gebunden ist. Als reine Energie sind wir in diesem Zustand zum Beispiel in der Lage, durch Wände zu gehen oder der Schwerkraft zu trotzen und wie ein Pfeil zu fliegen.[7]

Solche Erfahrungen kennen wir gewöhnlich nur aus unseren Träumen, und sie sind eine Ahnung von unserer eigentlichen Natur als leuchtende Wesen. Sie tragen uns für einen Moment über die Begrenzungen der Alltagswelt hinaus und erfüllen uns mit einem Gefühl der Kraft und des Wohlbefindens, das uns einige Stunden oder gar Tage begleitet und dann wie die Erinnerung an unseren Traum allmählich verblaßt. Wäre es nicht phantastisch, wenn wir ständig in einem solchen Gefühl leben und bewußt solche unglaublichen Erfahrungen machen könnten?

Dies gelingt den Zauberern durch die Kunst des *Träumens*, bei der es sich um die bewußte Nutzung gewöhnlicher Träume handelt, welche quasi als Sprungbrett zu unserem Energiekörper genutzt werden. Die beständige Praxis des *Träumens*, auf die wir nun näher eingehen wollen, bewirkt in Wechselwirkung mit den bislang geschilderten Pfaden der Zauberei, daß sich der Energiekörper irgendwann sogar wieder mit seinem physischen Pendant vereinigt – ein Prozeß, der ein Leben lang dauern kann, aber dessen Ergebnis die Mühe lohnt, weil er zur endgültigen Befreiung führt.

Wie bereits erwähnt, tritt der Tod gewöhnlich als Folge der Trennung der Verbindung zwischen Körper und Energiekörper ein. Wenn es uns nun aber gelingt, die Zwillinge zu vereinigen, entgehen wir diesem Schicksal, ohne jedoch deshalb gleich unsterblich zu werden. In gewisser Hinsicht verwandeln wir uns in etwas Neues – oder vielleicht auch in etwas Uraltes, weil wir in diesem Moment unsere wahre Natur erkennen. Don Juan sagt:

> *„Wenn die beiden Seiten des Menschen, sein Körper und sein Energiekörper, wieder vereinigt werden, geschieht das Wunder der Befreiung. Die Zauberer sagen, daß wir in diesem Moment erkennen, daß wir Reisende sind und daß unsere Reise von äußeren Kräften unterbrochen wurde. Und noch im selben Moment beginnt unsere Reise der Bewußtheit von neuem.“*[8]

In diesem Sinne hilft uns der Doppelgänger, der eigentlich ein integraler Teil unserer Selbst ist, das endgültige Ziel der Zauberei, die totale Freiheit zu erreichen und unsere Bewußtheit auch über unsere physische Existenz hinaus zu behalten. Und er tut dies unter anderem, indem er die Voladores vertreibt und so wie in den gemeinsamen Anfängen im Mutterleib seinen schützenden Mantel über uns breitet und uns mit dem Universum verbindet.

Nicht zuletzt deshalb haben die Zauberer aus der Linie des Don Juan den Energiekörper mit einem bezeichnenden Spitznamen belegt, den man sowohl als Ermahnung für uns als auch als Warnung für die Voladores auffassen kann: *que ni te jodan*, was soviel bedeutet wie *der, mit dem ihr euch besser nicht anlegen solltet* beziehungsweise *der, mit dem ihr es euch nicht verscherzen solltet.*[9]

14. Vorstoss in die Häute der Zwiebel

Wir Menschen befinden uns auf einer Reise der Bewußtheit, die von äußeren Kräften zeitweilig unterbrochen wurde. Glaub mir, wir sind Reisende. Ohne diese Reise haben wir nichts.

Don Juan Matus[1]

Wir alle verbringen einen Großteil unseres Lebens im Schlaf, in einem Dämmerzustand, der ab und zu von irrlichternden Träumen erhellt wird. Und egal, ob wir diesen nächtlichen Erfahrungen eine tiefere Bedeutung beimessen, ob wir unsere Träume deuten oder sie für lästige Begleiterscheinungen des Schlafes halten, haben wir uns auf die eine oder andere Weise mit diesem Zustand abgefunden. Selbst wenn wir den Schlaf nicht als willkommene Auszeit von den Wirren des Alltags begrüßen, akzeptieren wir ihn doch als notwendiges Übel, als Voraussetzung für die Regeneration von Körper, Geist und Seele.

In Anbetracht der Erkenntnisse der Zauberer, die wir bereits in Kapitel 1 schilderten, ist dies jedoch nicht zwingend so. Sicher folgt der Schlaf ganz natürlich auf die Erschöpfung der Fixierung des Montagepunktes, die wir immer nur für eine gewisse Zeit aufrechterhalten können. Doch die Unbewußtheit, in der wir diesen Teil unseres Lebens verbringen, ist alles andere als notwendig – sie ist ein Automatismus, ein Tun, welches wir aktiv in ein Nicht-tun verwandeln können.

Dies bedeutet, den Schlaf und die Träume nicht länger als selbstverständlich zu betrachten, sondern sie als Herausforderung anzunehmen und die natürliche Verschiebung des Montagepunktes während des Schlafes bewußt zu nutzen. Zu diesem Zweck haben die Zauberer zwei methodische Systeme ersonnen, die uns befähigen, diese Verschiebung zu kontrollieren: das *Träumen* und das *Pirschen*. Dabei konzentriert sich das *Träumen* auf die gezielte

Verschiebung des Montagepunktes, während das Pirschen uns dazu befähigt, ihn auf jeder beliebigen Position, an die er verschoben wurde, zu fixieren und auf diese Weise neue Welten zu erschließen, die genauso fest und wirklich sind wie unsere Alltagswelt.

Der erste Schritt, der uns auf dieses Meisterstück der Zauberei vorbereitet, besteht im *Arrangieren des Träumens*, bei dem es darum geht, sich in seinen nächtlichen Träumen bewußt zu werden und eine gewisse Kontrolle über sie zu erlangen. Don Juan erklärt:

> „*Das* Träumen *zu arrangieren bedeutet, eine exakte und pragmatische Kontrolle über die allgemeine Situation eines Traumes zu haben. Du träumst zum Beispiel, du bist in deinem Hörsaal an der Universität. Das* Träumen *zu arrangieren bedeutet nun, daß du diesen Traum nicht in einen anderen abgleiten läßt. Du springst also nicht etwa vom Hörsaal in die Berge. Mit anderen Worten, du kontrollierst den Anblick des Hörsaals und läßt ihn nicht los, bevor du dies willst.*“[2]

Diese ebenso einfache wie aberwitzige Übung konfrontiert uns mit einigen Schwierigkeiten. So müssen wir uns dazu nicht nur unserer Träume bewußt werden, sondern wir müssen uns im Traum bewußt werden, daß wir träumen. Und dann müssen wir obendrein die natürliche Fluktuation der Traumbilder kontrollieren, die dadurch entsteht, daß der Montagepunkt nicht auf eine bestimmte Position fixiert ist, sondern unkontrolliert über die Emanationen im Inneren unseres leuchtenden Kokons gleitet und mal diese, mal jene Wahrnehmung auslöst.

Das erste Problem kann man nur lösen, indem man das bewußte Träumen *beabsichtigt*. Castaneda empfiehlt, die *Absicht* laut anzurufen und nicht etwa zu erklären, daß man *träumen* will, sondern daß man ein *Träumer* ist: „*Absicht! Ich bin ein Träumer!*“ Dabei ist es wichtig, diese Worte aus der Bewußtheit der eigenen Sterblichkeit heraus zu äußern, damit sie die nötige Kraft haben, zur Wirklichkeit zu werden.[3]

Dasselbe gilt für das *Beabsichtigen* aller konkreten Schritte, mit deren Hilfe man zum *Träumen* gelangt. So kann man zum Beispiel den Trick anwenden, sich des Einschlafens bewußt zu werden, indem man sich auf eine bestimmte Empfindung konzentriert, ein angenehmes Gefühl der Schwere und der Entspannung, das es uns nicht erlaubt, die Augen zu öffnen. Während man sich in diesem Zustand befindet, sollte man seine *Absicht* einige Male mit lauter Stimme wiederholen und hinzufügen, daß man im Traum auf die Hände sehen und sich auf diese Weise des *Träumens* bewußt werden wird.

Es kann eine ganze Weile dauern, bis es uns zum ersten Mal gelingt, im Traum auf die Hände zu sehen. Man sollte daher nicht vorschnell aufgeben – selbst dann nicht, wenn sich über Monate hinweg kein *Träumen* einstellt und unsere nächtlichen Träume eher jeglicher Kontrolle zu entgleiten scheinen und zu regelrechten Albträumen werden. Es ist ganz normal, daß sich uns beim Arrangieren des *Träumens* erstaunliche Hindernisse in den Weg stellen, die zum Teil von Manövern der Voladores herrühren, denen es ganz und gar nicht schmeckt, daß wir versuchen, unseren Energiekörper zu wecken. Und eben das ist der eigentliche Sinn und Zweck dieser Übung.

Wenn wir uns nämlich im Traum bewußt werden, daß wir träumen, wird uns auch gleichzeitig klar, daß unser Körper im Bett liegt und schläft. Derjenige, der im Traum auf seine Hände sieht, ist nicht unser alltägliches Selbst, sondern der Andere, durch dessen Augen wir geträumte Hände und eine geträumte Welt betrachten. Dies kommt einem ersten Erwachen des Energiekörpers gleich, und wir begreifen, daß dieser nicht nur ein Teil von uns, sondern tatsächlich eins mit uns ist.

Natürlich ist auch in diesem Fall eine einmalige Erweckung nicht von Dauer, und es bedarf der ständigen Übung, die Verbindung zwischen dem Selbst und dem anderen Selbst, dem *Träumer* und dem *Geträumten* zu festigen. Zudem müssen wir die zweite Hürde beim Arrangieren des *Träumens* meistern, die darin besteht, die Szene des jeweiligen Traumes so weit unter Kontrolle zu bringen, daß sie sich nicht mehr verändert.

Dies gelingt, indem wir unseren Montagepunkt im *Träumen* anpirschen und unsere *Traumaufmerksamkeit* Schritt für Schritt zu kontrollieren lernen. Dabei empfiehlt es sich, den Blick systematisch von den Händen auf einzelne Gegenstände des Traumes und dann zurück zu den Händen zu lenken. Man sollte jedoch zunächst nicht zu viele Gegenstände wählen und sie nur mit möglichst beiläufigen Blicken streifen, denn sobald wir im Traum etwas anstarren, beginnt es, seine Form zu verändern, und wir verlieren die Kontrolle oder wachen auf. Darum sollten wir, sobald sich ein Gegenstand zu verändern beginnt, augenblicklich zu unseren Händen zurückkehren, weil dieser Akt die *Traumaufmerksamkeit* erneuert und es uns erlaubt, die Übung fortzusetzen.

Das Arrangieren des *Träumens* ist abgeschlossen, wenn es uns gelingt, alle Gegenstände eines Traumes anzusehen, ohne daß sie sich verändern. Damit haben wir die *erste Pforte des Träumens* gemeistert, eine energetische Barriere, die uns daran hindert, in unseren Träumen bewußt zu werden und den Energiekörper zu erreichen. Gleichzeitig haben wir diesem zu einem Mindestmaß an Kontrolle über seine eigene *Traumaufmerksamkeit* verholfen, die nun für ihr weiteres Training bereit ist: die Vorbereitung auf tatsächliche Reisen in die Welten der zweiten Aufmerksamkeit. Don Juan erklärt dies in einer Metapher:

> *„Die zweite Aufmerksamkeit ist wie ein Ozean, und die Traumaufmerksamkeit ist wie ein Fluß, der in diesen einmündet. Die zweite Aufmerksamkeit ist ein Zustand der Bewußtheit ganzer Welten, genauso absolut, wie deine Welt absolut ist; während die Traumaufmerksamkeit ein Zustand ist, in dem uns die Gegenstände unserer Träume bewußt werden.“*[4]

Die *Traumaufmerksamkeit*, welche die geschulte Wahrnehmung unseres Energiekörpers ist, erlaubt es uns, unsere Träume in eine bewußte, steuerbare Erfahrung zu verwandeln, indem sie es uns gestattet, den Montagepunkt an jeder beliebigen Position festzumachen, an die er verschoben wurde. Da es sich dabei jedoch meist um Positionen handelt, die keine energetische Wirklichkeit hervorbringen, müssen wir lernen, den Montagepunkt von einem Traum zum anderen zu verschieben, bis wir bereit sind, ihn an Positionen zu bewegen, die keine gewöhnlichen Träume, sondern wirkliche Welten hervorbringen. Mit anderen Worten, wir müssen unseren Energiekörper in den Feinheiten der *Traumaufmerksamkeit* unterweisen und ihn so auf den Vorstoß in die Häute der Zwiebel vorbereiten.

Diese Vorbereitung ist eine ausgesprochen spannende Angelegenheit, weil sie uns zum ersten Mal die Möglichkeit bietet, die erstaunlichen Fähigkeiten des Energiekörpers zu erproben und die eigenen Träume aktiv zu erkunden. Denn auch wenn es sich bei ihnen nicht um wirkliche Welten handeln mag, ist die bewußte Erfahrung des *Träumens* mehr als real und in jeder Hinsicht außergewöhnlich. Wir können im *Träumen* zum Beispiel fliegen, durch Wände gehen, uns in Pflanzen oder Tiere verwandeln, auf Wolken reiten oder gar zu anderen Planeten reisen.

Es ist jedoch nicht zu empfehlen, sich allzu tief in solche Manöver zu verstricken, weil sie vom eigentlichen Ziel ablenken und schnell zur Wirklichkeitsflucht, statt zum Weg in neue Wirklichkeiten werden. Und dieses Ziel besteht zunächst darin, den Traum bewußt zu wechseln oder in einem anderen Traum zu erwachen, wobei es sich um zwei Varianten ein und derselben Übung handelt.

Die erste Variante besteht darin, daß man seine *Traumaufmerksamkeit* auf einen beliebigen Gegenstand des Traumes fixiert, bis sich dieser zu verändern beginnt und uns durch eine Art Energiewirbel in einen anderen Traum zieht, den wir dann festigen, indem wir den Gegenstand nicht länger anstarren, sondern ihn wie die gesamte Kulisse des neuen Traumes nur mit flüchtigen Blicken streifen. Dann konzentrieren wir uns auf einen anderen Gegenstand und wechseln erneut die Szene, indem wir ihn anstarren und uns in einen weiteren Traum ziehen lassen.

Die zweite Variante besteht darin, daß wir *träumen*, aus einem Traum zu erwachen. Bei diesem Erwachen landen wir jedoch nicht in der alltäglichen Wirklichkeit, sondern in einem weiteren Traum, aus dem wir wiederum in einen Traum erwachen können etc. Doch Vorsicht, manchmal sind solche Träume so realistisch, daß man denkt, man sei wirklich erwacht, während man immer noch träumt. Dieser Irrtum wird uns oft erst dann bewußt, wenn wir zum zweiten oder gar zum dritten Mal aus unserem Bett aufschrecken und körperlich begreifen, daß wir wieder in die Alltagswelt zurückgekehrt sind.

Diese Übungen wiederholt man jeweils so lange, bis die *Traumaufmerksamkeit* erschöpft ist, was sich auf verschiedene Weise zeigen kann. Manchmal gleitet das *Träumen* einfach in einen gewöhnlichen Traum ab, in dem wir uns nicht mehr bewußt sind, daß wir träumen. Oft mündet es auch in einem tiefen, traumlosen Schlaf, während wir zu anderen Gelegenheiten unmittelbar aus dem *Träumen* erwachen und uns ausgesprochen wohl und energetisch geladen fühlen.

Wenn wir das Wechseln der Träume buchstäblich im Schlaf beherrschen, sind wir bereit für die *zweite Pforte des Träumens*, die einen tatsächlichen Eingang in eine benachbarte Welt darstellt, welche von den Zauberern das *Zwillingsuniversum* genannt wird. Dieses ist von anorganischen Wesen bevölkert, die zwar Bewußtheit, aber keine organische Form besitzen. Dennoch sind sie stationäre Wesen, die wie Bäume fest verwurzelt sind; und wie jene besitzen sie die Fähigkeit, mittels Projektionen ihrer Bewußtheit in andere Sphären der Bewußtheit einzudringen – wie zum Beispiel in unsere Träume. Don Juan sagt:

„Die Träume sind zwar nicht das Tor, aber das Schlupfloch zu anderen Welten. Ein Schlupfloch mit Zweibahnverkehr. Unser Bewußtsein schlüpft durch diese Lücke in andere Sphären, und jene anderen Sphären schicken Scouts in unsere Träume.“[5]

Man erkennt diese Scouts, die sich übrigens häufig in unseren Träumen herumtreiben, sehr leicht daran, daß sie nicht so recht in den betreffenden Traum passen und durch ihre energetische Autonomie auffallen. So verbergen sie sich oft hinter dem sprichwörtlichen fliegenden Fisch, einer sprechenden Vase, einem hüpfenden Stein oder einem anderen Gegenstand, der sich eigenartig verhält. Dabei wollen die Scouts des Zwillingsuniversums sich eigentlich gar nicht verstecken, sondern suchen Kontakt, aber wir interpretieren sie als etwas Bekanntes und müssen erst lernen, sie als das zu *sehen*, was sie sind: Blasen einer selbständigen, vibrierenden Energie.

Um dies zu erreichen, müssen wir lediglich die natürliche Fähigkeit des Energiekörpers erschließen, Energie unmittelbar zu *sehen*. Wenn wir im *Träumen* laut die *Absicht* äußern, Energie zu *sehen*, und diese durch eine magische Bewegung des Energiekörpers unterstützen, bei der man mit dem kleinen Finger auf den Gegenstand deutet, den man *sehen* will, wird jener seine wahre Natur offenbaren. Das heißt, wenn es sich um einen Bestandteil eines gewöhnlichen Traumes handelt, wird nichts geschehen, weil dieser keine eigene Energie besitzt; doch wenn es sich um einen Scout handelt, werden wir ihn augenblicklich als ein leuchtendes Wesen wahrnehmen, als eine Energiekugel bis zur Größe eines Basketballs, die vor uns schwebt.

Sobald es uns gelungen ist, einen solchen Scout zu isolieren, haben wir die zweite Pforte des *Träumens* erreicht. Wir können sie nur durchschreiten, indem wir unsere *Traumaufmerksamkeit* an ihn heften und ihm in seine Welt folgen – ganz so, wie wir in der vorbereitenden Übung einen Gegenstand fixiert haben, um in einen anderen Traum zu wechseln. Man muß den Scout dazu jedoch nicht fixieren, sondern ihm lediglich befehlen, uns in seine Welt zu transportieren – und schon sind wir da.

In der Praxis stellt das Isolieren von Scouts eine abenteuerliche Angelegenheit dar, da es sich bei ihnen nicht um gewöhnliche Traumphänomene handelt, die uns vielleicht Angst einjagen mögen, aber letztlich ungefährlich sind, weil sie keine Energie und somit keine Wirklichkeit besitzen. Die Scouts haben jedoch nicht nur Energie, sondern sind so wirklich wie wir selbst – und so wird das Durchschreiten der zweiten Pforte zu einer Begegnung der dritten Art und zu einem echten Scheideweg. Denn durch die direkte Konfrontation mit den Scouts wird uns unmittelbar bewußt, daß unsere Träume tatsächlich das Schlupfloch zu anderen Welten sind, und wir selbst stehen nun vor der Wahl, hindurchzuschlüpfen oder alle bisherigen Erfahrungen als Phantasie abzutun und vor der unheimlichen Erfahrung zu flüchten.

An der zweiten Pforte des *Träumens* scheiden sich jedoch nicht nur die Mutigen von den Furchtsamen, sondern auch die weiteren Ausbildungswege der männlichen und weiblichen *Träumer*. Während die Frauen in den formellen Grundübungen der Kunst des *Träumens* bereits genug gelernt haben, um von diesem Punkt an allein fortzuschreiten, müssen die Männer weiter formellen Schritten folgen, die durch den in Kapitel 7 beschriebenen männlichen Erkenntnisprozeß vorgegeben sind. Demnach brauchen Männer Richtlinien, denen sie folgen können, während Frauen, die an der zweiten Pforte angelangt sind, ihre Verbindung zum Energiekörper so weit wiederhergestellt haben, daß sie sich einzig und allein von dessen unmittelbarem Wissen leiten lassen können.

Dieser entscheidende Vorteil der Frauen basiert darauf, daß sie mit der Gebärmutter nicht nur über ein Organ der Reproduktion, sondern auch über ein Organ der Erkenntnis und des *Träumens* verfügen. Für viele Frauen ist es ausgesprochen leicht, sich direkt in einen Zustand des *Träumens* zu versetzen, indem sie ihren inneren Dialog abstellen und sich auf ihre Gebärmutter konzentrieren. Dies gelingt oft sogar nach einer Hysterektomie, weil das energetische Zentrum der Gebärmutter auch über deren chirurgische Entfernung hinaus aktiv bleibt. Dennoch ist es in einem solchen Fall zu empfehlen, eventuelle energetische Schäden durch die magischen Bewegungen der *Serie für die Gebärmutter* zu korrigieren.[6]

Eine Frau kann einem Scout darüber hinaus bedenkenlos in seine Welt folgen, weil ihr dort keine unmittelbare Gefahr droht. Die anorganischen Wesen sind selbst weiblich, und sie haben daher kein besonderes Interesse an der Energie der Frauen, die für sie keinen Vorteil mit sich bringt. Ein Mann muß hingegen ständig auf der Hut sein, weil die anorganischen Wesen männliche Energie nicht nur wegen ihrer Seltenheit schätzen, sondern sie auch dazu nutzen können, ihre eigene Bewußtheit auf unvorstellbare Weise zu transformieren – eine Tatsache, welche Männer zu einer begehrten Beute der weiblichen Wesen aus dem Zwillingsuniversum macht.

Man muß dazu wissen, daß unser Universum und sein Zwilling nicht nur durch eine natürliche Barriere der Wahrnehmung voneinander geschieden sind, sondern daß in ihnen verschiedene Gesetze gelten. Während die organischen Wesen in unserer Welt viel Energie, aber wenig Bewußtheit besitzen, verfügen die anorganischen Wesen über eine gewaltige Bewußtheit, aber über verhältnismäßig wenig Energie. Aus diesem Grunde leben wir kurz und intensiv, während die Anorganischen nahezu unsterblich, aber auch dementsprechend phlegmatisch sind. Sie können die Intensität ihres Erlebens jedoch immens steigern, indem sie die Energie eines männlichen Organismus anzapfen, welche sie auf ein organisches Niveau hochtransformiert. Die Energie weiblicher Organismen ist ihrer eigenen Energie hingegen offenbar zu ähnlich und eignet sich daher nicht für diesen Zweck.

Man darf sich die anorganischen Wesen nun jedoch nicht als Diebe in der Nacht vorstellen, die in den Träumen der Männer ungesehen auf Beutezug gehen. Sie suchen vielmehr den offenen

Kontakt und einen fairen Austausch von Energie; eine Tatsache, die sie zu den *Verbündeten* der alten Zauberer, aber auch zu deren Untergang werden ließ. Denn der Pakt mit den Verbündeten sieht heute wie damals vor, daß ein *Träumer* für seine Energie nicht nur mit unmittelbarem Wissen und unglaublichen Erfahrungen entlohnt wird, sondern auch, daß er an dem nahezu unsterblichen Zustand der Anorganischen teilhaben kann, wenn er sich ganz ihrer Welt verschreibt und beschließt, in ihr zu leben. Ein verlockendes Angebot, auf das zahllose Zauberer des alten Mexikos eingingen, was auch damit zu tun hat, daß die Anorganischen es hervorragend verstehen, die Vorzüge ihrer Welt zu verkaufen.

So beginnt auch heute jeder *Träumer*, in der Nähe der zweiten Pforte eine Stimme zu hören, die spätestens dann auftritt, wenn er in physischen Kontakt mit einem Scout getreten oder ihm sogar in dessen Welt gefolgt ist. Diese Stimme, welche die Zauberer den *Traumbotschafter* nennen, erklärt dem *Träumer* nicht nur alles über die Welt der anorganischen Wesen, sondern macht sie ihm in jeder Hinsicht schmackhaft. Dabei beschränkt der Traumbotschafter sich keineswegs auf Propaganda, sondern gibt dem *Träumer* praktische Beispiele für all die Fähigkeiten, die er mit Hilfe der anorganischen Wesen erringen kann. Und dies macht er ausgesprochen geschickt, weil er unsere individuellen Schwächen und Wünsche kennt, die er nur allzugern zu erfüllen bereit ist.[7]

Dieser Werbefeldzug des Traumbotschafters kann, wenn er auch meist ausgesprochen subtil beginnt, so extreme Formen annehmen, daß uns seine Stimme bis in die Welt des Alltags verfolgt und wir selbst auf der Toilette mit Weisheiten und Ratschlägen beschallt werden. Und auch sein Ton verändert sich: Während er zunächst mit der besonnenen Stimme eines Mannes zu uns spricht, gibt er nun seine wahre Natur zu erkennen, die in den fordernden Tönen einer Frau in uns widerhallt. Und das Schlimme daran ist nicht, daß wir uns ab und zu mit dem Gedanken quälen, daß dies die ersten Anzeichen einer ernsten psychischen Erkrankung sein könnten, sondern daß wir uns nach und nach an die kleine Frau im Ohr gewöhnen und von ihren Ratschlägen abhängig werden.

Deshalb sollte man dem Traumbotschafter bei den ersten Anzeichen einer solchen Entwicklung befehlen, sich aus unseren alltäglichen Angelegenheiten herauszuhalten und sich nicht unaufgefordert in unser Bewußtsein zu drängen. Er wird dieser Aufforderung nachkommen und von da an nur noch unsere Exkursionen in seine angestammte Heimat kommentieren.

Viele Leser werden an dieser Stelle eine genauere Beschreibung solcher Reisen in die Welt der anorganischen Wesen vermissen, die wir jedoch nicht liefern können, weil sie jeder Beschreibung spotten. Castaneda hat sie in der *Kunst des Träumens* zwar hervorragend dargestellt, aber auch seine Berichte von lebendigen Tunneln und vibrierender Energie sind nur Worte, welche die gelebte Erfahrung nicht ersetzen können. Und diese erlangt man nur, indem man einen Scout isoliert und ihm in seine Welt folgt.

Dann ist der *Träumer* auf sich allein gestellt und muß selbst entscheiden, was er aus dieser Erfahrung macht, die für einen männlichen Praktiker zum echten Prüfstand und zum endgültigen Scheideweg wird. Denn die Welt der anorganischen Wesen wird ihn mit der ultimativen Verlockung konfrontieren, mit einem Pakt, der ihm fünf Milliarden Jahre Leben garantiert – ein Leben mit allen nur denkbaren Vorzügen, mit Abenteuern und Bequemlichkeiten, die ganz nach dem Geschmack des *Träumers* bereitgestellt werden. Der Preis hierfür ist lediglich unser Wort, in der Welt der anorganischen Wesen zu bleiben – und alles, was wir in ihrer Welt aussprechen, ist für alle Zeiten bindend.

Wenn wir nicht unmittelbar an der zweiten Pforte des *Träumens* stehen, mag es leicht erscheinen, eine Wahl zu treffen. Es ist schnell gesagt, daß man einen solchen Pakt nicht ausschlagen würde, wenn man noch in der Alltagswelt befangen ist und die Freiheit des Reisens durch die *See der Bewußtheit* und die Weiten der *zweiten Aufmerksamkeit* nicht kennt. Und genauso leicht kann man behaupten, man würde diese Freiheit nie aufgeben, wenn man die Gefahren des Reisens nicht am eigenen Leib erfahren hat und daher den sicheren Hafen, den die Welt der anorganischen Wesen bietet, nicht zu schätzen weiß. Was zählt, ist allein die Entscheidung, die wir treffen, wenn wir tatsächlich vor dieser Wahl stehen.

Für die *Träumer*, die sich für die Welt der anorganischen Wesen entscheiden, ist die Reise zu Ende, und wir müssen ihre Wahl respektieren. Doch für diejenigen, denen das Streben nach Freiheit mehr bedeutet als die vermeintliche Unsterblichkeit im goldenen Käfig, geht die Reise weiter, wobei die Möglichkeit besteht, andere Scouts aus anderen Welten zu isolieren, die ebenfalls den Weg in unsere Träume finden. Wenn wir ihnen folgen, werden wir jedoch schnell feststellen, daß ihre Welten nicht so gastfreundlich sind wie das Zwillingsuniversum und daß unser Ziel unmöglich in den Häuten der Zwiebel liegen kann. Wir begreifen, daß die wirkliche Freiheit jenseits aller konkreten Welten liegen muß, und sind bereit für die weiteren Pforten des *Träumens*, die uns in die abstrakten Geheimnisse der Zauberei einführen.

Beim Durchqueren der *dritten Pforte des Träumens*, bei der wir den Energiekörper in die Alltagswelt holen und beobachten, wie unser Körper im Bett liegt und schläft, gelangen wir zum Beispiel zu der unmittelbaren Einsicht, daß unser alltägliches Leben ein Traum ist, den der Energiekörper auf dieselbe Weise *träumt*, wie wir seine Reisen in andere Welten *geträumt* haben. Wir begreifen darüber hinaus, daß unsere alltägliche Wirklichkeit nicht nur eine Übereinkunft im Sinne der Interpretation, sondern auch eine Übereinkunft auf eine kollektive Position des Montagepunktes ist. Gleichzeitig erkennen wir, daß diese Position unser einziger Aktivposten ist und daß wir nur in dieser Welt die Möglichkeit haben, genügend Energie und Bewußtheit zu sammeln, um zur endgültigen Befreiung zu gelangen.

Wir wollen hier jedoch nicht näher auf die praktischen Schritte des Durchquerens der dritten Pforte eingehen, die der Interessierte Castanedas Werk *Die Kunst des Träumens* entnehmen kann,[8] sondern auf die Auswirkungen, die solch fundamentale Einsichten auf unser alltägliches Leben haben. Es ist klar, daß sie uns grundlegend verändern, weil wir uns nicht länger als feste Körper in einer physischen Welt definieren können, aber uns interessiert vor allem die pragmatische Frage, inwiefern ein auf diese Weise verändertes Bewußtsein überhaupt noch ein Zusammenleben mit unseren Mitmenschen ermöglicht.

Führen die Praktiken der Zauberei nicht letztlich nur zu einer grundlegenden Entfremdung von unseren Mitmenschen, die ganz in der Illusion der Alltagswelt befangen sind, zu einer emotionalen Kälte, die ihre Hoffnungen und Ängste nicht mehr versteht? Oder eröffnen sie gar neue Perspektiven der Intersubjektivität und des

Gefühls, welche die Kluft zwischen Durchschnittsmensch und Zauberer überbrücken können? Im folgenden Kapitel werden wir versuchen, eine Antwort auf diese und ähnliche Fragen zu finden, welche erfahrungsgemäß viele Castaneda-Leser beschäftigen und teilweise auch davon abhalten, sich ernsthaft auf die Praxis der Zauberei und den Weg des Kriegers einzulassen.

15. Der Blankoscheck der Zuneigung

Könntest du für immer lieben, auch über den Tod hinaus? Ohne die geringste Bestätigung, ohne daß du etwas dafür zurückbekommst? Könntest du ohne jegliche Investition lieben, für nichts und wieder nichts? Du wirst niemals wissen, wie es ist, so zu lieben: unbeugsam. Willst du wirklich sterben, ohne dieses Gefühl zu kennen?

Don Juan Matus[1]

Die Praxis der Pfade der Zauberei verändert unser Bewußtsein auf eine so grundlegende Weise, daß wir früher oder später nicht mehr diejenigen sind, zu denen wir erzogen wurden. Die magischen Bewegungen verändern unser Körperbewußtsein und vermitteln uns ein neues Gefühl der Kraft und des Wohlbefindens. Durch die Rekapitulation und das Nichttun zerbrechen wir die eingefahrenen Muster der Sozialisation, die uns zu kleinbürgerlichen Krämerseelen, armen Babys und gelehrigen Affen gemacht haben. Wir identifizieren uns nicht länger mit der Modalität der Zeit, sondern finden nach und nach heraus, daß es mit unserer Existenz viel mehr auf sich hat, als uns die Konzepte der sozialen Ordnung glauben machen wollten.

Vor allem die Manöver des Gaffens und *Träumens* helfen uns, unsere Existenz neu zu definieren, indem sie uns vergessene Bereiche der Wahrnehmung und des Seins erschließen, die wir im Alltag zugunsten der Interpretation unserer Welt vollständig ausgeblendet haben: die unmittelbare Wahrnehmung von Energie und den Energiekörper, den wir als ursprünglichen Teil unserer Ganzheit wiederentdecken. Mit seiner Hilfe gelingt es uns nicht nur, neue Welten zu erkunden, sondern auch, uns unserer wahren Natur als leuchtende Wesen bewußt zu werden.

All diese Errungenschaften, so großartig sie auch sein mögen, stellen uns jedoch vor ein grundsätzliches Problem, wenn wir weiterhin in der Alltagswelt leben wollen: Wir teilen unsere Weltsicht nicht länger mit unseren Mitmenschen, was uns in gewisser Hinsicht zu Außenseitern macht. Sollen wir vielleicht zu Eigenbrötlern werden, eine Subkultur von Freaks bilden oder gar unsere Verwandten und Bekannten zu einem neuen Kult bekehren? Selbst Castaneda und seine Gefährtinnen leben nicht hinter dem Mond. Wie verhalten sie sich zueinander? Und wie begegnen sie ihren Mitmenschen, die keine Zauberer oder Krieger sind?

Um diese Fragen zu beantworten, muß zunächst ein verbreitetes Mißverständnis beseitigt werden: Castaneda, Tiggs, Donner-Grau und Abelar bilden keine Gruppe und erst recht keine Clique. Sie hängen nicht zusammen herum und vertreiben sich die Zeit, wenn auch Donner-Grau und Abelar manchmal gemeinsam ins Kino oder auf einen Einkaufsbummel gehen. Jeder von ihnen lebt sein Leben, und nur auf der Ebene der zweiten Aufmerksamkeit bilden sie eine Einheit, die durch ihre gemeinsame *Absicht* verschweißt ist.[2]

Insofern wäre es grundverkehrt, Gruppen nach einem vermeintlichen Vorbild zu formen, das nur in unseren Köpfen existiert. Wir sollten uns davor hüten, unseren Drang nach sozialer Bestätigung und Anerkennung auf die Welt der Zauberer zu projizieren, weil wir ansonsten schnell wieder in das alltägliche Aufmerksamkeitsspiel verfallen und eine Gesellschaft in der Gesellschaft bilden, einen elitären Konsens, der uns der Freiheit keinen Schritt näher bringt, aber bestens geeignet ist, den Eigendünkel aller Gruppenmitglieder zu fördern. Denn als Mitglied ist man stets „in", während alle anderen „out" sind.

Neben ihren gemeinsamen Auftritten auf Seminaren und Workshops geht jeder der Erben des Don Juan im Alltag eigenen Aktivitäten nach, mit denen sie auch ihren Lebensunterhalt verdienen. So hat Taisha Abelar lange Zeit unter dem Namen Sheila Waters als Immobilienmaklerin gearbeitet und nach eigenen Aussagen Millionen gemacht und Millionen verloren. Es ging bei dieser zweiten Existenz jedoch weniger um Geld als um einen Akt der *kontrollierten Torheit*, der es ihr unter anderem ermöglichte, unbehelligt durch das Leben zu gehen, nicht als Außenseiter aufzufallen und keinen unnötigen Ärger zu provozieren.[3]

Die kontrollierte Torheit ist eine komplexe Form des Nichttuns, welche die Zauberer der allgemeinen Torheit des Affentheaters der Alltagswelt entgegensetzen. Dabei nehmen sie bewußt eine Rolle ein, welche sie so überzeugend spielen, daß sie manchmal selbst vergessen, daß sie eine Rolle spielen. Wenn man sie beobachtet, wird man keinen Unterschied zu einem Durchschnittsmenschen feststellen, weil sie ganz in ihr Tun vertieft sind und den Eindruck erwecken, als ob ihre Aktionen für sie selbst von größter Bedeutung wären. Dabei wissen sie ganz genau, daß all ihre Aktionen im Angesicht des Todes genauso unbedeutend und töricht sind wie die jedes anderen Menschen auch. Der einzige Unterschied besteht darin, daß sie ihre Torheit kontrollieren.

Die Person der Sheila Waters ist ein perfektes Beispiel für die kontrollierte Torheit eines Zauberers, zumal es sich bei ihr um eine *Pirschposition* handelt. Das heißt, Taisha Abelar spielte nicht nur eine Rolle, sondern *träumte* eine alternative Persönlichkeit; sie verschob ihren Montagepunkt auf die Position einer Geschäftsfrau und hielt ihn dort durch das entsprechende Tun fixiert. Sie erzählt:

> *„Wenn du einmal in dieser Montagepunktposition bist, hast du ein natürliches Verlangen nach Erfolg und wirst versuchen, eine Menge Geld zu machen. Wenn du nicht makellos bist, ist es allerdings sehr leicht, Geld zu verlieren, weil du nicht auf deine innere Stimme hörst. So entschied ich mich eines Tages, einige tausend Hektar Waldland im Norden zu kaufen, das sich auch als sehr einträglich und in jeder Hinsicht perfekt erwies. Außer daß es sich in der Umgebung von Mount St. Helens befand – und als der Vulkan explodierte, war es natürlich ruiniert.“*[4]

Um sich in kontrollierter Torheit zu üben, muß man jedoch nicht gleich in eine alternative Persönlichkeit schlüpfen, zumal ein solches Manöver viel Energie und die vorherige Praxis aller anderen Pfade der Zauberei voraussetzt. Die Kunst des Pirschens ist die Krönung aller Bemühungen der Zauberer, und man sollte besser bescheiden anfangen und sein alltägliches Verhalten kontrollieren.

Eine gute Übung hierzu ist, einen verschütteten Aspekt unseres Verhaltensrepertoires zu einem auffälligen Merkmal auszubauen. Wenn wir in der Rekapitulation zum Beispiel entdecken, daß wir als Kind gerne gemalt haben, können wir nun zu Pinsel und Leinwand greifen und das Malen zu einer Leidenschaft oder gar zu unserem Beruf machen. Natürlich sollten wir uns der Tatsache bewußt bleiben, daß es sich um eine Übung des Pirschens und der kontrollierten Torheit handelt, was jedoch nicht bedeutet, daß uns das Malen keine Freude bereiten darf. Im Gegenteil, wir sollten es von ganzem Herzen lieben.

Dies ist ein Punkt, den offenbar viele Castaneda-Freaks nicht verstanden haben: So trifft man immer wieder Möchtegern-Krieger, die anderen eine Rolle vorspielen und nun glauben, sie praktizierten kontrollierte Torheit. Doch diese ist weder ein Versteckspiel noch eine billige Komödie, sondern eine echte Herausforderung, die man nur mit der Disziplin eines Kriegers meistern kann – einer Disziplin, die aus der Ehrfurcht vor allem Sein entspringt, welche auch unsere Mitmenschen einschließt. Auch wenn es sich bei der kontrollierten Torheit um ein Schauspiel handeln mag, müssen die Gefühle des Schauspielers echt und seine Handlungen aufrichtig sein.

Wenn man die kontrollierte Torheit in diesem Geist praktiziert, braucht man auch nicht zu befürchten, daß einen die Schauspielerei in einen eiskalten Opportunisten verwandelt, der für nichts und niemanden mehr Gefühle übrig hat. So beruhigte Don Juan seinen Schüler Carlos diesbezüglich mit den Worten:

> *„Du machst dir zu viele Sorgen darüber, ob du die Leute liebst oder ob sie dich lieben. Ein Wissender liebt, das ist alles. Er liebt, was und wen er will, aber seine kontrollierte Torheit hilft ihm, sich keine Sorgen darüber zu machen. Also das Gegenteil von dem, was du jetzt tust."*[5]

Die kontrollierte Torheit befähigt uns erst dazu, wirklich zu fühlen, weil wir mit ihr auch die sozialisierte Torheit kontrollieren, unsere Gefühle von den Reaktionen anderer abhängig zu machen. Wir fühlen uns gut, wenn wir von anderen bestätigt werden, und wir fühlen uns schlecht, wenn man uns nicht beachtet. Und auch wir selbst verteilen unsere Zuwendung nicht aus freiem Herzen, sondern aus schierer Berechnung. Wenn wir jemanden belohnen oder bestechen wollen, sind wir nett, und wenn wir jemanden bestrafen wollen, lassen wir ihn einfach links liegen. Ja, selbst unsere sogenannte Liebe ist laut Castaneda meist nicht echt. Er sagt:

> *„Wir sind Krämerseelen, die stets darauf bedacht sind, ihre Verluste möglichst zu beschränken. Bevor wir eine ‚Investition' tätigen, verlangen wir Sicherheiten. Wir verlieben uns – aber nur, wenn wir auch wiedergeliebt werden. Und wenn wir dann irgendwann einmal nicht mehr lieben, schneiden wir dem Objekt unserer Begierde einfach den Kopf ab und ersetzen ihn durch einen anderen. Unsere ‚Liebe' ist mithin reine Hysterie. Wir sind keine liebevollen Wesen, wir sind herzlos."*[6]

Wir haben nicht gelernt, zu lieben, und in den meisten Fällen lieben wir nicht einmal uns selbst. Unser ganzes Getue um die Liebe ist eine einzige Farce, und daher sprechen die Zauberer lieber von Zuneigung, wenn sie sich auf das Gefühl beziehen, welches die treibende Kraft hinter ihrem eigenen Verhalten ist. Und diese Zuneigung ist für sie keine Investition, sondern ein Blankoscheck, den sie ihrem Gegenüber vertrauensvoll ausstellen.

Wenn Florinda Donner-Grau zum Beispiel erklärt, daß sie ihren Gefährten einen solchen Blankoscheck der Zuneigung ausgestellt hat, meint sie, daß sie stets bereit ist, alles für sie zu geben, ohne eine Gegenleistung zu erwarten. Denn echte Zuneigung ist frei von Erwartungen, Hoffnungen und Ängsten. Sie ist im wahrsten Sinne des Wortes *bedingungslos* – sie transzendiert alle Grenzen und besteht sogar über den Tod hinaus.[7]

In diesem Sinne ist sie natürlich nicht auf andere Zauberer oder Krieger beschränkt, sondern kann auf alles und jeden ausgedehnt werden. Wir haben stets die Möglichkeit, ein in jeder Hinsicht bedingungsloses Leben zu führen, indem wir lernen, alles, was wir tun, mit ganzem Herzen und hundertprozentiger Aufmerksamkeit zu tun. Das ist die Essenz vom Geist des Kriegers, die Makellosigkeit, die stets ihr Bestes gibt und nichts erwartet.

Wer dies lernen will, sollte damit beginnen, sich stets nur einer einzigen Sache zu widmen – und das mit allem, was er hat. Dies bedeutet, einem anderen zuzuhören, ohne ihn zu unterbrechen, zu essen, wenn man ißt, zu trinken, wenn man trinkt, zu gehen, wenn man geht, etc. Denn erst wenn wir all unsere Handlungen bewußt vollführen, ohne sie mit anderen Aktivitäten zu vermischen, lernen wir, sie richtig wahrzunehmen und zu schätzen. Und wir erfüllen sie gleichzeitig mit der Kraft, die ihnen im Bewußtsein der eigenen Sterblichkeit zusteht: der Kraft der *unbeugsamen Absicht*.

Auf diese Weise werden wir irgendwann einen Punkt erreichen, an dem wir mit *unbeugsamer Absicht* gesättigt sind, und an diesem Punkt werden sich auch unsere Gefühle wandeln und selbst unbeugsam werden. In diesem Moment werden wir wissen, was es heißt, unbeugsam zu lieben, und darüber hinaus fähig sein, dieses Gefühl auf alles und jeden, ja, auf den gesamten Kosmos auszudehnen. Und das ist etwas, wofür es sich wirklich zu kämpfen und zu leben lohnt.

16. Affen-Intersubjektivität und kritische Masse

Die große Aufgabe der Zauberer besteht darin, die Vorstellung zu verbreiten, daß der Mensch zuerst seine Bewußtheit von allen Bindungen der sozialen Ordnung befreien muß, um sich weiterzuentwickeln. Sobald die Bewußtheit frei ist, wird die Absicht sie auf einen neuen, evolutionären Weg lenken.

Don Juan Matus[1]

Die neuen Zauberer um Castaneda werden immer wieder gefragt, welche Bedeutung das Vermächtnis des Don Juan in bezug auf die globale Krise und den bedrohten Fortbestand der Menschheit hat. Wie denken sie über die wachsende Überbevölkerung, Verelendung und Armut, die Zerstörung der Umwelt, das Ozonloch, den Treibhauseffekt und all die anderen Probleme, die viel zu reale Bedrohungen darstellen, um als Auswüchse des kollektiven Arme-Baby-Syndroms gedeutet zu werden? Warum gelingt es uns trotz all unserer politischen, wissenschaftlichen und spirituellen Bemühungen nicht, uns aus der selbstgemachten Bredouille herauszuwinden und unsere Lebensbedingungen grundlegend zu verändern?

Florinda Donner-Grau bringt in folgender Äußerung die zentrale These der Erben des Don Juan auf den Punkt:

„Der Grund, warum sich nichts ändert, ist, daß wir als einzelne nicht bereit sind, uns zu ändern, egal, ob es sich dabei um politische Dogmen, ökonomische oder soziale Fragen oder was auch immer handelt. Wie können wir von jemand anderem erwarten, daß er sich gefälligst zu ändern habe, wenn wir selbst nicht bereit sind, uns zu ändern?“[2]

Damit betont sie anscheinend nur noch einmal den Standpunkt des Kriegers, der nicht nur die Verantwortung für sich selbst, sondern auch für seine Welt übernimmt. Wenn wir Probleme erkennen, sollten wir nicht darauf warten, daß sie sich irgendwie von selber lösen oder von Staat und Gesellschaft beseitigt werden, sondern sie selbst aktiv als Herausforderung angehen.

Doch wenn Florinda Donner-Grau und ihre Gefährtinnen von Veränderung sprechen, meinen sie damit nicht, daß wir den Müll trennen, uns politisch engagieren oder Geld für die hungernden Menschen in der dritten Welt spenden sollten. Solche Aktionen mögen unser Gewissen beruhigen, aber sie ändern letztlich nichts. Und das, weil es sich bei ihnen gar nicht um Veränderungen, sondern wie bei all unseren herkömmlichen Lösungsansätzen lediglich um Umgruppierungen und Neuordnungen von Elementen innerhalb desselben alten Systems handelt – und das System ist es, an dem es krankt.

Da ist zum einen das herrschende männliche Paradigma, welches uns das Gefühl vermittelt, wir wären von der Welt und der *Absicht* getrennt, während wir tatsächlich ein integraler Teil von allem sind. Und dieses grundlegende Gefühl des Getrenntseins wird in jeder Hinsicht von den Voladores unterstützt, so etwa durch die Trennung vom Energiekörper, durch die Spiegelung in der Pfütze unserer Restbewußtheit, die unser Ego hervorbringt, und durch die fremde Installation, die wir „unseren" Verstand nennen. All dies macht uns beherrschbar und erlaubt es den Voladores, uns wie Vieh zu halten und uns unserer Bewußtheit zu berauben.

Das Fatale an der ganzen Situation ist jedoch, daß wir sie nicht durchschauen und der festen Überzeugung sind, daß es sich beim Ego, beim Verstand und bei der sozialen Ordnung um ureigenste menschliche Eigenschaften und Errungenschaften handelt. Es macht uns nicht einmal stutzig, daß wir in der ganzen belebten Natur keine vergleichbaren Erscheinungen finden – im Gegenteil, es steigert nur unsere Hybris, unser Gefühl, die Krone der Schöpfung zu sein, während wir in Wirklichkeit ein elendes Leben führen, welches nur mit den erbärmlichen Existenzbedingungen unserer eigenen Haustiere zu vergleichen ist.

Wenn sich wirklich etwas ändern soll, müssen wir hier ansetzen und uns selbst verändern, indem wir uns befreien. Dies bedeutet jedoch nicht, daß wir gegen die herrschende Ordnung aufbegehren, sondern daß wir uns ihr zunehmend entziehen und wieder lernen, selbständig zu denken und zu handeln. Der Weg des Kriegers und die Pfade der Zauberei geben uns die Mittel an die Hand, die Ketten der Sozialisation zu zerbrechen und aus der alltäglichen Trance zu erwachen. Sie befreien uns aus unserer Knechtschaft und vermitteln uns zum ersten Mal ein Gefühl für den Unterschied zwischen einem Leben in Freiheit und einem abhängigen Dahinvegetieren.

Doch selbst wenn uns dies gelingt, sind wir immer noch Affen, räuberische Wesen, die auf ihr eigenes Wohlergehen und die Reproduktion ihrer Spezies bedacht sind. Die grundlegenden biologischen Imperative zur Selbst- und Arterhaltung sind unumstößliche Fakten des Daseins, gegen die auch alle Künste der Zauberei machtlos erscheinen. Doch zum Glück trügt dieser Schein, weil wir dabei einen weiteren Imperativ übersehen, der für die Zauberer im Mittelpunkt ihres Interesses steht. Florinda Donner-Grau erklärt:

> „*Vom Standpunkt der Natur aus betrachtet, besteht der primäre Imperativ in der Arterhaltung, doch daran sind wir nicht länger interessiert. Wir sind an Evolution, an Entwicklung interessiert, weil sie ein gleichwertiger, wenn nicht gar der Fortpflanzung übergeordneter Imperativ ist. Wenn wir uns nicht entwickeln, nicht in etwas anderes verwandeln, werden wir uns wahrhaftig selbst von diesem Planeten entfernen, und ich denke, daß dies endgültig sein wird.*
>
> *Wir haben unsere Ressourcen aufgebraucht, und ich meine, vollständig aufgebraucht. Ob wir nun noch weitere 50 oder 100 Jahre haben mögen, spielt in den Zeitmaßstäben der Erde als Planeten überhaupt keine Rolle. Es ist vollkommen belanglos. Als Art sind wir dem Untergang geweiht. Und in diesem Sinne ist Evolution unser einziger Ausweg.*“[3]

Castaneda schreibt in seinem jüngsten Werk, daß die Zauberer ihre eigene Vorstellung von der Evolution der Arten haben. Während die meisten modernen Biologen ganz in der Tradition von Darwin die Auffassung vertreten, daß die stammesgeschichtliche Entwicklung von der Vererbung, der zufälligen Mutation und der natürlichen Selektion spezifischer Merkmale im ständigen Kampf ums

Überleben bestimmt wird, melden die Zauberer gewisse Zweifel an. Laut Castaneda paßt diese Theorie zwar zu vielen Beobachtungen, erklärt aber keineswegs die zahllosen evolutionären Sprünge, die den Paläontologen heute zunehmend Rätsel aufgeben.[4]

So fand zum Beispiel die Entwicklung unzähliger Arten in den Meeren des Kambriums innerhalb weniger Jahrzehntausende statt, während in den Jahrmillionen zuvor und danach alles nach dem darwinistischen Schema abzulaufen schien. Waren es globale Veränderungen und Klimakatastrophen, die damals zur sogenannten kambrischen Explosion führten, wie man in Forscherkreisen vermutet? Oder steckt womöglich etwas anderes dahinter, eine Kraft, die sie bislang völlig übersehen haben? Denn derartige Veränderungen mögen zwar die Notwendigkeit für Neu- und Weiterentwicklungen begründen, aber sie erklären nicht, was Evolution tatsächlich ist und welche Kraft das Leben zu immer komplexeren Arten und Formen treibt. Sollte es sich dabei wirklich nur um den Zufall und den Kampf ums Dasein handeln?

Laut Castaneda war Don Juan der Überzeugung, daß diese treibende Kraft die *Absicht* sei und daß jedes Wesen die Gabe habe, seine eigene Entwicklung zu *beabsichtigen*. Er glaubte zum Beispiel, daß die Dinosaurier in Wirklichkeit gar nicht ausgestorben seien, sondern sich im Rahmen eines solchen Akts der *Absicht* in Vögel verwandelt hätten:

> *„Er sagte, daß die Dinosaurier geflogen seien, weil sie das Fliegen* beabsichtigt *hatten. Und er fügte hinzu, daß Flügel nur eine mögliche Lösung für die* Absicht *des Fliegens darstellten. Vielleicht wurde sie gewählt, weil es die einfachste Lösung war, vielleicht aber auch, weil sie für die Dinosaurier besonders zugänglich war. Ihre Nachfahren, die Vögel, flögen auch heute noch auf Flügeln.“*[5]

Mit dieser zunächst skurril anmutenden Vorstellung war Don Juan der Forschung übrigens um einige Jahrzehnte voraus, denn heute weiß man, daß die Vögel tatsächlich Nachfahren der warmblütigen Dinosaurier sind und nicht von den wechselwarmen Reptilien abstammen, wie man lange vermutet hatte. Dies ist ein eindeutiger Pluspunkt für die Theorie der Zauberer und ein deutlicher

Hinweis für uns: Wir können uns entwickeln, indem wir es *beabsichtigen.*

Auf der individuellen Ebene gelingt dies durch die Praxis der Pfade der Zauberei und vor allem durch die Rekapitulation des Lebens, in die eine solche *Absicht* gewissermaßen eingebaut ist. Genaugenommen ist es so, daß wir uns durch die Praxis der Manöver der Zauberei an die *Absicht* all der Generationen von Zauberern anschließen, die sie vor uns praktiziert und sich dadurch bereits weiterentwickelt haben. Wir schließen uns also an ein *evolutionäres Feld der Absicht* an, indem wir einfach das wiederholen, was andere unternommen haben, um eine solche Transformation erfolgreich abzuschließen.

Auf kollektiver Ebene ist eine solche Entwicklung natürlich eine schwierigere Angelegenheit, weil ein viel größeres Feld der *Absicht* geschaffen werden muß, um sie zu verwirklichen. Aber auch daran sind die Zauberer interessiert und betonen in dieser Hinsicht immer wieder zwei Punkte: die *zentrale Rolle der Frau* in der Evolution sowie den Effekt der *kritischen Masse.*

Die Erben des Don Juan betonen, daß die Möglichkeit zur Evolution als Art ganz in den Händen der Frauen liegt, weil sie mit der Gebärmutter über das eigentlich kreative Organ unserer Spezies verfügen. Es kann jedoch nur als solches genutzt werden, wenn der ständige Energieverlust durch den sexuellen Verkehr mit Männern eingedämmt und seine bislang sekundäre Funktion als Zentrum der Entwicklung erweckt wird. Dies impliziert aber auch, daß die Männer in diesem Prozeß auf ihre Vormachtstellung verzichten, wozu sie jedoch nicht bereit sind, weil sie diesen Machtverlust mehr als alles andere fürchten. Florinda Donner-Grau erklärt:

> *„Irgend etwas im Mann fühlt sich bedroht. Es ist die Furcht, etwas loszulassen, von dem einige Männer ganz genau wissen, daß sie es loslassen müssen, wenn wir als Spezies noch eine Chance haben wollen. Sie wissen ganz genau, daß der Frau Zeit eingeräumt werden muß und daß ihr auch in der Vergangenheit immer wieder Zeit eingeräumt wurde, um etwas zu entwickeln. So mußte zum Beispiel die Vagina ihre Lage ändern, um unseren aufrechten Gang zu gewährleisten – nun, und wer mußte*

sich anpassen? Der Mann. Sein Penis mußte in Folge größer werden. Und jetzt braucht die Frau wieder Zeit, und der Mann wird ihr diese Zeit einräumen müssen. Er muß der Frau Zeit geben, ihre Gebärmutter auf ihre bislang sekundäre Funktion umzuschalten."[6]

Das heißt jedoch nicht, daß wir Männer untätig herumsitzen sollten, während sich die Frauen um die Zukunft der Menschheit kümmern. Im Gegenteil, wir alle können durch die einfache Praxis der Pfade der Zauberei das evolutionäre Feld der *Absicht* stärken. Irgendwann ist ein Punkt der Sättigung erreicht, eine kritische Masse, die es uns erlaubt, die Effekte unserer eigenen Praxis zu potenzieren, und die es anderen Menschen ermöglicht, sich an das Feld der *Absicht* anzuschließen, auch wenn sie zuvor noch nie etwas von Castaneda, Zauberei oder *Absicht* gehört haben.

Dies kann sich zum Beispiel darin ausdrücken, daß sie ganz von selbst in einen Zustand des *Träumens* geraten und sich ihres Energiekörpers bewußt werden. Oder sie nehmen ein Buch zur Hand, weil ihnen der Name des Autors oder das Cover seltsam vertraut vorkommt. Solche Ereignisse sind in einem wachsenden Feld der *Absicht* nicht ungewöhnlich und werden dadurch verstärkt, daß wir untereinander durch energetische Bande verknüpft sind, die uns über die Grenzen der Arten und Welten, ja selbst über die Schranken der Zeit hinweg mit anderen Wesen schicksalhaft verbinden.

Die Zauberer sagen, daß die leuchtenden Kugeln aller empfindenden Wesen wie die Perlen eines chinesischen Vorhangs auf unterschiedlichen Strängen aufgereiht sind und daß alle Perlen eines jeweiligen Stranges als *zyklische Wesen* miteinander verbunden sind. Auf der Ebene der Energie sind wir uns dieser Verbindung bewußt und haben in gewissem Maße an den Erfahrungen und der Bewußtheit unserer zyklischen Wesen teil. Natürlich bedeutet dies nicht, daß all unsere zyklischen Wesen sich entwickeln, wenn wir uns entwickeln, aber es erleichtert ihnen den Zugang zu allem, was wir bereits erreicht oder *beabsichtigt* haben.

Auf diese Weise kann es uns in Kooperation mit all unseren zyklischen Wesen gelingen, etwas Neues zu schaffen, ein Feld der *Absicht* zu kreieren, ohne Clubs oder Vereine zu bilden und ohne andere zu irgend etwas zu bekehren. Wir können uns bewußt werden, daß wir uns gar nicht zu Gruppen zusammenzuschließen brauchen, weil wir in der *Absicht* längst vereint sind – und dies bedeutet mehr, als wir im gegenwärtigen Moment vielleicht ahnen. Denn zusammen schaffen wir die Möglichkeit, einen evolutionären Sprung zu wagen, der uns über unsere jetzige Affengestalt hinaustragen und in das verwandeln wird, was wir wirklich sind: reine Energie.

Laut Don Juan verwandeln wir uns, wenn wir die Freiheit erreichen und am Feuer von innen verbrennen, in eine neue Art von anorganischem Wesen, welches seine Reise ins Unvorstellbare antritt. Doch auch dieser Zustand bedeutet keine Unsterblichkeit – und vielleicht ist das gut so, denn nur in der Bewußtheit des Begrenzten können wir dem Unbegrenzten mit Ehrfurcht entgegentreten.

Anhang

Anmerkungen und Quellennachweis

Prolog

1 Wagner, Bruce: You Only Live Twice. Details (USA), März 1994.
2 Die bislang erschienenen Videos sind im Hans-Nietsch-Verlag erhältlich. Siehe *Literaturliste*.
3 Castaneda, Carlos: Tensegrity – Die magischen Bewegungen der Zauberer. Angekündigt für März 1998, S. Fischer Verlag, Frankfurt.
4 *Readers of Infinity* erschien Anfang 1996 in monatlichem Turnus. Die ersten beiden Ausgaben wurden unter dem Titel *The Warriors' Way* veröffentlicht. Im April 1996 entschied Castaneda, daß das Journal nicht länger regelmäßig erscheinen könne, weshalb es nun sporadisch in Einzelausgaben veröffentlicht werden soll. Die bislang gedruckten Ausgaben sind in der *Literaturliste* aufgeführt.
5 Die Adressen der deutschen und amerikanischen Websites sind unter *Adressen und Bezugsquellen* aufgeführt.
6 Castaneda, Carlos: The Phoenix Bookstore Lectures 1993. Vier Vorträge, Nov./Dez. 1993. Mitschrift eines Teilnehmers.

Einführung

1 Vgl. Fort, Carmina: Gespräche mit C. Castaneda. Frankfurt/M. 1996. S. 58. Castaneda gibt hier den Juni 1973 als die Zeit an, in der Don Juan die Welt verließ.
2 Castaneda, Carlos: Die Kunst des Träumens. Frankfurt/M. 1994. S. 11.
3 Castaneda, Carlos: El Arte de Ensoñar. Buenos Aires 1993. Klappentext.
4 Ebenda.
5 Wagner, Bruce: You Only Live Twice. Details (USA), März 1994.
6 Eagle Feather, Ken u. Kramer, Carol: Being-in-Dreaming. An interview with Florinda Donner-Grau. Body, Mind & Spirit (USA), Nov./Dez. 1992.
7 Martinez, John: A conversation with Taisha Abelar. Radiointerview, KPFK (USA), 1993. Transskript.
8 Claßen, Norbert: Das Wissen der Tolteken. Frankfurt/M. 1994. S. 224 f.

9 Vgl. Martinez, John: A conversation with Taisha Abelar. Radiointerview, KPFK (USA), 1993. Transskript.

10 Castaneda, Carlos: Einführungsrede zum Tensegrity Intensive Workshop, Los Angeles, 3. August 1995. Mitschrift von R. Jennings. In *1.-21. Aug. 1995*.

11 Vgl. Martinez, John: A conversation with Taisha Abelar. Radiointerview, KPFK (USA), 1993. Transskript.

Teil I – Das Aktionstheater der Zauberei

1. Eine kurze Geschichte der Zauberei

1 Anderson, Laurie: Strange Angels. LP 1989 (Difficult Music BMI).

2 Burton, Sandra et al.: Don Juan and the Sorcerer's Apprentice. Time Magazine (USA), 3. März 1973.

3 Stein, Hannes: Führerkult im Feenreich. FAZ, 10. Dez. 1994.

4 Wagner, Bruce: You Only Live Twice. Details (USA), März 1994.

5 Seger-Coulborn, I.: Was tut Castaneda in der Traumzeit? Siehe *Literaturliste*.

6 Thompson, Keith: Portrait eines Zauberers. Energy, Nov. 1994.

7 Ebenda.

8 Laut Castaneda und den Hexen ist das *Sehen* für Männer und Frauen verschieden. Frauen haben ein spezielles Organ, mit dem sie zur Wahrnehmung der Welt als Energie kommen: die Gebärmutter. Männer müssen hingegen in einer lebenslangen Anstrengung ihren gesamten Körper trainieren, um zum *Sehen* zu gelangen. Das *Sehen* der Frauen gleicht einem Gefühl, das der Männer einem visuellen Eindruck.

9 Vgl. Castaneda, Carlos: Silent Knowledge. Los Angeles 1996.

10 Castaneda, Carlos: Die Kraft der Stille. Frankfurt/M. 1988. S. 14 f.; Abweichungen zwischen zitierter Version und Buchversion ergeben sich hier und im Folgenden aus Korrekturen des Autors, die anhand der Originalwerke vorgenommen wurden.

11 Die Begriffe *toltekisch* und *Tolteke* werden hier und im Folgenden nicht in ihrer ethnologischen oder historischen, sondern in ihrer ursprünglichen Bedeutung gebraucht. *Tolteke* bedeutet soviel wie „Gebildeter“, „Künstler“ oder auch „Wissender“. Erst mit der Einführung des *Träumens* und des *Pirschens* als Künste trifft das Attribut *toltekisch* auf den frühen mittelamerikanischen Schamanismus zu. Vgl. Claßen, Norbert: Das Wissen der Tolteken. Frankfurt/M. 1994. S. 15.

12 Z.B. in der tibetischen Kultur. Vgl. Norbu, Namkhai: Traumyoga. Bern 1994.

13 Siehe z.B. Garfield, Patricia: Kreativ träumen. Interlaken 1980.

14 Vgl. Castaneda, Carlos: Das Feuer von innen. Frankfurt/M. 1985. S. 84 ff.
15 Vgl. Castaneda, C.: Die Kunst des Träumens. Frankfurt/M. 1994. S. 171 f.
16 Castaneda, Carlos: Vortrag vom 12. August 1995, Tensegrity Intensive Workshop, Los Angeles. Mitschrift von Rich Jennings. In *1.-21. Aug. 1995*.
17 Castaneda, Carlos: Das Feuer von innen. Frankfurt/M. 1985. S. 17.
18 Vgl. Abelar, Taisha: Stopping the World. Vortrag vom 7. Januar 1994, Menlo Park, USA. Mitschrift von M. Swedenborg. Nagualist 3/94.
19 Castaneda, Carlos: Das Feuer von innen. Frankfurt/M. 1985. S. 17.
20 Vgl. Castaneda, C.: Die Kunst des Träumens. Frankfurt/M. 1994. S. 205 ff.

2. Vom Ende einer Linie

1 Zitat aus dem Film *Picknick am Valentinstag*. Nach dem Roman von Joan Lindsay. Drehbuch: Cliff Green. Regie: Peter Weir. Sydney 1975.
2 Vgl. Castaneda, C.: Die Kunst des Pirschens. Frankfurt/M. 1981. S. 177 ff.
3 Vgl. Claßen, N.: Das Wissen der Tolteken. Frankfurt/M. 1994. S. 239 ff.
4 Kritiker wie DeMille werfen Castaneda immer wieder vor, daß er die Gruppe von Lehrlingen erfunden habe. Richtig ist, daß ihm erst spät (im *Zweiten Ring der Kraft*) aufgeht, daß es sich bei vermeintlich flüchtigen Bekanntschaften um eine solche Gruppe gehandelt hat. So tauchen z.B. Eligio und Pablito bereits in den ersten Bänden Castanedas, *Die Lehren des Don Juan* und *Eine andere Wirklichkeit*, auf, was auf die mangelhafte Recherche jener Kritiker hinweist.
5 Vgl. Tiggs, Carol: Vortrag vom 21. April 1995, Tensegrity Workshop in Longmont, Colorado. Bericht von J.J. Stoecker. In *21.-23. April 1995*.
6 Vgl. Castaneda, C.: Die Kunst des Pirschens. Frankfurt/M. 1981. S. 230 ff.
7 All diese Ereignisse hat Castaneda in seinen Büchern *Der zweite Ring der Kraft* und *Die Kunst des Pirschens* ausführlich beschrieben.
8 Castaneda, Carlos: Silent Knowledge. Los Angeles 1996. S. 5.
9 Vgl. Castaneda, C.: Die Kunst des Pirschens. Frankfurt/M. 1981. S. 236 ff.
10 Castaneda, Carlos: Die Kunst des Träumens. Frankfurt/M. 1994. S. 10.
11 Vgl. ebenda. S. 137 ff.
12 Vgl. Murez, Nyei: Vortrag vom 27. Mai 1995, Tensegrity Workshop in Rhinebeck, New York. Mitschrift von Rich Jennings. In *26.-29. Mai 1995*.
13 Vgl. Murez, Reni: Vortrag vom 27. Mai 1995, Tensegrity Workshop in Rhinebeck, New York. Mitschrift von Rich Jennings. In *26.-29. Mai 1995*.

14 Private Aufzeichnungen nach den Berichten einer Teilnehmerin an Castanedas Tensegrity Classes im Sommer 1993.
15 Vgl. Castaneda, C.: Die Kunst des Träumens. Frankfurt/M. 1994. S. 225 ff.
16 Vgl. ebenda, S. 245 ff.
17 Vgl. Castaneda, C.: Die Kunst des Pirschens. Frankfurt/M. 1981. S. 304 ff.
18 Wagner, Bruce: You Only Live Twice. Details (USA), März 1994.
19 Vgl. Donner-Grau, Florinda: Traumwache. München 1996. S. 389 f.
20 Castaneda, Carlos: Vortrag vom 17. August 1995, Tensegrity Intensive Workshop, Los Angeles. Mitschrift von Rich Jennings. In *1.-21. Aug. 1995*.
21 Vgl. Corvalán, Graciela: Der Weg der Tolteken. Frankfurt/M. 1987. S. 67 ff.
22 Vgl. Donner-Grau, Florinda: Diskussion vom 27. Mai 1995, Tensegrity Workshop in Rhinebeck, N.Y. Mitschrift von R. Jennings. In *26.-29. Mai 1995*.
23 Ebenda.
24 Vgl. Tiggs, Carol: Vortrag vom 21. April 1995, Tensegrity Workshop in Longmont, Colorado. Bericht von J.J. Stoecker. In *21.-23. April 1995*.
25 Vgl. Wagner, Bruce: You Only Live Twice. Details (USA), März 1994.
26 Vgl. Tiggs, Carol: Vortrag vom 21. April 1995, Tensegrity Workshop in Longmont, Colorado. Bericht von J.J. Stoecker. In *21.-23. April 1995*.

3. Der Beginn einer neuen Ära

1 Castaneda, Carlos: Silent Knowledge. Los Angeles 1996. S. 6.
2 Wagner, Bruce: You Only Live Twice. Details (USA), März 1994.
3 Vgl. Donner-Grau, Lundahl, Murez: Diskussion vom 27. Mai 1995, Seminar in Rhinebeck, N.Y. Mitschrift von R. Jennings. In *26.-29. Mai 1995*.
4 Ebenda.
5 Ebenda.
6 Vgl. Murez, Nyei: Vortrag vom 11. Februar 1995, Tensegrity Workshop in Mexico DF. Bericht von Kira Katzer. In *11.-12. Feb. 1995*.
7 Castaneda, Carlos: The History of the Chacmools. In Bridgewalker,: A New Generation of Sorcerers. Kindred Spirit (UK), Juli 1995.
8 Vgl. Castaneda, Carlos: The Warriors' Way. Nr. 1, Los Angeles 1996. S. 2.
9 Vgl. Castaneda, C.: The Phoenix Bookstore Lectures 1993. Vier Vorträge, Nov./Dez. 1993, Santa Monica, USA. Nagualist 2/94.
10 Carlos Castaneda's Tensegrity: Teil 1 – Zwölf grundlegende Bewegungen zur Sammlung von Energie und Förderung des Wohlbefindens. Waldfeucht 1997.

11 Carlos Castaneda's Tensegrity: Teil 2 – Das Zurückführen verstreuter Energie. Waldfeucht 1997.
12 Vgl. Lundahl, Kylie u. Murez, Reni u. Nyei: Disclaimer on behalf of Carlos Castaneda: 28. Juni 1995.
13 Carlos Castaneda's Tensegrity: Teil 3 – Der energetische Wechsel von einem biologischen Stamm zum anderen. Waldfeucht 1997.
14 Vgl. Magical Passes Used by the Shamans of Ancient Mexico. Seminar in Los Angeles. Notizen von F.W. Parsons. In *6.-8. Okt. 1995*.
15 Vgl. Epstein, B.: The Mystical Man. L.A. Times (USA), 26. Dez. 1995.
16 Vgl. Castaneda, Carlos: The Warriors' Way. Nr. 2, Los Angeles 1996. S. 4.
17 Vgl. Castaneda, Carlos: Readers of Infinity. Nr. 3, Los Angeles 1996. S. 2 sowie Corvalán, Graciela: Der Weg der Tolteken. Frankfurt/M. 1987. S. 87 f.
18 Vgl. Bey, Talia: Rundschreiben vom 26. März 1996. Cleargreen, Inc.
19 Vgl. Castaneda, Carlos: Tensegrity Bulletin: 16. März 1996.
20 Vgl. Castaneda, Carlos: Silent Knowledge. Los Angeles 1996. S. 11.
21 Vgl. Readers of Infinity. Seminar in Westwood, Los Angeles. Bericht von V.W. Vader. In *20.-25. Juli 1996.*
22 Vgl. The Cognitive World of the Shamans of Ancient Mexico. Seminar in Mexiko DF. Bericht von Allan Angus. In *27.-29. Sept. 1996.*
23 Vgl. The Two Bodies That Form a Human Being. Seminar in Pasadena, Los Angeles. Bericht von Mark Smith, Peter Hill u.a. In *29. Nov. – 1. Dez. 1996.*
24 Eigene Aufzeichnungen zum Seminar in Berlin. In *27.-29. Juni 1997.*
25 Ebenda.
26 Nach persönlichen Berichten von Seminarteilnehmern.
27 Vgl. Castaneda, Carlos: Tensegrity Bulletin: 16. Okt. 1997.
28 Siehe *Adressen und Bezugsquellen*.

4. Genossen, Geier, Trittbrettfahrer

1 Nietzsche, Friedrich: Die fröhliche Wissenschaft. München 1969. S. 144.
2 Vgl. Littleton, C. Scott: Eine Emic-Darstellung der Zauberei. In Timm, Dennis: Die Wirklichkeit und der Wissende. Frankfurt/M. 1989. S. 116 ff.
3 So etwa Barbara G. Meyerhoff, die ihre Erlebnisse bei den Huichol in dem Buch *Der Peyote Kult* beschreibt, oder Douglas Sharon, der in *Magier der vier Winde* seine Zusammenarbeit mit einem peruanischen Schamanen schildert. Siehe *Literaturliste*.
4 Thompson, Keith: Portrait eines Zauberers. Energy, Nov. 1994.
5 Roszak, Theodore: Don Juan – The Sorcerer. Radiointerview, KPFK (USA), 1968.

6 Vgl. Castaneda, Carlos: Reise nach Ixtlan. Frankfurt/M. 1976. S. 68 ff.
7 Thompson, Keith: Portrait eines Zauberers. Energy, Nov. 1994.
8 Vgl. etwa den Prospekt des Kurszentrums Winkel Märstetten, Schweiz, einer Loge der Deer Tribe Metis Medicine Society, 1992.
9 Vgl. ebenda, S. 6 ff.
10 Vgl. Eagle Feather, Ken: Traveling with Power. Norfolk 1992. S. 16 ff.
11 Vgl. Eagle Feather, Ken: A Toltec Path. Norfolk 1995.
12 Gregg, Susan: Dance of Power. Phoenix 1993. Sowie: Finding the Sacred Self. Phoenix 1995.
13 Vgl. den Artikel *Sorcery School*, Nagualist 4/94. S. 4.
14 Dragon, Avendar: The Scales of the Dragon, New York 1994.
15 Mares, Theun: Return of the Warriors. Kapstadt 1996. Sowie: Cry of the Eagle. Kapstadt 1997.
16 Vgl. Donner-Grau, Florinda: Vortrag vom 26. Mai 1995, Seminar in Rhinebeck, N.Y. Mitschrift von Rich Jennings. In *26.-29. Mai 1995*.
17 Castaneda, Carlos: A los lectores ..., La Jornada (Mexiko), 2. Dez. 1993.
18 Sánchez, Victor: Die Lehren des Don Carlos. Essen 1996.
19 Vgl. Lundahl/Murez: Disclaimer on behalf of C. Castaneda: 28. Juni 1995.
20 Eigene Aufzeichnungen zum Seminar in Berlin. In *27. –29. Juni 1997*.
21 Tunneshende, Merilyn: Im Traum träumen. Energy, Sept. 1995.
22 Vgl. Labarta, Concha: Spiritualität ist ein leerer Begriff. Ein Interview mit C. Tiggs, T. Abelar und F. Donner-Grau. Körper, Geist & Seele, Mai 1997.
23 Vgl. Lundahl/Murez: Disclaimer on behalf of C. Castaneda: 15. Mai 1995.
24 Tunneshende, Merilyn: Disclaimer: 8. Juni 1995.
25 Tunneshende, Merilyn: Medicine Dream. Norfolk 1996.
26 Castaneda, Carlos: The Threshold of Seeing. Vortrag vom 3. Dez. 1994, Sunnyvale, USA. Nagualist 5/95.
27 Eagle Feather, Ken u. Kramer, Carol: Being-In-Dreaming. An interview with Florinda Donner-Grau. Body, Mind & Spirit (USA), Nov./Dez. 1992.
28 Vgl. Lundahl/Murez: Disclaimer on behalf of C. Castaneda: 15. Mai 1995.
29 Fort, Carmina: Gespräche mit Carlos Castaneda. Frankfurt/M. 1996. S. 70 f.
30 Epstein, B.: The Mystical Man. Los Angeles Times (USA), 26. Dez. 1995.
31 Vgl. Nagualist 4/94. S. 27.

Teil II – Das Affentheater der Alltagswelt

5. Von Energie, Zeugung, Sex und Tod

1 Einstein, Albert: Mein Weltbild. Princeton 1934.
2 Vgl. Castaneda, Carlos: The Warriors' Way. Nr. 1. Los Angeles 1996. S. 2.
3 Vgl. Claßen, Norbert: Das Wissen der Tolteken. Frankfurt/M. 1994. S. 26 f.
4 Castaneda, Carlos: Silent Knowledge. Los Angeles 1996. S. 6.
5 Castaneda, C.: The Warriors' Way. Nr. 1. Los Angeles 1996. S. 2.
6 Ebenda.
7 Castaneda, C.: The Warriors' Way. Nr. 2. Los Angeles 1996. S. 3.
8 Ebenda.
9 Vgl. Castaneda, C.: Der zweite Ring der Kraft. Frankfurt/M. 1980. S. 112.
10 Ebenda, S. 112 f.
11 Abelar, Taisha: Die Zauberin. München 1994. S. 69.
12 Ebenda, S. 70 f.
13 Vgl. ebenda.
14 Blair-Ewart, Alexander: Being-In-Dreaming. Conversation with Florinda Donner-Grau. Dimensions (Kanada), Febr. 1992.
15 Abelar, Taisha: Die Zauberin. München 1994. S. 71.
16 Wobei die Entfernung der Gebärmutter für die Praxis des Träumens von Nachteil sein kann, wie wir in Kapitel 14 sehen werden.

6. Große Affen, arme Babys

1 Kästner, Erich: Die Entwicklung der Menschheit, in: Bei Durchsicht meiner Bücher. München 1965.
2 Vgl. Wagner, Bruce: You Only Live Twice. Details (USA), März 1994.
3 Vgl. Castaneda, C.: The Phoenix Bookstore Lectures 1993. Vier Vorträge, Nov./Dez. 1993, Santa Monica, USA. Nagualist 2/94.
4 Vgl. Morris, Desmond: Der nackte Affe. München 1968. S. 188 ff.
5 Abelar, Taisha: Stopping the World. Vortrag vom 7. Jan. 1994, Menlo Park, USA. Mitschrift von M. Swedenborg. In Nagualist 3/94.
6 Vgl. ebenda.
7 Castaneda, Carlos: The Phoenix Bookstore Lectures 1993. Vier Vorträge, Nov./Dez. 1993. Private Mitschrift eines Teilnehmers.
8 Vgl. Wagner, Bruce: You Only Live Twice. Details (USA), März 1994.
9 Castaneda, Carlos: The Phoenix Bookstore Lectures 1993. Vier Vorträge, Nov./Dez. 1993. Private Mitschrift eines Teilnehmers.
10 Nichols, Keith: Zauberei und Realität. Interview mit Taisha Abelar. Energy, Mai 1995.

11 Wagner, Bruce: You Only Live Twice. Details (USA), März 1994.
12 Nichols, Keith: Castaneda's Clan. An interview with Florinda Donner-Grau, Taisha Abelar and Carol Tiggs. Magical Blend Magazine (USA), Apr. 1994.

7. Frau, Mann und die Natur des Universums

1 Donner-Grau, Florinda: Traumwache. München 1996. S. 23.
2 Ebenda, S. 25.
3 Ebenda, S. 78.
4 Vgl. Castaneda, Carlos: Tensegrity Bulletin: 16. Okt. 1997.
5 Nichols, Keith: Castaneda's Clan. An interview with Florinda Donner-Grau, Taisha Abelar and Carol Tiggs. Magical Blend Magazine (USA), Apr. 1994.
6 Vgl. Abelar, Taisha: Vortrag vom 20.5.1995, Tensegrity Workshop in Mexico City. Mitschrift von Guillermo Diaz. In *19.-21. Mai 1995.*
7 Eagle Feather, Ken u. Kramer, Carol: Being-In-Dreaming. An interview with Florinda Donner-Grau. Body, Mind & Spirit (USA), Nov./Dez. 1992.
8 Ebenda.
9 Vgl. Blair-Ewart, Alexander: Being-In-Dreaming. Conversation with Florinda Donner-Grau. Dimensions (Kanada), Febr. 1992.
10 Eagle Feather, Ken u. Kramer, Carol: Being-In-Dreaming. An interview with Florinda Donner-Grau. Body, Mind & Spirit (USA), Nov./Dez. 1992.
11 Vgl. Claßen, Norbert: Das Krebsprinzip. Waldfeucht 1995.

8. *Los Voladores:* Leben im Hühnerhaus

1 Castaneda, Carlos: Tensegrity – The Magical Passes of the Sorcerers of Ancient Mexico. Manuskript. Los Angeles 1997. S. 15.
2 Castaneda, Carlos: Vortrag vom 13. August 1995, Tensegrity Intensive Workshop, Los Angeles. Mitschrift von Rich Jennings. In *1.-21. Aug. 1995.*
3 Vgl. Donner-Grau, F.: Vortrag vom 25. März 1995, Tensegrity Workshop auf Maui, Hawaii. Bericht von Sandy McIntosh. In *24.-26. März 1995.*
4 Vgl. Abelar, Taisha: Vortrag vom 20. Mai 1995, Tensegrity Workshop in Mexico City. Mitschrift von Guillermo Diaz. In *19.-21. Mai 1995.*
5 Vgl. Tiggs, Carol: Vortrag vom 22. Juli 1996. Tensegrity Workshop in Westwood, Los Angeles. Bericht von V.W. Vader. In *20.-25. Juli 1996.*

6 Vgl. Castaneda, Carlos: Vortrag vom 13. August 1995, Tensegrity Intensive Workshop, Los Angeles. Mitschrift von Rich Jennings. In *1.-21. Aug. 1995*.

7 Castaneda, Carlos: Tensegrity – The Magical Passes of the Sorcerers of Ancient Mexico. Manuskript. Los Angeles 1997. S. 85.

8 Vgl. Castaneda, Carlos: Vortrag vom 13. August 1995, Tensegrity Intensive Workshop, Los Angeles. Mitschrift von Rich Jennings. In *1.-21. Aug. 1995*.

9 Vgl. Abelar, Taisha: Vortrag vom 26. März 1995, Tensegrity Workshop auf Maui, Hawaii. Bericht von Sandy McIntosh. In *24.-26. März 1995*.

10 Vgl. Castaneda, Carlos: Vortrag vom 13. August 1995, Tensegrity Intensive Workshop, Los Angeles. Mitschrift von Rich Jennings. In *1.-21. Aug. 1995*.

11 Vgl. Lorenz, Konrad: Der Abbau des Menschlichen. München 1986.

Teil III – Die Transformation der Alltagswelt

9. Der Weg des Kriegers

1 Castaneda, Carlos: Reise nach Ixtlan. Frankfurt/M. 1976. S. 252.

2 Abelar, Taisha: Stopping the World. Vortrag vom 7. Jan. 1994, Menlo Park, USA. Mitschrift von M. Swedenborg. In Nagualist 3/94.

3 Castaneda, Carlos: The Phoenix Bookstore Lectures 1993. Vier Vorträge, Nov./Dez. 1993. Private Mitschrift eines Teilnehmers.

4 Ebenda.

5 Ebenda.

6 Blair-Ewart, Alexander: Being-In-Dreaming. Conversation with Florinda Donner-Grau. Dimensions (Kanada), Febr. 1992.

7 Vgl. Castaneda, Carlos: Vortrag vom 23. Juli 1996. Tensegrity Workshop in Westwood, Los Angeles. Bericht von V.W. Vader. In *20.-25. Juli 1996*.

8 Wagner, Bruce: You Only Live Twice. Details (USA), März 1994. In seinen Classes hat Castaneda in diesem Zusammenhang wiederholt eine Ernährung nach den Leitsätzen des amerikanischen Forschers Barry Sears empfohlen, der seine Erkenntnisse in dem Buch *The Zone* veröffentlicht hat. Sears erklärt auf der Grundlage der modernen Biochemie, wie unsere Ernährung unser Bewußtsein und unser Wohlbefinden beeinflußt und wie wir lernen können, diese Effekte bewußt zu nutzen. Siehe *Literaturliste*.

9 Vgl. Donner-Grau, Florinda: Fragen und Antworten. Tensegrity Workshop in Los Angeles. Private Berichte von Teilnehmern. In *23.-27. Aug. 1997*.

10 Abelar, Taisha: Stopping the World. Vortrag vom 7. Jan. 1994, Menlo Park, USA. Mitschrift von M. Swedenborg. In Nagualist 3/94.
11 Tiggs, Carol: Vortrag vom 21. April 1995. Tensegrity Workshop in Longmont, Colorado. Bericht von J.J. Stoecker. In *21.-23. April 1995*.
12 Abelar, Taisha: Stopping the World. Vortrag vom 7. Jan. 1994, Menlo Park, USA. Mitschrift von M. Swedenborg. In Nagualist 3/94.
13 Castaneda, Carlos: Tensegrity – The Magical Passes of the Sorcerers of Ancient Mexico. Manuskript. Los Angeles 1997. S. 18.
14 Abelar, Taisha: Stopping the World. Vortrag vom 7. Jan. 1994, Menlo Park, USA. Mitschrift von M. Swedenborg. In Nagualist 3/94.
15 Ebenda.
16 Vgl. Abelar, Taisha: Vortrag vom 26. Mai 1995. Tensegrity Workshop in Rhinebeck, New York. Mitschrift von Rich Jennings. In *26.-29. Mai 1995*.

10. Die magischen Bewegungen der Zauberer

1 Castaneda, Carlos: Tensegrity – The Magical Passes of the Sorcerers of Ancient Mexico. Manuskript. Los Angeles 1997. S. 22.
2 Vgl. Baldwin, J.: Bucky Works. Buckminster Fuller's Ideas for Today. New York 1996. S. 75 ff.
3 Wagner, Bruce: Carlos Castaneda's Tensegrity. Body, Mind & Spirit (USA), Mai 1995.
4 Castaneda, Carlos: Readers of Infinity. Nr. 3. Los Angeles 1996. S. 5. Interessant ist, daß die naturwissenschaftliche Forschung inzwischen nachgewiesen hat, daß auch der Zusammenhalt von Molekülen, Zellen und Geweben durch die inhärenten Kräfte von Tensegritätsstrukturen gewährleistet wird, was Castanedas Aussagen bekräftigt und um so aktueller erscheinen läßt: Vgl. Ingber, Donald E.: The Architecture of Life. Scientific American (USA), Januar 1998.
5 Die Adressen der deutschen und amerikanischen Websites finden sich in *Adressen und Bezugsquellen*.
6 Vgl. Carlos Castaneda's Tensegrity: Teil 1 – Zwölf grundl. Bewegungen zur Sammlung von Energie und Förderung des Wohlbefindens. Waldfeucht 1997.
7 Vgl. ebenda.
8 Abelar, Taisha: Vortrag vom 26. März 1995. Tensegrity Workshop auf Maui, Hawaii. Internet-Notiz und Zitat von J.J. Stoecker.
9 Vgl. Carlos Castaneda's Tensegrity: Teil 2 – Das Zurückführen verstreuter Energie. Waldfeucht 1997.
10 Vgl. ebenda.
11 Vgl. Castaneda, Carlos: Tensegrity – The Magical Passes of the Sorcerers of Ancient Mexico. Manuskript. Los Angeles 1997. S. 65 ff. Diese Übungen sollten jedoch aufgrund ihrer tiefgreifenden Effekte auf die

Gebärmutter keinesfalls von Schwangeren praktiziert werden, da sie unter Umständen Probleme oder sogar eine Fehlgeburt auslösen könnten.

12 Vgl. ebenda, S. 84 ff.

13 Für den Bezug dieser Hilfsmittel, spezieller Teflonkugeln sowie eines ledernen Briefbeschwerers, siehe *Adressen und Bezugsquellen* und die Hinweise im Internet.

14 Castaneda, Carlos: Tensegrity – The Magical Passes of the Sorcerers of Ancient Mexico. Manuskript. Los Angeles 1997. S. 35.

11. Rekapitulation und der innere Seher

1 Abelar, Taisha: Stopping the World. Vortrag vom 7. Jan. 1994, Menlo Park, USA. Mitschrift von M. Swedenborg. In Nagualist 3/94.

2 Castaneda, Carlos: Tensegrity – The Magical Passes of the Sorcerers of Ancient Mexico. Manuskript. Los Angeles 1997. S. 95.

3 Ebenda, S. 96.

4 Vgl. ebenda, S. 98 ff.

5 Wenn man Probleme mit dem Visualisieren hat, sollte man es zunächst an vertrauten Objekten oder Räumen üben. Man schließt einfach die Augen und stellt sich ein Zimmer in der eigenen Wohnung vor. Man schaut sich in seiner Vorstellung um und achtet auf möglichst viele Details. Dann bewegt man sich in der visualisierten Szene vorwärts und betritt den Nachbarraum, wo man ebenfalls umherschaut. Es ist gar nicht so schwer, und mit ein wenig Übung wird es jedem leicht gelingen, auch die Szenen der Vergangenheit klar und präzise zu visualisieren.

6 Vgl. Castaneda, Carlos: Tensegrity – The Magical Passes of the Sorcerers of Ancient Mexico. Manuskript. Los Angeles 1997. S. 95.

7 Martinez, John: A conversation with Taisha Abelar. Radiointerview, KPFK (USA), 1993. Transskript.

8 Donner-Grau, Florinda: Private Mitteilung.

12. Nicht-tun, Gaffen, die Welt anhalten

1 Castaneda, Carlos: Eine andere Wirklichkeit. Frankfurt/M. 1975. S. 187.

2 Martinez, John: A conversation with Taisha Abelar. Radiointerview, KPFK (USA), 1993. Transskript.

3 Vgl. Castaneda, Carlos: Tensegrity – The Magical Passes of the Sorcerers of Ancient Mexico. Manuskript. Los Angeles 1997. S. 25 f.

4 Vgl. ebenda, S. 128 ff.

5 Vgl. ebenda, S. 129 f.

6 Private Mitteilung eines Teilnehmers am Tensegrity Intensive Workshop, 1.-21. August 1995 in Los Angeles. Castaneda hat es hier einer Gruppe von Teilnehmern empfohlen, sich stets auf diese Weise durch Menschenmengen zu bewegen und beim Gehen zudem darauf zu achten, die Füße möglichst parallel zu setzen, da die V-förmige Gangart eines Charlie Chaplin dazu führt, daß wir unsere Energie an den energetischen Strukturen der Erde aufreiben, anstatt problemlos durch sie hindurchzugleiten.

7 Siehe Castaneda, Carlos: Das Feuer von innen. Frankfurt/M. 1987. S. 22 ff.

8 Vgl. Martinez, John: A conversation with Taisha Abelar. Radiointerview, KPFK (USA), 1993. Transskript.

9 Vgl. Abelar, Taisha: Vortrag vom 26. Mai 1995. Tensegrity Workshop in Rhinebeck, New York. Mitschrift von Rich Jennings. In *26.-29. Mai 1995*.

10 Vgl. ebenda.

11 Vgl. Castaneda, Carlos: Tensegrity – The Magical Passes of the Sorcerers of Ancient Mexico. Manuskript. Los Angeles 1997. S. 184 ff.

12 Vgl. Abelar, Taisha: Eight Esalen Not-doings. Vortrag auf dem Seminar *Toltec Dreaming* im Esalen-Institut, 5.-7. Nov. 1993. In Nagualist 4/94.

Teil VI – Jenseits von Alcatraz

13. *Que ni te jodan:* der Doppelgänger

1 Castaneda, Carlos: Der Ring der Kraft. Frankfurt/M. 1976. S. 65.

2 Vgl. Castaneda, Carlos: Readers of Infinity. Nr. 4. Los Angeles 1996. S. 4.

3 Vgl. López Portillo, José: Quetzalcoatl. Stuttgart – Zürich 1982. S. 45.

4 Castaneda, Carlos: Readers of Infinity. Nr. 4. Los Angeles 1996. S. 6.

5 Vgl. Donner, Florinda: Shabono. München 1983. S. 266 ff.

6 Tiggs, Carol u. Abelar, Taisha: Vorträge vom 11. Feb. 1995. Tensegrity Workshop in Mexico City. Bericht von Titusz Pan. In *11.-12. Feb. 1995*.

7 Vgl. Castaneda, Carlos: Readers of Infinity. Nr. 4. Los Angeles 1996. S. 5.

8 Castaneda, Carlos: Readers of Infinity. Nr. 3. Los Angeles 1996. S. 3.

9 Vgl. Castaneda, Carlos: Readers of Infinity. Nr. 4. Los Angeles 1996. S. 4.

14. Vorstoß in die Häute der Zwiebel

1 Castaneda, Carlos: Tensegrity – The Magical Passes of the Sorcerers of Ancient Mexico. Manuskript. Los Angeles 1997. S. 28.
2 Castaneda, Carlos: Die Kunst des Träumens. Frankfurt/M. 1994. S. 32.
3 Vgl. Castaneda, Carlos: The Phoenix Bookstore Lectures 1993. Vier Vorträge, Nov./Dez. 1993. In Nagualist 2/94.
4 Castaneda, Carlos: Die Kunst des Träumens. Frankfurt/M. 1994. S. 40.
5 Ebenda.
6 Vgl. Castaneda, Carlos: Tensegrity – The Magical Passes of the Sorcerers of Ancient Mexico. Manuskript. Los Angeles 1997. S. 65 ff.
7 Vgl. Castaneda, C.: Die Kunst des Träumens. Frankfurt/M. 1994. S. 73 ff.
8 Siehe ebenda, S. 149 ff.

15. Der Blankoscheck der Zuneigung

1 Wagner, Bruce: You Only Live Twice. Details (USA), März 1994.
2 Vgl. Donner-Grau, F.: Vortrag vom 28.6.1997. Tensegrity Workshop in Berlin. Eigene Aufzeichnungen. In *27.-29. Juni 1997.*
3 Vgl. Abelar, Taisha: Stopping the World. Vortrag vom 7. Jan. 1994, Menlo Park, USA. Mitschrift von M. Swedenborg. In Nagualist 3/94.
4 Ebenda.
5 Castaneda, Carlos: Eine andere Wirklichkeit. Frankfurt/M. 1975. S. 78.
6 Wagner, Bruce: You Only Live Twice. Details (USA), März 1994.
7 Vgl. Donner-Grau, F.: Vortrag vom 26. März 1995. Tensegrity Workshop auf Maui, Hawaii. Bericht von Sandy McIntosh. In *24.-26. März 1995.*

16. Affen-Intersubjektivität und kritische Masse

1 Castaneda, Carlos: Die Kunst des Träumens. Frankfurt/M. 1994. S. 183.
2 Blair-Ewart, Alexander: Being-In-Dreaming. Conversation with Florinda Donner-Grau. Dimensions (Kanada), Febr. 1992.
3 Ebenda.
4 Vgl. Castaneda, Carlos: Tensegrity – The Magical Passes of the Sorcerers of Ancient Mexico. Manuskript. Los Angeles 1997. S. 69.
5 Ebenda.
6 Blair-Ewart, Alexander: Being-In-Dreaming. Conversation with Florinda Donner-Grau. Dimensions (Kanada), Febr. 1992.

Adressen und Bezugsquellen

Wenn Sie sich für Seminare zu *Carlos Castaneda's Tensegrity* oder für Tensegrity-Hilfsmittel interessieren, können Sie sich unmittelbar an Cleargreen wenden:

Cleargreen, Incorporated
11901 Santa Monica Blvd., Suite 599
Los Angeles, CA 90025, USA

Tel.: 001-310-264-6126
Fax.: 001-310-264-6130
Email: cleargreen@castaneda.com

Cleargreen unterhält außerdem Websites im Internet, auf denen Sie sich über Neuerscheinungen, anstehende Veranstaltungen, Tensegrity-Übungsgruppen in Ihrer Nähe etc. informieren wie auch alle verfügbaren Medien bestellen können. Sie erreichen sie unter:

http://www.carlos-castaneda.de - deutsche Seiten

http://www.castaneda.com - amerikanische Originalseiten

Unter folgenden Adressen, die nicht unmittelbar mit Cleargreen assoziiert sind, finden Sie die unterschiedlichsten Texte zum Thema wie zum Beispiel Interviews, Reportagen oder Seminarberichte.

Deutsche Texte und Übersetzungen finden Sie unter:

http.//www.rat.de/oelmann/castaneda/ - Castaneda Archiv

Originaltexte können Sie aus folgenden Archiven abrufen:

http://www.pagan.net./~rpj/ftp.html - Ixtlan Archiv

http://www.earth.com/castaneda/ - Earth.com Archiv

Sie können sich aber auch jederzeit direkt an den Hans-Nietsch-Verlag wenden, der Ihnen gerne Informationen bezüglich neuer Veröffentlichungen und weiterer Bezugsquellen zur Verfügung stellt:

Hans-Nietsch-Verlag
Poststraße 3
79098 Freiburg

Tel.: 0761-2966-936
Fax.: 0761-2966-966

Literaturliste

Bücher

Abelar, Taisha: Die Zauberin. München 1994 (Scherz).

Castaneda, Carlos: Die Lehren des Don Juan. Frankfurt/M. 1973 (Fischer TB).

Castaneda, Carlos: Eine andere Wirklichkeit. Frankfurt/M. 1975 (Fischer TB).

Castaneda, Carlos: Reise nach Ixtlan. Frankfurt/M. 1976 (Fischer TB).

Castaneda, Carlos: Der Ring der Kraft. Frankfurt/M. 1978 (Fischer TB).

Castaneda, Carlos: Der zweite Ring der Kraft. Frankfurt/M. 1980 (Fischer TB).

Castaneda, Carlos: Die Kunst des Pirschens. Frankfurt/M. 1981 (Fischer TB).

Castaneda, Carlos: Das Feuer von innen. Frankfurt/M. 1985 (Fischer TB).

Castaneda, Carlos: Die Kraft der Stille. Frankfurt/M. 1988 (Fischer TB).

Castaneda, Carlos: Die Kunst des Träumens. Frankfurt/M. 1994 (S. Fischer).

Castaneda, Carlos: Tensegrity – Die magischen Bewegungen der Zauberer. Angekündigt für März 1998 (S. Fischer).

Donner, Florinda: Shabono. München 1983 (Knaur).

Donner-Grau, Florinda: Die Lehren der Hexe. Waldfeucht 1997 (Hans-Nietsch).

Donner-Grau, Florinda: Traumwache. München 1996 (Heyne).

Verschiedenen Quellen zufolge ist in nächster Zeit mit weiteren Veröffentlichungen von Carlos Castaneda (*Memorable Events*), Carol Tiggs (*Tales of Energy*), Taisha Abelar (*Stalking with the Double*) und Florinda Donner-Grau zu rechnen. Aktuelle Informationen entnehmen Sie bitte der deutschen Webpage im Internet: *http://www.carlos-castaneda.de*

Artikel, Abhandlungen und Notizen

Castaneda, Carlos: The Art of Dreaming. *Psychology Today* (USA), Dez. 1977.
Castaneda, Carlos: El Arte de Ensoñar. Buenos Aires 1993. Klappentext.
Castaneda, Carlos: A los lectores ... *La Jornada* (Mexiko), 2. Dez. 1993.
Castaneda, Carlos: Sechs grundlegende Lehrsätze. In *Claßen, Norbert*: Das Wissen der Tolteken. Frankfurt/M. 1994 (Fischer TB).
Castaneda, Carlos: Silent Knowledge. Los Angeles 1996 (Cleargreen).

Zeitschrift

Castaneda, Carlos: The Warriors' Way. A Journal of Applied Hermeneutics. Vol. 1, Nr. 1, Los Angeles (USA), January 1996. Published by Cleargreen.
Castaneda, Carlos: The Warriors' Way. A Journal of Applied Hermeneutics. Vol. 1, Nr. 2, Los Angeles (USA), February 1996. Published by Cleargreen.
Castaneda, Carlos: Readers of Infinity. A Journal of Applied Hermeneutics. Vol. 1, Nr. 3, Los Angeles (USA), March 1996. Published by Cleargreen.
Castaneda, Carlos: Readers of Infinity. A Journal of Applied Hermeneutics. Vol. 1, Nr. 4, Los Angeles (USA), April 1996. Published by Cleargreen.

Videotapes

Carlos Castaneda's Tensegrity: Teil 1 – Zwölf grundlegende Bewegungen zur Sammlung von Energie und Förderung des Wohlbefindens. Waldfeucht 1997 (Cleargreen im Vertrieb des Hans-Nietsch-Verlages).
Carlos Castaneda's Tensegrity: Teil 2 – Das Zurückführen verstreuter Energie. Waldfeucht 1997 (Cleargreen im Vertrieb des Hans-Nietsch-Verlages).
Carlos Castaneda's Tensegrity: Teil 3 – Der energetische Wechsel von einem biologischen Stamm zum anderen. Waldfeucht 1997 (Cleargreen im Vertrieb des Hans-Nietsch-Verlages).

Veröffentlichungen im Internet

Castaneda, Carlos: Bulletin: Jan. 30, 1996. (Cleargreen).
Castaneda, Carlos: Bulletin: Feb. 16, 1996. (Cleargreen).
Castaneda, C.: Tensegrity Bulletin: May 16, 1996. (Cleargreen).
Castaneda, C.: Tensegrity Bulletin: May 21, 1996. (Cleargreen).
Castaneda, C.: Tensegrity Bulletin: July 31, 1996. (Cleargreen).
Castaneda, C.: Tensegrity Bulletin: Aug. 1, 1996. (Cleargreen).
Castaneda, C.: Tensegrity Bulletin: Sept. 4, 1996. (Cleargreen).
Castaneda, C.: Tensegrity Bulletin: Aug. 29, 1997. (Cleargreen).
Castaneda, C.: Tensegrity Bulletin: Sept. 2, 1997. (Cleargreen).
Castaneda, C.: Tensegrity Bulletin: Sept. 19, 1997. (Cleargreen).
Castaneda, C.: Tensegrity Bulletin: Oct. 6, 1997. (Cleargreen).
Castaneda, C.: Tensegrity Bulletin: Oct. 16, 1997. (Cleargreen).
Lundahl, K. / Murez, R. u. N.: Disclaimer on behalf of C. Castaneda: May 15, 1995. (Chacmool Center for Enhanced Perception).
Lundahl, K. / Murez, R. u. N.: Disclaimer on behalf of C. Castaneda: June 28, 1995. (Chacmool Center for Enhanced Perception).

Vortragsmitschriften

Abelar, Taisha: Dream Yourself. Vortrag vom 10. Okt. 1992, Pasadena, USA. Von *John LuValle*. In *Nagualist* 3/94.
Abelar, Taisha: Training of A Stalker. Vortrag vom 19. Nov. 1993, Berkeley, USA. Von *Michael Swedenborg*. In *Nagualist* 3/94.
Abelar, Taisha: Stopping the World. Vortrag vom 7. Jan. 1994, Menlo Park, USA. Von *Michael Swedenborg*. In *Nagualist* 3/94.
Castaneda, Carlos: The Phoenix Bookstore Lectures 1993. Vier Vorträge, Nov./ Dez. 1993, Santa Monica, USA. In *Nagualist* 2/94 und 4/94.
Castaneda, Carlos: The Threshold of Seeing. Vortrag vom 3. Dezember 1994, Sunnyvale, USA. In *Nagualist* 5/95.

Seminarberichte

Juni-Juli 1993: Tensegrity. Castanedas Übungen zur Aktivierung sekundärer Organfunktionen. Private Aufzeichnungen nach dem Bericht einer Teilnehmerin an Castanedas Classes in Santa Monica, 1993.
16.-18. Juli 1993: Toltec Dreaming. The Legacy of Don Juan. Seminar von F. Donner-Grau, T. Abelar und C. Tiggs. RIM-Institut, Arizona. Berichte im *Nagualist* 4 und 5.
7.-8. Aug. 1993: Toltec Dreaming. The Legacy of Don Juan. Seminar von

F. Donner-Grau, T. Abelar und C. Tiggs. Maui, Hawaii. Bericht im *Nagualist* 5.

5.-7. Nov. 1993: Toltec Dreaming. The Legacy of Don Juan. Seminar von F. Donner-Grau, T. Abelar und C. Tiggs. Esalen-Institut, USA. *Nagualist* 4.

11.-12. Feb. 1995: La Tensegridad de Carlos Castaneda. Seminar von F. Donner-Grau, T. Abelar, C. Tiggs und den Chacmools: Kylie Lundahl, Reni und Nyei Murez. Casa Tibet, México DF. Berichte von *Titusz Pan* und *Kira Lemke*.

25. Februar 1995: Tensegrity Interaction. 90minütiger Auffrischungskurs in Los Angeles unter Leitung der Chacmools. Bericht von *Rich Jennings*.

14.-16. März 1995: Tensegrity Interaction. Workshop im Philosophical Research Institute, Los Angeles, unter Leitung der Chacmools. Bericht von *Rich Jennings*.

24.-26. März 1995: Carlos Castaneda's Tensegrity: Twelve Basic Movements. Workshop auf Maui, Hawaii, mit F. Donner-Grau, T. Abelar und den Chacmools. Bericht von *Sandy McIntosh*.

21.-23. April 1995: Carlos Castaneda's Tensegrity: Twelve Basic Movements. Workshop in Longmont, Colorado, mit T. Abelar, C. Tiggs und den Chacmools. Berichte von *Eric H. Tailor* und *J.J. Stoecker*.

19.-21. Mai 1995: La Tensegridad de C. Castaneda. Workshop in Mexico DF. Mit F. Donner-Grau, T. Abelar, C. Tiggs und den Chacmools. Bericht von *Guillermo Diaz*.

26.-29. Mai 1995: Carlos Castaneda's Tensegrity: Redistributing Dispersed Energy. Workshop im Omega Institute in Rhinebeck, New York, mit F. Donner-Grau, T. Abelar und den Chacmools. Mitschriften von *Rich Jennings*.

1.-21. Aug. 1995: L.A. Tensegrity Intensive Workshop. Dreiwöchiges Seminar in Los Angeles mit C. Castaneda, C. Tiggs, F. Donner-Grau, T. Abelar und den Chacmools. Mitschriften von *R. Jennings*, *J. Ellison* und *C. Johnson*.

26.-27. Aug. 1995: Tensegrity Review. Seminar in Scottsdale, Arizona, mit Florinda Donner-Grau und den Chacmools. Bericht von *Paul Dokas*.

6.-8. Okt. 1995: Magical Passes Used by the Shamans of Ancient Mexico. Seminar in Los Angeles mit C. Castaneda, C. Tiggs, F. Donner-Grau, T. Abelar, dem Blue Scout und den Chacmools. Notizen von *F.W. Parsons*.

9.-10. Dez. 1995: Tensegrity Review. Seminar in Anaheim, Kalifornien, mit C. Castaneda und den Chacmools. Privater Bericht eines Teilnehmers.

1.-3. März 1996: The Female Energy Body. Seminar für Frauen in Los Angeles mit C. Castaneda, C. Tiggs, F. Donner-Grau, T. Abelar und dem Blue Scout. Bericht und Notizen von *Annie Matus*.

20.-25. Juli 1996: Readers of Infinity. Seminar in Westwood, Los Angeles, mit C. Castaneda, C. Tiggs, F. Donner-Grau, T. Abelar, dem Blue Scout, den Energy Trackers und den Elements. Berichte von *Titusz Pan* und *V.W. Vader*.

27.-29. Sept. 1996: The Cognitive World of the Shamans of Ancient Mexico. Seminar in México DF mit F. Donner-Grau, T. Abelar, den Energy Trackers und den Elements. Bericht von *Allan Angus*.

29. Nov.-1. Dez. 1996: The Two Bodies That Form a Human Being. Seminar in Pasadena, Los Angeles, mit C. Castaneda, C. Tiggs, F. Donner-Grau, T. Abelar, dem Blue Scout und den Energy Trackers. Bericht von *Mark Smith*.

27.-29. Juni 1997: Carlos Castanedas Tensegrity. Seminar in Berlin, mit Florinda Donner-Grau, Taisha Abelar, den Energy Trackers und den Elements. Eigene Aufzeichnungen.

23.-27. Aug. 1997: The Not-Doings of the Sorcerers of Ancient Mexico. Seminar in Los Angeles, mit C. Tiggs, F. Donner-Grau, T. Abelar, den Energy Trackers und den Elements. Privater Bericht eines Teilnehmers.

11.-22. Okt. 1997: Not-Doing Workshop. Omega Institute in Rhinebeck, New York, mit Zaia Alexander und Miles Reid. Bericht von Joanne Albrightson.

13.-14. Dez. 1997: The Not-Doings of the Sorcerers of Ancient Mexico. Seminar in Mexico City mit Florinda Donner-Grau, Zaia Alexander und Miles Reid. Bericht von Joanne Albrightson.

Interviews

Baron, Clair: Tensegrity and Magical Passes. Interview with Carlos Castaneda. *The New Times* (USA), Juli 1997.

Blair-Ewart, Alexander: Being-In-Dreaming. Florinda Donner-Grau in conversation with A. Blair-Ewart. *Dimensions* (Kanada), Februar 1992.

Blair-Ewart, Alexander: The Art of Stalking. Taisha Abelar in conversation with A. Blair-Ewart. *Dimensions* (Kanada), April 1992.

Brennan, Michael: The World of Waking Dreams. Interview with Carlos Castaneda.. *Utne Reader* (USA), Februar 1998.

Burton, Sandra et al.: Magie und Realität. Interview mit Carlos Castaneda. Original im *Time Magazine* (USA), 5.3.1973. In *Auf den Spuren Castanedas*. Rheinberg 1981.

Cohen, Brian S.: Being-In-Dreaming. An Introduction into Toltec Sorcery. Interview with Florinda Donner-Grau. *Magical Blend Magazine* (USA), April 1992.

Corvalán, Graciela: Der Weg der Tolteken. Ein Gespräch mit Carlos Castaneda. Vorwort von Willi Köhler. Frankfurt/M. 1987 (Fischer TB).

Eagle Feather, Ken u. Kramer, Carol: Being-In-Dreaming. An interview with Florinda Donner-Grau. *Body, Mind & Spirit* (USA), Nov./Dez. 1992.

Epstein, Benjamin: A Rare Conversation with the Magical Mystery Man. An Interview with Carlos Castaneda. *Los Angeles Times* (USA), 26. Dez. 1995.

Fort, Carmina: Gespräche mit Carlos Castaneda. Frankfurt/M. 1996 (Fischer TB).

Haines, Ely: An interview with Taisha Abelar. Radiointerview, *Sedona Station* (USA), 17. Okt. 1993. Transskript.

Hellisoe, Jane: Don Juan's Teachings – Further Conversations with Carlos Castaneda. Radiointerview, University of California Press (USA), 1968. Transkript einer Tonbandaufzeichnung.

Keen, Sam: Zauberlehrling. Ein Gespräch mit Carlos Castaneda. *Psychologie heute*, April 1975.

Labarta, Concha: Spiritualität ist ein leerer Begriff. Interview mit Carol Tiggs, Taisha Abelar und Florinda Donner-Grau. *Körper, Geist & Seele*, Mai 1997.

Martinez, John: A Conversation with Taisha Abelar. Radiointerview, *KPFK* (USA), 1993. Transskript.

Muktananda: Carlos Castaneda im Gespräch mit Swami Muktananda. In *Timm, Dennis*: Nagual Junior. Drensteinfurt 1982.

Nichols, Keith: Zauberei und Realität. Ein Interview mit Taisha Abelar. *Energy*, Mai 1995.

Nichols, Keith: Castaneda's Clan. An exclusive interview with Florinda Donner-Grau, Taisha Abelar and Carol Tiggs. *Magical Blend Magazine* (USA), April 1994.

Roszak, Theodore: Don Juan – The Sorcerer. An Interview with Carlos Castaneda. Radiointerview, *KPFK* (USA), 1968. Transskript einer Tonbandaufzeichnung.

Thompson, Keith: Portrait eines Zauberers. Ein Interview mit Carlos Castaneda. *Energy*, November 1994.

Trujillo Rivas, Daniel: Meisterstücke der Wahrnehmung. Ein Interview mit Carlos Castaneda. Zwei Teile. *Connection*, Mai 1997 und Juni 1997.

Wagner, Bruce: You Only Live Twice. An interview with Carlos Castaneda, Taisha Abelar, Florinda Donner-Grau and Carol Tiggs. *Details* (USA), März 1994.

Wagner, Bruce: Carlos Castaneda's Tensegrity: The Modernization of Ancient Magical Passes. Interview with Carlos Castaneda. *Body, Mind & Spirit* (USA), Mai 1995.

Begegnungen und Reportagen

Anonymus: Encounter with Carlos Castaneda, 1983. *Nagualist* 4/94. Abbildung eines zugehörigen Diagramms von Castaneda im *Nagualist* 5/95.

Bridgewalker, Simon: A New Generation of Sorcerers. *Kindred Spirit* (UK), Juli 1995.

Cocagnac, Maurice: Rencontres avec Carlos Castaneda et Pachita la Guerisseuse. Paris 1991 (Albin Michel). Deutsche Ausgabe demnächt im Hans-Nietsch-Verlag.

Duerr, Hans Peter: Notiz zum Treffen mit Florinda Donner und Carlos Castaneda. *Psychologie heute*, Sept. 1982.

Epstein, Benjamin: The Mystical Man. *Los Angeles Times* (USA), 26. Dez. 1995.

Hammond, Holly: Carlos Castaneda's Tensegrity. *Yoga Journal* (USA), Dez. 1995.

McCall, Elizabeth K.: Journeys with C. Castaneda's Tensegrity. Tales and Teachings from the Navigators of Infinity. *Sedona Journal of Emergence* (USA), Okt. 1996.

Pan, Titusz: Carlos Castanedas Tensegrity. Bericht vom Seminar mit Carlos Castaneda in Los Angeles. *Tattva Viveka*, Okt. 1996.

Rahm, Norbert: Magische Bewegungen der Schamanen des alten Mexikos. Eine persönliche Interpretation von Carlos Castanedas Tensegrity. Unveröffentlichter Bericht und Notizen, 1995.

Sukenick, Ronald: Upward and Juanward: The Possible Dream. *Village Voice* (USA), 25. Jan. 1973.

Wallace, John: The Sorcerer's Apprentice. Conversations with Carlos Castaneda. *Penthouse* (USA), 1972.

Wilde, Runyan: Meetings With Castaneda. *Psychedelic Illuminations* (USA), Dezember 1994.

Wise, Nina: Das als gewöhnliches Leben getarnte Glück. *The Sun Magazine* (USA), Februar 1996.

Audiokassetten

Hellisoe, Jane: Don Juan's Teachings – Further conversations with Carlos Castaneda. An Interview with Carlos Castaneda, 1968. Victoria 1970 (Millenia).

Roszak, Theodore: Don Juan – The Sorcerer. An Interview with Carlos Castaneda, 1968. New York 1970 (Jeffrey Norton Publishers).

Sekundärliteratur – Bücher und Anthologien

Auf den Spuren Carlos Castanedas: Studien zu einer anderen Ansicht der Welt. Mit Beiträgen von Sam Keen, Hellmut Coerper, Jürgen Kremer. Rheinberg 1981 (Zero).

Castaneda, Margaret Runyan: A Magical Journey with Carlos Castaneda. Victoria 1997 (Millenia).

Claßen, Norbert: Das Wissen der Tolteken. Castaneda und die Philosophie des Don Juan. Frankfurt/M. 1994 (Fischer TB).

Coerper, Hellmut: Der Zugang zum Wissen. Tiefenpsycholog. Deutung der Literatur Castanedas. Vorw. von Marie-Luise von Franz. Fellbach 1981 (Bonz).

DeMille, Richard: Die Reisen des Carlos Castaneda. Bern 1980 (Morzsinay).

DeMille, Richard: The Don Juan Papers. Santa Barbara 1980 (Ross-Erikson).

Drury, Nevill: Don Juan, Mescalito and Modern Magic. London 1978 (Arkana).

Dubant, B. & Marguerie, M.: Castaneda – der Weg der Kraft. Wien 1983 (Böhlau).

Fikes, Jay Courtney: Carlos Castaneda, Academic Opportunism and the Psychedelic Sixties. Victoria 1993 (Millenia).

Lütge, Lothar Rüdiger: Carlos Castaneda und die Lehren des Don Juan. Freiburg/Br. 1983 (Bauer).

Müller, Burkhard (Hrsg.): Castaneda´s Erben. Erfahrungen mit dem Wissen des Don Juan. Eurasburg 1991 (Edition Tonal).

Noel, Daniel: Seeing Castaneda. New York 1988 (Putnam's Sons).

Sánchez, Victor: Die Lehren des Don Carlos. Essen 1996 (Synthesis).

Sánchez, Victor: Tolteken des neuen Jahrtausends. Bern 1997 (O.W. Barth).

Timm, Dennis (Hrsg.): Nagual Junior. Anthologie zu Carlos Castaneda. Drensteinfurt 1982 (Huba Productions).

Timm, Dennis: Die Wirklichkeit und der Wissende. Studien über C. Castaneda. Mit Beiträgen von S. Wilk und C. Scott Littleton. Frankfurt/M. 1989 (Fischer TB).

Ulrich, Hans E.: Von Meister Eckardt bis Carlos Castaneda. Frankfurt/M. 1986 (Fischer TB).

Williams, Donald Lee: Border Crossings. A Psychological Perspective on Carlos Castaneda's Path of Knowledge. Los Angeles 1981 (Inner City).

Wittmann, Ulla: Leben wie ein Krieger. Interlaken 1988 (Ansata).

Weitere Arbeiten, Artikel und Abhandlungen

Achterberg, Bernhard: Entfaltung eines Konzeptes der Verantwortung in Auseinandersetzung mit den Werken von Tolkien und Castaneda. Dissertation. Kassel 1983 (Hochschulpresse).

Claßen, Norbert: Welt und Wahrnehmung. Das Wirklichkeitskonzept der toltekischen Zauberer. *Tattva Viveka*, Okt. 1996.

Duerr, Hans Peter: Traumzeit – Über die Grenze zwischen Wildnis und Zivilisation. Frankfurt/M. 1978 (Syndikat).

Duerr, Hans Peter (Hrsg.): Der Wissenschaftler und das Irrationale. Frankfurt/M. 1981 (Syndikat).

Duerr, Hans Peter (Hrsg.): Authentizität und Betrug in der Ethnologie. Frankfurt/M. 1987 (Edition Suhrkamp).

Engert, Ronald: Den Tod als Ratgeber nehmen. Interview mit Norbert Claßen und Titusz Pan. *Tattva Viveka*, Sept. 1995.

Leviton, Richard: Die Kunst des Träumens. *Energy*, September 1995.

Paz, Octavio: La Mirada Anterior. Vorwort zur mex. Ausgabe von Castanedas *Lehren des Don Juan*. In *Timm, Dennis*: Nagual Junior. Drensteinfurt 1982.

Pohnert, Ruth: Californian Realities: Carlos Castaneda and Consequences. Santa Barbara, California, 1994. Magisterarbeit an der Gutenberg-Universität Mainz.

Seger-Coulborn, I.: Was tut Castaneda in der Traumzeit? In *Gehlen und Wolf*: Der gläserne Zaun. Texte zu H.P. Duerrs *Traumzeit*. Frankfurt/M. 1984 (Syndikat).

Siegel, Ronald K.: Castanedas Privatapotheke. In *Rausch und Realität*: Drogen im Kulturvergleich. Band 3; Seite 1256ff. Reinbek 1982 (rororo).

Stein, Hannes: Führerkult im Feenreich. Carlos Castanedas Absage an Gesellschaft, Moral und Vernunft. *FAZ*, 10. Dez. 1994.

Imitatoren und Fakes – Bücher und Artikel

Dragon, Avendar: The Scales of the Dragon. New York 1994 (Selbstverlag).

Eagle Feather, Ken: Traveling with Power. Norfolk 1992 (Hampton Roads).

Eagle Feather, Ken: A Toltec Path. Norfolk 1995 (Hampton Roads).

Gregg, Susan: Dance of Power. A Shamanic Journey. Phoenix 1993 (Lewellyn).

Gregg, Susan: Finding the Sacred Self. A Shamanic Work Book. Phoenix 1995 (Lewellyn).

Mares, Theun: Return of the Warriors. The Toltec Teachings, Vol. 1. Kapstadt 1996 (Lionheart).
Mares, Theun: Cry of the Eagle. The Toltec Teachings, Vol 2. Kapstadt 1997 (Lionheart).
Nelson, Mary C. u. Travis, John: Artists of the Spirit. New Prophets in Art and Mysticism. San Francisco 1994 (Arcus).
Tunneshende, Merilyn: Medicine Dream. Norfolk 1996 (Hampton Roads). Deutsche Ausgabe geplant bei Econ.
Tunneshende, Merilyn: Im Traum träumen. *Energy*, Sept. 1995.
Wahlberg, Bill u. Huxley, Francis: Star Warrior. The Story of Swift Deer. Santa Fe 1993 (Bear & Co).

Indianer und Schamanismus

De Haan, Prem Lélia: Bei Schamanen. München 1985 (Nymphenburger).
Erdoes, Richard u. Lame Deer, John Fire: Tahca Ushte. Göttingen 1990 (Lamuv).
Estrada, Alvaro: Maria Sabina. München 1980 (dianus trikont).
Halifax, Joan: Die andere Wirklichkeit der Schamanen. Bern 1981 (O.W. Barth).
López Portillo, José: Quetzalcoatl. Stuttgart – Zürich 1982 (Belser).
Miranda-Luizaga, Jorge: Das Sonnentor. München 1985 (dianus trikont).
Myerhoff, Barbara G.: Der Peyote Kult. München 1980 (dianus trikont).
Popol Vuh: Das Buch des Rates. Köln 1982 (Diederichs).
Schwarzer Hirsch: Ich rufe mein Volk. Bornheim 1982 (Lamuv).
Sharon, Douglas: Magier der vier Winde. Freiburg/Br. 1987 (Bauer).

Philosophie, Religionswissenschaft und allgemeine Anthropologie

Boss, Medard: Der Traum und seine Auslegung. Bern 1953 (Huber).
Campbell, Joseph: Der Flug der Wildgans. München 1994 (Serie Piper).
Eibl-Eibesfeld, Irenäus: Der vorprogrammierte Mensch. München 1984 (dtv).
Eliade, Mircea: Schamanismus und archaische Ekstasetechnik. Frankfurt/M. 1975 (Suhrkamp).
Eliade, Mircea: Kosmos und Geschichte. Frankfurt/M. 1986 (Suhrkamp).
Eliade, Mircea: Die Religionen und das Heilige. Frankfurt/M. 1986 (Insel).
Eliade, Mircea: Mythos und Wirklichkeit. Frankfurt/M. 1988 (Insel).
Eliade, Mircea: Die Sehnsucht nach dem Ursprung. Frankfurt/M. 1989 (Bibliothek Suhrkamp).

Heidegger, Martin: Sein und Zeit. Tübingen 1986 (Niemeyer).
Husserl, Edmund: Ideen zu einer reinen Phänomenologie. Den Haag 1976 (Nijhoff).
Jaffé, Aniela (Hrsg.): Erinnerungen, Träume, Gedanken von C. G. Jung. Olten 1988 (Walter).
Jaynes, Julian: Der Ursprung des Bewußtseins. Reinbek 1988 (rororo).
Jouvet, Michel: Die Nachtseite des Bewußtseins. Reinbek 1994 (rororo).
Jung, C. G.: Synchronizität, Akausalität und Okkultismus. München 1990 (dtv).
Jung, C. G.: Traum und Traumdeutung. München 1990 (dtv).
Lévy-Strauss, Claude: Das wilde Denken. Frankfurt 1973 (Suhrkamp).
Lorenz, Konrad: Die Rückseite des Spiegels. München 1977 (dtv).
Lorenz, Konrad: Der Abbau des Menschlichen. München 1986 (Piper).
Morris, Desmond: Der nackte Affe. München 1968 (Knaur).
Todorov, Tzvetan: Die Eroberung Amerikas. Das Problem des Anderen. Frankfurt 1985 (Suhrkamp).

Verschiedenes

Baldwin, J.: Bucky Works. Buckminster Fullers's Ideas for Today. New York 1996 (John Wiley & Sons)
Chatwin, Bruce: Traumpfade. Roman. Frankfurt/M. 1992 (Fischer TB).
Claßen, Norbert: Das Krebsprinzip. Waldfeucht 1995 (Hans-Nietsch-Verlag).
David-Néel, Alexandra: Mein Weg durch Himmel und Höllen. München 1995 (Knaur).
Norbu, Namkhai: Traumyoga. Bern-München-Wien 1994 (O.W. Barth).
Roberts, Jane: Gespräche mit Seth. München 1987 (Goldmann).
Sears, Barry u. Lawren, Bill: The Zone. A Dietary Road Map. New York 1995 (Regan Books).
Sheldrake, Rupert: Die Wiedergeburt der Natur. Bern-München-Wien 1991 (Scherz).
Wagner, Bruce: Wild Palms. Illustration von Julian Allen. Bergisch Gladbach 1994 (Bastei Comic Edition).
Wagner, Bruce: Force Majeure. New York 1993 (St. Martins Press).
Wagner, Bruce: I'm losing you. New York 1996 (Penguin).
Wallace, Amy u. Henkin, Bill: Anleitung zum geistigen Heilen. Essen 1982 (Synthesis).
Watson, Lyall: Geheimes Wissen. Frankfurt/M. 1986 (Fischer TB).

Maurice Cocagnac

BEGEGNUNGEN MIT CARLOS CASTANEDA UND DER HEILERIN PACHITA

Ein Mönch auf den Spuren der Schamanen des alten Mexikos

Ein französischer Dominikaner begibt sich auf eine ungewöhnliche Reise in die Welt mexikanischer Magie und schamanischer Heilkunst. Maurice Cocagnacs „Begegnungen mit Carlos Castaneda und der Heilerin Pachita" ist das begeisternde Zeugnis eines Paters, der auf bewundernswerte Weise die spirituelle Dimension der präkolumbianischen Kulturen zu erfassen wußte, die lange Zeit in abgelegenen Gegenden Mexikos überlebt hatten, bevor sie sich im 20. Jahrhundert wieder in die Städte ausbreiteten und durch Carlos Castaneda weltweite Beachtung fanden.

„Pachita und Carlos Castaneda haben mich an das Geheimnis dieser alten Weisheit herangeführt. Sie ist durch und durch praktisch und auf die innere Entwicklung ausgerichtet."

Maurice Cocagnac

176 Seiten, gebunden mit Schutzumschlag
DM 28,-, SFr 26,-, ÖS 204,-
ISBN 3-929475-48-0

Florinda Donner-Grau

DIE LEHREN DER HEXE

Eine Frau auf den Spuren schamanischer Heiler

Mit einem Vorwort von Carlos Castaneda

Als junge Studentin begegnet Florinda Donner-Grau dem Schamanen Don Juan Matus und seiner Gruppe von Hexen und Zauberern. Fasziniert von deren Lebensweise beschließt sie, sich ihnen anzuschließen. Doch als Bedingung für den Eintritt in die Welt der Zauberer muß sie eine Reise antreten, um zu beweisen, daß sie den „Weg des Kriegers" ganz allein bemeistern kann. Diese Reise führt sie zurück an ihre Wurzeln. In ihrem Geburtsland Venezuela gerät sie in den Bann der Spiritistin, Hexe und Heilerin Doña Mercedes...

„Dieses Buch ist für mich von ganz besonderer Bedeutung. Es steht im Einklang mit meinem eigenen Werk und unterscheidet sich gleichzeitig davon. Florinda Donner-Grau ist meine Mitstreiterin. Wir sind in ein und dasselbe Streben eingebunden – aber sie ist eine Frau, und das macht den Unterschied."

Carlos Castaneda

280 Seiten, gebunden mit Schutzumschlag
DM 38,-, SFr 35,-, ÖS 278,-
ISBN 3-929475-39-1

Norbert Claßen

DAS KREBSPRINZIP

Zivilisation und Krankheit

„Krebs ist mehr als eine gewöhnliche Krankheit. Er verkörpert ein Prinzip, einen Mythos, so wie im Mittelalter die Pest mehr bedeutete als eine entstellende, todbringende Seuche. Der Krebs erscheint heute als Metapher für die Bedrohung von Mensch und Erde durch unsere Zivilisation. Die Moderne zeigt uns ihr häßliches Gesicht in Form einer Krankheit, die ihrem innersten Wesen zutiefst entspricht. Zivilisation scheint selbst ein bösartiges Wachstum zu sein, das alle Lebensfunktionen des ‚Organismus Erde' bedroht und unsere Lebensgrundlagen zerstört."

Norbert Claßen

308 Seiten, Paperback
DM 38,-, SFr 35,-, ÖS 278,-
ISBN 3-929475-11-1